La France
avec les yeux du futur

Jacques Cheminade

La France avec les yeux du futur

Du même auteur, paru chez L'Harmattan :

- Mon combat contre le féodalisme financier
  50 éditoriaux 1995/2012 (2012)

- *Un monde sans la City ni Wall Street*
  Un grand chantier pour demain (2012)

- *Ce qu'un président doit dire*
  Editoriaux 2012 - 2017 (février 2017)

- *Ce qu'un président doit faire*
  Nous libérer de l'occupation financière
  (février 2017)

© L'Harmattan, 2017
5-7, rue de l'Ecole-Polytechnique, 75005 Paris

http://www.harmattan.fr
ISBN : 978-2-343-11899-4
EAN : 9782343118994

Avant-propos

Dans mon premier livre de campagne, *Ce qu'un président doit faire,* j'ai tracé les grandes lignes du combat pour libérer la France de l'occupation financière. Ne pas livrer ce combat reviendrait à prononcer des paroles en l'air, comme un esclave qui prétendrait servir la société sans se libérer de ses chaînes.

Ici, dans ce second livre, *La France avec les yeux du futur,* je montre les perspectives – les nouveaux grands travaux – qui s'offriront à nous après la libération pour laquelle nous nous battons. L'urgence est de créer des emplois qualifiés en organisant des investissements grâce à un crédit productif public retrouvé, sans plus subir l'austérité sociale du monde de Wall Street, de la City, de Bruxelles et de leurs collaborateurs français, le monde des banques casinos et des bureaucrates qui collaborent avec leur dictature financière destructrice. Il s'agit d'une guerre et nous n'avons d'autre choix que de la gagner.

Cette libération économique suppose cependant, encore davantage, une libération de l'occupation culturelle. L'urgence qu'il y a à tenir une Conférence sur l'emploi dans cette situation nouvelle se double de l'urgence qu'il y a à retrouver en nous-mêmes une culture de la vie, de la découverte et de l'émancipation créatrice. Cette culture est à l'aplomb de pistes que j'ouvre dans tous les domaines car sans son esprit, les mesures que je propose perdraient leur raison d'être. Education, santé publique, agriculture, industrie, justice vues avec les yeux du futur, européen et mondial, animé par une politique spatiale, de la mer et du développement de l'Afrique, une politique de développement mutuel prenant le pari du système « gagnant-gagnant » que proposent aujourd'hui les BRICS.

Nous en sommes hélas loin. Une France digne vis-à-vis des Français, telle que je la veux, élevant à la dignité d'homme chacun d'entre nous, ceux qui habitent depuis longtemps notre grande culture comme ceux que nous accueillons, doit s'élever jusqu'à servir la cause de l'humanité. Dans tous les domaines, c'est du lien entre cette cause et ce que nous ferons au sein de notre pays que parle ce livre.

Patriotes et citoyens du monde, nous échapperons par le haut au pessimisme vers lequel portent notre passivité actuelle et la médiocrité de nos responsables, en retrouvant notre rôle inspirateur et médiateur dans le monde, et notre attachement actif à la découverte, au travail humain et à la justice sociale pour la France.

Jacques Cheminade

Pour une culture de la vie et de la découverte

« Laissez-moi écrire les chants d'une nation et peu m'importe qui écrit ses lois. »

Daniel O'Connell
Patriote irlandais.

« La passivité croissante de la vie quotidienne, l'augmentation des heures de loisirs, inemployées ou mal employées, sont de nature à provoquer une nette dégénérescence de l'être humain... Loisirs sportifs, loisirs touristiques, loisirs culturels, tels sont les trois aspects complémentaires d'un même besoin social : la conquête de la dignité, la recherche du bonheur. »

Léo Lagrange
Sous-secrétaire d'Etat aux Sports
et à l'organisation des loisirs du Front populaire.

« A cet égard, je ne crois pas qu'en contemplant ce qu'Ilya Ehrenbourg appelle ‹les trésors qu'elle a jetés à toute la terre', la France ait à se défendre d'une fierté justifiée... Mais la flamme claire de la pensée française, comment eût-elle pris et gardé son éclat si, inversement, tant d'éléments ne lui avaient été apportés par l'esprit des autres peuples. La France a pu, de siècle en siècle et jusqu'au drame présent, maintenir à l'extérieur le rayonnement de son génie. Cela lui eût été impossible si elle n'avait eu le goût et fait l'effort de se laisser pénétrer par les courants du dehors. En pareille matière, l'autarcie mènerait vite à l'abaissement. Sans doute, dans l'ordre artistique, scientifique, philosophique, l'émulation est-elle un ressort dont il ne faut pas que l'Humanité soit

privée, mais les hautes valeurs ne subsisteraient pas dans une psychologie outrée de nationalisme intellectuel. Nous avons, une fois pour toutes, tiré cette conclusion que c'est par de libres rapports spirituels et moraux, établis entre nous-mêmes et les autres, que notre influence culturelle peut s'étendre à l'avantage de tous et qu'inversement peut s'accroître ce que nous valons. »

Charles de Gaulle
Discours prononcé à Alger le 30 octobre 1943, à l'occasion du 60ᵉ anniversaire de l'Alliance française.

Je lis aujourd'hui *Un budget d'avenir*, le texte publié par notre ministère de la Culture et de la Communication pour le Projet de loi de finances 2017. Il décrit un budget de la culture en augmentation de 5,5 % (1,1 % du budget total de l'Etat) et présente une panoplie de mesures et de secteurs d'intervention extrêmement divers et intéressants. Cependant, en même temps, je vois des programmes de divertissement télévisés qui, chez nous comme dans toute l'Europe, abêtissent, infantilisent et dépolitisent. **Je constate aussi que depuis le début du XXIᵉ siècle, les enfants ont perdu deux heures de sommeil par nuit, que leur capacité de concentration intellectuelle a baissé et que de 4 à quatorze ans, ils passent en moyenne 3 heures par jour devant un écran. De 16 à 24 ans, les ados et les jeunes y passent, eux, au moins quatre heures, plus, à partir de 14 ans**, près de deux heures par jour sur les réseaux sociaux. Cette consommation d'images se fait généralement en solitaire et, particulièrement pour les garçons, s'attache à des jeux de guerre ou de violence urbaine, impliquant constamment des meurtres ou des abus de toute sorte. Pour les filles, on livre des produits de séduction mutuelle assurée qui les réduisent à des objets consommables, soit en dévoilant leur corps soit en voilant leur esprit.

La réponse que donnent les adultes qui participent à cet univers est que ces deux choses n'ont rien ou peu de chose à voir. Je pense au contraire qu'il est impératif, pour construire un monde meilleur et plus juste, de prendre à bras le corps ce paradoxe entre l'effort public apparemment méritoire, du moins en période électorale, et le résultat social désastreux que tout parent peut constater. **J'amène ce sujet en tête de mon projet présidentiel car si nous vivons une occupation financière qu'il faut combattre, nous sommes en même temps soumis par ces forces financières à une occupation culturelle. Le dénominateur commun est de propager une conception du monde fondée sur la perception immédiate, la possession, la cupidité et l'absence de respect de l'autre entretenant un sommeil de la raison qui engendre des monstres.** En d'autres termes, il ne faut pas que la culture reste comme aujourd'hui une distraction entre les mains de privilégiés, mais que **l'art et la science**, c'est-à-dire le domaine où s'exprime la création qui est le propre de l'homme, **soient rendus au peuple et aux jeunes**. L'enjeu est une guerre entre une culture de la mort et ce que doit être une culture de la vie, de l'émancipation et de la découverte.

Car nous sommes en guerre. Un nombre croissant de Français le comprennent sur le plan de l'exploitation et de l'exclusion financière, mais ce qu'ils ne perçoivent pas toujours, c'est que **le champ de bataille où se livre cette guerre est leur esprit**. Elle plonge ses racines dans l'abandon progressif par notre société d'un engagement sans compromis pour la recherche de la vérité dans la science, dans l'art et dans les relations entre ceux que Jaurès appelait « *les* individus humains ».

Tout le monde reconnaît, dans la théorie, les salons et les couloirs du ministère, que la culture est une dimension fondamentale de l'humanité, mais personne ne s'interroge sur ce que devrait être son contenu pour créer un environnement de vie, de découverte, d'émancipation et de générosité humaines. Les uns pensent, sans toujours oser le dire, qu'elle est un luxe que la société ne peut se permettre qu'après avoir satisfait les besoins matériels immédiats (d'où sa part tout de même réduite dans le budget de l'Etat), les autres proposent des références fossiles et formelles au nom d'un « c'était mieux avant » et **certains prétendent que donner un chèque de 500 euros aux jeunes le jour de leurs 18 ans peut faire l'affaire,** sans se poser la question de la marchandise qui leur est offerte dans un présent où règne une contre-culture intéressée par le chiffre des recettes et des addictions.

La culture, c'est l'esprit, l'intention qui anime une société. C'est tout ce qui concourt à la découverte de la vérité que la simple perception des sens ne nous permet pas d'appréhender. Mon but est de susciter l'environnement nécessaire pour que puisse apparaître **une culture qui élève les êtres humains et non qui les abaisse, une culture qui s'adresse en eux à ce qu'il y a de proprement humain et de grand, et donc de créateur, et non à ce qu'il y a de bestial et de petit.** Je dis bien « créer l'environnement » et non imposer un modèle ou un contenu par injonction. Il s'agit d'arroser pour que poussent de belles plantes, parfois inattendues, et non de creuser des ornières. L'oligarchie, elle, prétend répondre à la demande des populations mais en réalité, au contraire, elle impose son environnement irrationnel et promeut une concoction synthétique pour réduire l'être humain à un état de servitude volontaire. C'est ce qui se passe littéralement sous notre nez et que nous devons tous combattre.

Mon projet est fondé sur ce combat décisif. Bien entendu, **j'accroîtrai immédiatement le budget de la culture jusqu'à atteindre un niveau proche de celui des armées aujourd'hui, soit 2 % du produit intérieur brut.** Il est nécessaire d'exprimer une volonté politique reflétant l'aspiration de la nation. Ainsi je ne tolère pas la disparition d'une centaine de festivals, comme ce fut le cas l'été dernier, appauvrissant la diffusion culturelle sur notre territoire et la centralisant de fait dans les grandes métropoles.

Cependant, si les chiffres ont bien entendu leur importance, ils passent à côté du vrai sujet, un pari sur l'avenir qui est **un pari sur l'émancipation de la jeunesse** (cf. ma section « *Jeunesse : un nouveau printemps émancipateur pour la France* »).

Voici les pistes que je propose pour tenir ce pari.

I. Vers un art populaire et savant

▶ **Incorporer la création artistique dans les programmes depuis la maternelle jusqu'à l'université, en en faisant une priorité éducative qui fasse mettre** à tous **« la main à la pâte »**, dans l'enseignement, la pratique et la connaissance des œuvres classiques. La musique en particulier, là où s'exprime la création à sa source, doit être mise à la portée de tous. L'exemple *d'El Sistema* au Venezuela, mieux que d'autres tentatives, est une référence inspiratrice essentielle ;

■ INCORPORER LA CRÉATION ARTISTIQUE DANS LES PROGRAMMES DEPUIS LA MATERNELLE JUSQU'À L'UNIVERSITÉ

▶ **Mobiliser à cet effet tous les conservatoires, les écoles de musique et les orchestres nationaux, en coopération avec les écoles et les centres de loisirs, pour introduire les jeunes à la musique si possible dès la maternelle et en tous cas dès le primaire.** Il s'agit de donner à chaque enfant la possibilité de chanter en chorale, de découvrir et d'essayer des instruments (cf. ma section « *L'Education, une* *nouvelle frontière pour la France »)*. Chaque enfant se verra confier un instrument, dont il sera responsable ainsi que ses parents. Même si mon objectif est de créer une armée d'amateurs plutôt qu'un bataillon de professionnels, l'Etat doit aider les jeunes qui souhaitent ensuite en faire leur métier à acquérir un bon instrument, à condition qu'en échange ils encadrent gratuitement les ateliers d'apprentissage collectifs au moins deux heures par semaine ;

■ CRÉER UNE ARMÉE D'AMATEURS PLUTÔT QU'UN BATAILLON DE PROFESSIONNELS, L'ETAT DEVANT AIDER LES JEUNES QUI SOUHAITENT ENSUITE EN FAIRE LEUR MÉTIER À ACQUÉRIR UN BON INSTRUMENT

▶ Généraliser **des mercredis musicaux pour que les élèves puissent se rendre à des concerts pédagogiques interprétés par les orchestres symphoniques de notre pays**, depuis les Concerts Colonne jusqu'à la Chambre philharmonique. Les concerts pourront aussi se dérouler les samedis et les dimanches en journée, le prix ne devant pas excéder deux euros par enfant et cinq euros par adulte accompagnateur, la prise en charge se faisant par l'établissement scolaire. Les musiciens seront amenés à organiser des discussions et des pédagogiques afin de préparer les enfants à l'écoute ou de répondre à leurs questions ;

■ GÉNÉRALISER DES MERCREDIS MUSICAUX POUR QUE LES ÉLÈVES PUISSENT SE RENDRE À DES CONCERTS PÉDAGOGIQUES

▶ **Utiliser systématiquement les églises pour les répétitions et les concerts des chorales scolaires et des orchestres classiques**, l'acoustique étant généralement faite pour et les édifices disponibles. Ce sera là un des pôles d'une vie rurale retrouvée ;

▶ Créer **des brigades d'intervention artistiques** composées de petits ensembles de quelques musiciens qui, loin des grands orchestres, gourmands en effectifs et en logistique, pourront amener la musique dite « savante » mais qui, en réalité, a très souvent été composée pour le peuple, à une population qui ne la connaît pas encore. **L'Orchestre debout** présente ainsi un exemple très intéressant d'une pratique nouvelle visant à « rendre la musique au peuple » ;

■ CRÉER DES BRIGADES D'INTERVENTION ARTISTIQUES COMPOSÉES DE PETITS ENSEMBLES DE QUELQUES MUSICIENS QUI POURRONT AMENER LA MUSIQUE DITE « SAVANTE » À UNE POPULATION QUI NE LA CONNAÎT PAS ENCORE

▶ **Renforcer les conservatoires de musique, de danse et d'art dramatique pour permettre, par delà les jeunes, l'accès de tous à un enseignement de qualité.** Chacun, quel que soit son âge, devra pouvoir s'inscrire et se voir prêter un instrument. Dans les conservatoires, les cours individuels seront maintenus, les considérations suivant lesquelles ils seraient porteurs de risques de dérapage importants, notamment du fait d'une relation maître-élève trop proche, n'étant qu'un prétexte masquant la volonté de réduire la masse salariale en diminuant les heures de classe des enseignants. Dans le domaine de la danse classique, bien que l'on trouve sur tout notre territoire des studios de danse ou des conservatoires qui ne désemplissent pas, il n'y a désormais que sept compagnies capables de danser des ballets classiques dans la tradition du répertoire. **La France, berceau de la danse classique** et où il existe un réel intérêt parmi les jeunes d'une moyenne d'âge de 22 ans, laisse cet art peu à peu mourir, alors qu'en Allemagne chaque théâtre, même de toute petite ville, dispose d'une compagnie. **Je me battrai pour qu'on ne laisse pas disparaître des centres d'excellence comme celui du ballet de Bordeaux** ;

▶ **Redonner aux artistes des arts visuels un sens du métier.** Les écoles régionales des beaux-arts n'enseignent plus le b.a.-ba de la composition académique ni le nécessaire apprentissage des techniques. Paradoxalement, l'on apprend souvent mieux à dessiner au sein d'une bonne structure locale d'amateurs que dans une école. Redonner aux étudiants le vocabulaire et la grammaire artistiques indispensables à la création, c'est les aider à juger de leur réelle capacité à produire et aider les artistes à se ressaisir pour s'identifier à ce qu'ils savent et aiment réellement faire et non à ce qu'ils vendent. Cette mesure exigera une réforme en profondeur des institutions de formation (beaux-arts, universités, écoles d'art diverses). A partir de leur troisième année, les étudiants devront être à même de reproduire et d'expliquer les grandes œuvres de l'histoire de l'humanité. Cette étape élémentaire est indispensable pour constituer les musées de l'imaginaire que je propose et y populariser les œuvres savantes.

■ LES ÉCOLES RÉGIONALES DES BEAUX-ARTS DEVRONT ENSEIGNER LE B.A.-BA DE LA COMPOSITION ACADÉMIQUE ET LE NÉCESSAIRE APPRENTISSAGE DES TECHNIQUES

II. Pour un art et une science de proximité

Créer des musées de l'imaginaire dans toute la France, y compris dans les DROM-COM, afin de **mettre à la disposition du public tous les grands chefs d'œuvre de l'histoire universelle, sous forme de reproductions.** Ainsi chacun, jeune ou moins jeune, n'attendra pas d'aller au Louvre pour s'interroger sur ce qu'est « une chose de beauté », entrevue auparavant sous forme d'image sur internet. Il s'agit de démultiplier les plus grands musées du monde **dans un but de socialisation et d'éducation mutuelle, impossible à atteindre sur des ordinateurs**. Le travail non seulement technique, mais aussi historique et philosophique nécessaire à ces reproductions, mobilisant les moyens modernes pour y procéder, sera le **vecteur d'une renaissance artistique dans les écoles d'art régionales.** Un dialogue permanent pourra alors s'établir entre professeurs et élèves d'écoles d'art et simples amateurs. Ces musées pourront accueillir des expositions d'œuvres originales que mettront à leur disposition les musées nationaux en puisant dans leurs réserves. Les expositions ne devront pas être la « bonne idée » d'experts, mais leur présentation sera organisée en prenant en compte l'avis des principaux intéressés, y compris du public d'amateurs régionaux. Ils seront aussi un lieu permettant de découvrir les produits de l'industrie et de l'artisanat locaux. **Des ateliers pratiques permettront aux visiteurs en général et aux jeunes en particulier de comprendre comment sont produites les choses qu'ils consomment**. En se plongeant dans les modes de production, ils auront davantage vocation à participer activement à la vie sociale et à devenir eux-mêmes inventeurs dans la société nouvelle. L'objectif à atteindre à moyen terme est d'ouvrir un musée vivant de l'imaginaire pour 500 000 habitants et à moins de 30 à 45 minutes de trajet.

■ OBJECTIF À ATTEINDRE À MOYEN TERME : OUVRIR UN MUSÉE VIVANT DE L'IMAGINAIRE POUR 500 000 HABITANTS ET À MOINS DE 30 À 45 MINUTES DE TRAJET

▶ **Ouvrir un palais de la découverte par région** afin que, comme dans le Palais de la découverte à Paris, il soit organisé autour d'expériences scientifiques pour mettre ses visiteurs dans les pas des découvreurs et stimuler les capacités créatrices de tous. Ils seront une infrastructure clé pour les écoles et une inspiration pour l'élaboration des programmes scolaires rompant avec l'apprentissage abêtissant de formules. Comme à Paris, ils seront munis d'un planétarium afin de rendre plus familier l'univers qui nous entoure ;

■ UN PALAIS DE LA DÉCOUVERTE PAR RÉGION POUR METTRE SES VISITEURS DANS LES PAS DES DÉCOUVREURS

▶ **Mettre à la disposition de chaque département un télescope d'au moins 80 centimètres de diamètre.** Chaque enfant pourra ainsi se familiariser avec l'espace en observant, au moins une fois dans sa vie, la voûte céleste, les planètes ou même des galaxies. Les proverbiales soirées chamallows des centres de loisirs pourront dès lors s'enrichir de séances de découverte de l'espace.

▶ **Faire des centres de loisirs un pilier du brassage culturel afin que les jeunes « désensibilisés » par la société des écrans et une télé « fausse réalité » puissent se réapproprier le monde réel.** Nous ne devons pas laisser la spontanéité de l'associatif céder le pas aux marchands de passe-temps. Il faut donner aux structures d'accueil les moyens de faire venir plus d'intervenants extérieurs et d'aller à eux. Des séjours à la ferme, par exemple, pourront réconcilier les citadins avec une écologie humaine, celle de l'agriculteur maintenant la nature. Encadrés par des aînés expérimentés, les jeunes pourront participer à des chantiers de fouilles archéologiques, aujourd'hui souvent arrêtés faute de moyens. Ajoutons que les grands travaux du futur lancés par mon projet à l'échelle de toute l'Europe et de l'Eurasie multiplieront, au cours des excavations, les occasions de découvertes du passé et de contacts avec des jeunes d'autres pays. Ce type de projet permettra non seulement de mettre au jour un patrimoine fabuleux mais plus encore, il aidera la génération du « tout, tout de suite » induit par les médias et la publicité de masse, à se familiariser avec le temps long de la naissance et de l'érosion des sociétés et des espèces ;

■ FAIRE DES CENTRES DE LOISIRS UN PILIER DU BRASSAGE CULTUREL AFIN QUE LES JEUNES « DÉSENSIBILISÉS » PAR LA SOCIÉTÉ DES ÉCRANS ET UNE TÉLÉ « FAUSSE RÉALITÉ » PUISSENT SE RÉAPPROPRIER LE MONDE RÉEL

▶ **Rétablir le sport de proximité comme discipline physique et mentale de la maîtrise du corps et du vouloir vivre en commun.** Il s'agit de présenter systématiquement l'alternative aux dérives du sport-business qui ont rabaissé l'activité physique au dangereux culte de l'athlète et poussent les jeunes à vouloir ressembler aux idoles promues par les médias plutôt que de développer leur richesse intérieure. Je me battrai pour que soit financé un grand effort national d'équipement sportif afin d'assurer que la pratique de tous les sports soit accessible à tous et près de chez eux. L'argent public doit financer les piscines et les terrains de foot, ainsi que les éducateurs en en organisant l'accès. Aucun argent public ne devra financer la construction de stades de plus de 15 000 places et tout projet privé devra régler à la collectivité 80 % des dépenses de voirie nécessaires à la mise en desserte de la nouvelle enceinte. Il faut à tout prix stopper la folie financière, associée à celle du Monopoly mondial, dans laquelle s'est lancé un sport professionnel devenu les jeux de cirque de notre temps.

■ RÉTABLIR LE SPORT DE PROXIMITÉ COMME DISCIPLINE PHYSIQUE ET MENTALE DE LA MAÎTRISE DU CORPS ET DU VOULOIR VIVRE EN COMMUN

III. L'audiovisuel pour redonner l'art et la science au peuple

L'art et la science de proximité créeront les conditions pour **que chacun puisse se projeter dans le long terme de l'espace-temps, à la fois dans le passé et dans le futur, élargissant ainsi son identité par delà tout communautarisme**. C'est en partant du plus près que l'on pourra voir le plus loin. Chacun sera mis à même de se forger un caractère qui aille au delà de son intérêt immédiat et de se considérer dès lors comme un acteur de l'histoire universelle. Le sentiment du beau et du vrai, redécouvrir en nous ce que les grands hommes du passé ont trouvé en eux-mêmes, marcher dans leurs pas, les rattraper, se hisser sur leurs épaules et transmettre aux autres ce que nous voyons depuis ce poste d'observation mentale, les chefs d'œuvre de la poésie universelle comme les champs d'étoiles, est la meilleure garantie contre toute conception étroite et fausse de l'identité. En bref, il y a une culture française mais elle a toujours été enrichie d'influences extérieures que sa nature même l'a portée à absorber et parfois à élever.

C'est pourquoi je propose, pour accompagner et renforcer l'impact de l'art et de la science de proximité, **de mobiliser l'audiovisuel pour mettre à la portée de tous les grandes découvertes et les événements artistiques déterminants pour notre futur** :

▶ **Une gestion et une animation de *France 5* pour en faire réellement la « chaîne des idées » et de la transmission d'une culture éducative exigeante.** *France 5* est certes déjà une chaîne de télévision de service public dont les programmes sont axés sur l'éducation, le partage des savoirs et la transmission des connaissances, en vertu du cahier des charges de France Télévisions fixé par le décret du 23 juin 2009. La base est donc bien là. Cependant, les documentaires et les magazines sur lesquels elle est axée, indépendamment de leur intérêt particulier souvent très réel, n'obéissent pas à une vision à long terme cohérente. **J'inciterai, dans le sens de mon projet émancipateur, à dépêcher les équipes de *France 5* auprès des institutions publiques (CNRS, CEA, Opéras, grands orchestres, etc.) et privées pour impliquer artistes, chercheurs et ingénieurs dans la réalisation de programmes faisant découvrir au peuple ce qu'ils font, comment et pourquoi. Car le défi d'une République est de constamment créer un lien entre l'avant-garde et le plus grand nombre.** *France 5* étant disponible sur la TNT, le câble, le satellite, la télévision IP et le web, elle devra fournir en masse des contenus de vidéo gratuits, notamment sur internet. **Peupler le web de contenus intelligents et éducatifs est en effet une priorité absolue pour relever le niveau général d'internet,** à partir de références sérieuses rendant les discussions de type « café du commerce » hors de propos ;

▶ **Etablir un maillage territorial des lieux de lecture et d'écoute, bibliothèques et médiathèques**, à la fois en garantissant leur budget face aux choix idéologiques et financiers de certaines collectivités territoriales, et en échappant aux excès d'implantation pour des causes de prestige local sans projet réel ;

▶ **Tous les contenus diffusés avilissant la personne humaine, comme les jeux vidéo ultra-violents ou la présentation de produits synthétiques de nature à fabriquer des drogues dures, doivent être bannis, soit si possible en les interdisant, soit en les surtaxant systématiquement, le produit de la surtaxe étant utilisé pour soutenir la politique contraire d'émancipation des capacités créatrices de l'être humain.** Il s'agit de donner un signe de détermination, étant entendu que la diffusion de contenus positifs ludiques et éducateurs est, en amont, le meilleur contrepoison contre toutes les menaces d'évasion vers le virtuel et de radicalisation.

- FAIRE DE *FRANCE 5* LA « CHAÎNE DES IDÉES » ET DE LA TRANSMISSION D'UNE CULTURE ÉDUCATIVE EXIGEANTE
- DÉPÊCHER LES ÉQUIPES DE *FRANCE 5* AUPRÈS DES INSTITUTIONS PUBLIQUES (CNRS, CEA, OPÉRAS, GRANDS ORCHESTRES, ETC.) ET PRIVÉES POUR IMPLIQUER ARTISTES, CHERCHEURS ET INGÉNIEURS DANS LA RÉALISATION DE PROGRAMMES FAISANT DÉCOUVRIR CE QU'ILS FONT, COMMENT ET POURQUOI
- BANNIR OU SURTAXER TOUS LES CONTENUS DIFFUSÉS AVILISSANT LA PERSONNE HUMAINE

IV. En soutien aux créateurs

Les mesures de soutien aux créateurs n'ont de sens que dans le contexte d'ensemble du combat pour la culture de la vie et de la découverte. Elles n'en sont pas moins immédiatement nécessaires :

▶ **Pérenniser le régime des intermittents du spectacle dans sa forme actuelle**, car il constitue une garantie dans un contexte de mobilité grandissante des manifestations culturelles ;

▶ **Titulariser les précaires et les permittents de notre service public de la culture**, car leur situation scandaleuse est le reflet de la politique du « citron pressé » financier ;

▶ **Soutenir les Maisons des jeunes et de la culture (MJC)**, qui soit ferment les unes après les autres, soit sont abusivement prises en tutelle par certaines collectivités locales pour des raisons idéologiques ou financières qui n'ont rien à voir avec la culture. Le rétablissement des dotations de l'Etat en faveur des collectivités territoriales, tel que je le défends, doit impliquer un rétablissement parallèle des subventions en faveur des MJC ;

▶ **Arrêter la priorité financière dans la gestion des conseils d'administration des établissements culturels et y introduire une priorité humaine dans les orien-

tations stratégiques. Les représentants des personnels doivent participer aux processus de décision, associés à des représentants des publics, pour que cette priorité humaine soit assurée ;

▶ **Arrêter la tendance grandissante à privatiser la culture**, en redonnant aux représentants de la puissance publique les moyens d'être réellement prescripteurs et non de devoir se soumettre aux modes financières, et abroger le régime de niches et autres avantages fiscaux excessifs en faveur des mécènes, car ils ont aujourd'hui plus de moyens que les Etats de financer les activités culturelles en imposant leurs goûts ou ceux de leurs conseillers artistiques.

- PÉRENNISER LE RÉGIME DES INTERMITTENTS DU SPECTACLE DANS SA FORME ACTUELLE
- TITULARISER LES PRÉCAIRES ET LES PERMITTENTS DE NOTRE SERVICE PUBLIC DE LA CULTURE
- ARRÊTER LA TENDANCE GRANDISSANTE À PRIVATISER LA CULTURE

V. Pour une coopération culturelle internationale

Si l'espace, la mer et l'Afrique sont trois domaines où les objectifs communs de l'humanité devront se manifester et contribueront à la paix dans le monde, la culture est la figure de proue qui doit en porter le message. Les initiatives d'action intérieure que je défends doivent donc avoir nécessairement pour complément des initiatives d'action extérieure :

▶ **Arrêter la politique de fermeture des activités des Instituts et des Alliances françaises dans le monde**, au moment où la Chine y multiplie avec succès ses Instituts Confucius. La fermeture des cours de langue française est catastrophique, alors qu'en 2050, la francophonie se situera principalement en Afrique. Il faut également **arrêter** de brader notre patrimoine culturel faute de moyens : avoir laissé se dégrader le palais Clam-Gallas qui abritait notre Institut à Vienne, pour finalement le céder au **Qatar,** n'est qu'un exemple extrême d'une tendance générale qui ne peut continuer, car elle est synonyme d'abandon de notre influence dans le monde ;

▶ Créer un **Conseil d'action culturelle extérieure** auprès du président de la République, afin d'étendre notre effort dans le monde avec une vision et une stratégie plus claires et une générosité partagée et dirigée. Les actions de la direction générale de la coopération internationale et du développement (DGCID) du ministère des Affaires étrangères, du département des affaires européennes et internationales du ministère de la Culture et de la Communication et du ministère de l'Education nationale, de l'Enseignement supérieur et de la Recherche pourront ainsi être mieux supervisées et orientées.

▶ **Etendre les actions innovantes en matière culturelle de l'Organisation internationale de la francophonie (OIF)**, en augmentant notre participation à son budget annuel, qui devra atteindre 150 millions d'euros, et en minimisant ses dépenses administratives en faveur de la mise en œuvre effective des programmes ;

▶ Mettre en place un véritable **Forum européen de la culture,** pour impliquer les intellectuels européens dans une culture de la découverte et de respect du peuple, correspondant aux vraies valeurs européennes et non aux pratiques anti-démocratiques de l'Union européenne. Ce Forum doit être une véritable institution permanente, et non un simple lieu de réunion se tenant tous les deux ans, comme celui organisé actuellement par la Commission européenne sans réel objectif ni vision ;

▶ Créer une **Agence mondiale de la traduction**, pour faire connaître à l'extérieur nos réalisations et celles des autres à notre pays, à travers un développement plurilingue qui éveille à l'accueil de l'autre et enrichisse notre propre culture.

- ARRÊTER LA POLITIQUE DE FERMETURE DES ACTIVITÉS DES INSTITUTS ET DES ALLIANCES FRANÇAISES DANS LE MONDE
- ÉTENDRE LES ACTIONS INNOVANTES EN MATIÈRE CULTURELLE DE L'ORGANISATION INTERNATIONALE DE LA FRANCOPHONIE (OIF)
- CRÉER UNE AGENCE MONDIALE DE TRADUCTION POUR FAIRE CONNAÎTRE NOS PRODUCTIONS

Mon engagement est de sortir d'une culture pour chacun, sans autre référence que sa valeur marchande, **en suscitant une culture pour tous reposant sur une familiarisation constante avec les œuvres, dans un contexte social qui éveille la recherche partagée du beau et du vrai**. La culture est l'enjeu principal de la politique pour qu'**à la fois revive notre patrie et naisse la République universelle**. Car une société sans créateurs devient une société sans liberté, dans laquelle le sommeil de la raison et l'arbitraire d'émotions irrationnelles engendrent des monstres.

Jeunesse
Un nouveau printemps émancipateur pour la France

« *Le bonheur, en cette aube, était de vivre.* » C'est le sentiment que le jeune poète anglais Wordsworth éprouva lors des premières journées de notre Révolution. **C'est ce même sentiment d'espérance et de renouveau que je voudrais inspirer aujourd'hui dans notre pays.**

Nous en sommes loin, très loin. Plus de 70 % de nos jeunes sont convaincus que la société ne leur donne pas les moyens de montrer ce dont ils sont capables (rapport *France Stratégies*), près des deux tiers des 18-29 ans ne votent pas et la politique de François Hollande vis-à-vis de la jeunesse a été un échec, alors qu'il en avait fait une priorité. En fait, la France a sacrifié ses jeunes, oubliés des politiques publiques et devant supporter à la fois la charge d'emprunts privés à des taux d'intérêt réels élevés, une fois l'inflation déduite, et le poids d'une dette publique accumulée par la complaisance des gouvernements vis-à-vis du monde de l'argent.

La première chose à dire est qu'**un pays qui livre les jeunes au désenchantement du travail et à l'abstention politique n'a pas d'avenir. Un pays qui ne combat pas pour son futur et se résigne à gérer ne peut épanouir et mobiliser sa jeunesse.** Ma politique visant précisément à mener ce combat doit donc, par sa substance même, permettre cette mobilisation. Il ne s'agit pas d'un plan pour la jeunesse comme une chose en soi, mais d'**un projet d'action rapide pour susciter les forces créatrices, sans** confiscation sociale des savoirs et des pouvoirs et en retissant le lien collectif.

Les orientations phares suivantes en sont les étapes

▶ **Offrir dès le départ à chaque enfant l'accès à tout ce que l'humanité a conçu de meilleur.** Dès la maternelle, les inégalités de vocabulaire entre enfants seront progressivement réduites par le développement de la confiance en soi, en aidant l'enfant à verbaliser ses découvertes avec ses camarades. L'exigence et le plaisir du jeu ne sont pas deux choses opposées, comme l'ont montré les méthodes Montessori ou Freinet. Les expérimentations d'enseignants en milieu défavorisé, avec un recours à ces méthodes ou souvent plus empiriquement, doivent inspirer un enseignement délivré des injonctions venues d'en haut, trop détaillées et trop basées sur les compétences formelles ;

▶ Il faut en même temps améliorer la situation relative des enfants par **une forte revalorisation des allocations familiales, car les études de l'Unicef nous placent à un rang mauvais ou médiocre pour le taux de pauvreté des enfants et les inégalités en matière d'enseignement et de santé**. Le respect doit exister dès le départ ;

▶ Le chômage des jeunes étant en grande partie un problème d'échec scolaire, **c'est dès le CP puis le CM2 qu'un contrôle approfondi des compétences en compréhension écrite et orale** nécessaires pour l'entrée en sixième, doit être effectué. Un **soutien systématique** en faveur des élèves en difficulté doit être prévu à chaque étape.

■ DÈS LA MATERNELLE, RÉDUIRE PROGRESSIVEMENT LES INÉGALITÉS DE VOCABULAIRE

- COUPLER EXIGENCE ET PLAISIR DU JEU AVEC LES MÉTHODES MONTESSORI OU FREINET
- REVALORISER FORTEMENT LES ALLOCATIONS FAMILIALES
- CONTRÔLE DES COMPÉTENCES EN COMPRÉHENSION ÉCRITE ET ORALE DÈS LE CP PUIS EN CM2

Les établissements publics et privés sous contrat doivent être, dans ce contexte, **soumis à des objectifs de mixité sociale.**

Santé et alimentation

La santé, l'alimentation et la surveillance doivent être justement assurées à l'école et au-delà. Un infirmier doit être constamment présent, à temps complet, dans chaque établissement et un médecin trois fois par semaine pour 500 élèves. Les soins dentaires et des yeux doivent être gratuits, et des petits-déjeuners doivent pouvoir être servis aux élèves dont la famille ne peut les assurer. Les surveillants doivent être embauchés en nombre suffisant, avec au moins un pour 50 élèves. Il faudra envisager dans les classes des brouilleurs empêchant les émissions des portables.

- UN INFIRMIER À TEMPS COMPLET
- UN MÉDECIN TROIS FOIS PAR SEMAINE POUR 500 ÉLÈVES
- GRATUITÉ DES SOINS DENTAIRES ET DES YEUX
- PETITS-DÉJEUNERS SERVIS AUX ÉLÈVES DONT LA FAMILLE NE PEUT LES ASSURER
- AU MOINS UN SURVEILLANT POUR 50 ÉLÈVES
- BROUILLEURS EMPÊCHANT LES ÉMISSIONS DE PORTABLES DANS LES CLASSES

La dimension professionnelle

Une dimension professionnelle doit être introduite dans l'enseignement général entre la sixième et la troisième, pour que la filière professionnelle ne soit plus une voie à part perçue comme un déclassement. Dans cette filière, le bac pro doit être rétabli à quatre ans et les crédits pédagogiques affectés aux lycées professionnels augmentés de 40 % pour rétablir au moins leur niveau de 2012.

Des enseignants chevronnés doivent être nommés dans les écoles « difficiles », avec des avantages en traitement et en logement.

Il faut renforcer les écoles de la deuxième chance et les EPIDE (établissements publics d'insertion de la défense), tout en créant des **internats scolaires de proximité**, pour que les jeunes en difficulté soient réinsérés dans la société. Le « décrochage », qui est le mal de notre enseignement, ne peut plus être toléré.

- ■ BAC PRO RÉTABLI À QUATRE ANS ET AUGMENTATION DE 40 % DES CRÉDITS PÉDAGOGIQUES AFFECTÉS AUX LYCÉES PROFESSIONNELS
- ■ RENFORCER LES ÉCOLES DE LA DEUXIÈME CHANCE ET LES EPIDE
- ■ CRÉER DES INTERNATS SCOLAIRES DE PROXIMITÉ

Garantie jeunes et allocations

Le **dispositif de « Garantie jeunes »**, réservé aux moins de 26 ans très éloignés du marché du travail, piloté pendant un an par des missions locales et désormais étendu à toute la France, est une initiative excellente mais dont les conditions d'application doivent être améliorées. **L'indemnité perçue par les jeunes, sous réserve de leur assiduité, doit être portée à 600 euros par mois.** Un suivi de leur accompagnement intensif doit être mis en place après l'année de prise en charge, notamment pour garantir que les entreprises les insérant assument le financement de leur formation.

Les trajectoires et les parcours de succès différents, comme les **Compagnons du devoir, les Maisons familiales rurales ou les Apprentis d'Auteuil** ne doivent plus être bridés. L'on s'y intéresse d'abord à la personnalité du jeune, ce qui est essentiel pour son insertion et sa formation.

Plus généralement, tout en étendant l'automatisation du versement du **RSA** pour tous ceux qui ont le droit d'en bénéficier, **je l'ouvrirai aux jeunes de 18 à 25 ans.**

Enfin, je ferai mettre en place **une allocation d'études pour tous les étudiants s'élevant à 600 € par mois sur 36 mois, sous conditions de ressources** et sous forme d'un capital utilisable tout le long de la vie mais seulement pour financer des études. Un système de prêt sécurisé de 300 €, à taux zéro, organisé ou garanti par les pouvoirs publics, permettra à l'étudiant de vivre avec une base garantie de 900 € par mois, pour lui permettre d'étudier **à plein temps sans devoir trop travailler par ailleurs**.

- PORTER L'INDEMNITÉ DE LA « GARANTIE JEUNES » À 600 EUROS PAR MOIS
- METTRE EN PLACE UN SUIVI DE LEUR ACCOMPAGNEMENT INTENSIF
- ENCOURAGER LES COMPAGNONS DU DEVOIR, LES MAISONS FAMILIALES RURALES OU LES APPRENTIS D'AUTEUIL
- RSA POUR LES JEUNES DE 18 À 25 ANS
- ALLOCATION D'ÉTUDES DE 600 EUROS PAR MOIS SUR 36 MOIS, SOUS CONDITION DE RESSOURCES
- PRÊT SÉCURISÉ DE 300 EUROS, À TAUX ZÉRO, POUR UNE BASE GARANTIE DE 900 EUROS PAR MOIS

Briser l'aspect pyramidal de notre société

Cet environnement éducatif et de formation, sur lequel je m'étendrai davantage dans mes propositions sur ce sujet, est essentiel pour **briser l'aspect pyramidal de notre société** qui, comme l'a montré l'enquête PISA, trie les jeunes et reproduit les contours d'une élite au lieu de promouvoir la totalité des nouvelles générations. C'est pourquoi il est urgent, en même temps que se crée cet environnement éducatif nouveau, de **rendre la culture et l'art au peuple,** le défi étant de le faire **avec les nouvelles technologies et les nouveaux moyens d'expression**. J'en ferai une priorité absolue dans un ministère de la Culture qui doit redevenir inspirateur et promoteur.

La France étant trop souvent une cacophonie de brillants solistes privilégiés, formés dès leur jeune âge à l'ascension en solo de la pyramide scolaire, au sommet de laquelle une minorité accède aux diplômes prestigieux et dont les autres sont éjectés, je fais de **l'introduction du chant choral à l'école dès le plus jeune âge** une priorité absolue. **Le chœur est en effet le modèle réduit d'une société idéale, dans lequel s'apprennent l'écoute de l'autre et la connaissance d'une œuvre collective** qui élève et dépasse la contribution de chacun. Il s'agit de la meilleure arme contre la sous-culture synthétique de la violence et du sexe marchandise répandue aujourd'hui, qui détruit la capacité d'attention des jeunes. Aussi, pour ouvrir les jeunes à la musique dès le primaire et leur donner la possibilité de chanter en chorale et de découvrir et essayer des instruments, je ferai en sorte que se mobilisent ensemble tous les conservatoires, les écoles de musique et les orchestres nationaux. Aussi, je promouvrai des « brigades d'intervention artistiques » composées de quelques musiciens qui pourront **amener la musique classique à une population qui ne la connaît pas**. Ce projet visera à introduire en France l'état d'esprit que promeut *El Sistema* **au Venezuela.**

J'inspirerai la création de **musées de l'imaginaire dans toute la France et de palais de la découverte régionaux.** Ces musées auront pour mission de mettre à la disposition de tous, les grands chefs d'œuvre de l'histoire universelle sous forme de reproductions, afin que chacun, jeune ou moins jeune, n'attende pas d'aller au Louvre pour voir concrètement la chose de beauté qu'il aura auparavant aperçue virtuellement sur internet. Les palais de la découverte régionaux seront une infrastructure clé pour l'enseignement scientifique dans les écoles et une composante prioritaire pour l'élaboration des programmes, en permettant d'éveiller les curiosités et de « mettre la main à la pâte ». Chacun de ces édifices sera équipé d'un planétarium et d'un télescope afin que dès le plus jeune âge, l'univers qui nous entoure nous devienne familier et que l'identité de chacun s'étende à sa mesure.

Pour créer un espace public participant à l'impulsion de ce projet, *France TV* **doit devenir une plateforme éducative fournissant en masse des contenus vidéo gratuits par internet**. Ses équipes seront dépêchées partout où quelque chose se crée, notamment auprès d'institutions publiques comme le CNRS et le CEA, les Opéras et les grands orchestres pour réaliser, avec les chercheurs, les ingénieurs et les artistes, des programmes visant à faire découvrir aux jeunes et au peuple en général ce qu'ils font, comment et pourquoi. Ainsi, **en peuplant le web de contenus intelligents, l'on aura un levier pour relever le niveau général d'internet.**

- CHANT CHORAL ET INSTRUMENTS DÈS LE PRIMAIRE
- MOBILISATION DE TOUS LES CONSERVATOIRES, ÉCOLES DE MUSIQUE ET ORCHESTRES NATIONAUX

- AMENER LA MUSIQUE CLASSIQUE À CEUX QUI NE LA CONNAISSENT PAS
- *FRANCE TV* DOIT DEVENIR UNE PLATEFORME ÉDUCATIVE
- DÉPÊCHER SES ÉQUIPES PARTOUT OÙ QUELQUE CHOSE SE CRÉE, AFIN DE RÉALISER, AVEC DES CHERCHEURS ET DES ARTISTES, DES PROGRAMMES FAISANT DÉCOUVRIR AU PUBLIC CE QUI SE CRÉE ET POURQUOI

Sport et enseignement

Je me battrai pour faire **rétablir le sport comme pédagogie du respect et de l'effort**. Je ferai pour cela **financer le sport amateur et les équipements sportifs de proximité, en les associant à l'enseignement.** Les scandales qui éclaboussent les milieux du sport professionnel exigent une mobilisation internationale contre ses excès et son idéologie, dont je prendrai l'initiative. Les jeux de cirque entretenus par les médias visent à réduire celui qui les suit à un spectateur et non à devenir un vrai sportif.

- FINANCER LE SPORT AMATEUR ET LES ÉQUIPEMENTS SPORTIFS DE PROXIMITÉ, EN LES ASSOCIANT À L'ENSEIGNEMENT
- MOBILISATION INTERNATIONALE CONTRE LES EXCÈS ET L'IDÉOLOGIE DU SPORT PROFESSIONNEL

Jeux vidéo

Je demanderai **l'interdiction des jeux vidéo violents avilissant la personne humaine, et où le mot le plus souvent répété est « mort »** et l'image la plus représentée celle de cadavres. Il ne s'agit pas ici du « goût » personnel des jeunes, il s'agit de jeux formatés par les médias, diffusés par des adultes qui détruisent méticuleusement la faculté d'attention des enfants et des adolescents en réduisant à sept secondes la durée des images et à 15 le temps de réponse aux questions éventuelles !

- INTERDIRE LES JEUX VIDÉO VIOLENTS AVILISSANT LA PERSONNE HUMAINE

Apprentissage et alternance

L'apprentissage et l'alternance doivent être réorganisés, ce qui sera rendu possible avec l'arrivée dans les CFA d'élèves sortis de troisième sans avoir été « largués » au cours de leur parcours précédent. Une information à jour sera systématiquement donnée sur les filières qui sont bouchées et celles offrant des possibilités (tout le domaine du data et, demain, de la politique spatiale et de la mer). Chaque élève pourra dès lors bénéficier d'**un suivi personnalisé par son formateur**, qui ne sera plus accaparé par des tâches de rattrapage. Avant d'établir des dispositifs, il faudra étudier avec les entreprises l'état de leurs besoins et les types de formation correspondants.

- RÉORGANISER L'APPRENTISSAGE ET L'ALTERNANCE
- SUIVI PERSONNALISÉ DE CHAQUE ÉLÈVE PAR SON FORMATEUR
- ETUDIER AVEC LES ENTREPRISES L'ÉTAT DE LEURS BESOINS ET LES FORMATIONS CORRESPONDANTES

L'objectif est de rendre l'école, le collège et le lycée au peuple. Avec des enseignements fondés sur un esprit de découverte, la reconnaissance du mérite et autant que possible une égalité des chances au départ, dans les conditions de la société qui vient et qui porte les technologies du numérique et de la robotique. Les Chinois l'ont compris en réintroduisant un enseignement d'esprit confucéen ; nous devons nous-mêmes nous ressourcer dans notre tradition d'excellence pour tous et d'éducation mutuelle dans l'esprit de notre langue et de notre histoire, celui d'un enseignement porté au départ par des ordres religieux populaires puis étendu à tous par les écoles de la République. **L'étude de l'enseignement à Polytechnique**, avant son démontage napoléonien, devrait constituer un point de repère.

- ENSEIGNEMENT FONDÉ SUR L'ESPRIT DE DÉCOUVERTE, LA RECONNAISSANCE DU MÉRITE ET L'ÉGALITÉ DES CHANCES AU DÉPART
- NOUS RESSOURCER DANS NOTRE TRADITION D'EXCELLENCE POUR TOUS ET D'ÉDUCATION MUTUELLE (ECOLE POLYTECHNIQUE AVANT NAPOLÉON)

Dans ce contexte, l'extension de la connaissance d'autres pays, notamment européens, est essentielle pour tous nos jeunes. C'est pourquoi j'insisterai pour que **le financement des programmes Erasmus+ soit doublé d'ici 2020**, quel que soit le sort institutionnel de l'Europe future. Le programme « Erasmus pro » doit, en particulier, permettre à un million d'apprentis de se former dans un autre pays européen que le leur.

- DOUBLER LE FINANCEMENT DES PROGRAMMES ERASMUS+ D'ICI 2020
- « ERASMUS PRO » DOIT PERMETTRE À UN MILLION D'APPRENTIS DE SE FORMER DANS UN AUTRE PAYS EUROPÉEN QUE LE LEUR

Dans l'esprit de ce nouveau printemps émancipateur, je proposerai d'étendre le droit de vote à **16 ans**, car c'est aujourd'hui l'âge auquel on doit devenir citoyen. Le bonheur de vivre ne peut pas être qu'individuel ou familial, il doit s'exprimer dans la participation à ce que doit devenir notre société.

L'Education, une nouvelle frontière pour la France

Mes propositions :

- ▶ Ecole, revoir la copie — 42
- ▶ Etat d'urgence de l'éducation — 48
- ▶ Le lycée — 60
- ▶ Mesures complémentaires de soutien — 62
- ▶ Conversion/grandes écoles — 64
- ▶ Ecole et numérique — 67

« On peut alors adopter dans leur exposition [des découvertes scientifiques] **deux méthodes différentes** ; *l'une consiste à énoncer la loi et à la démontrer promptement dans son expression sans s'inquiéter de la manière dont elle s'est fait jour ; l'autre, plus historique, rappelle les efforts individuels des principaux inventeurs, adopte de préférence les termes même dont ils se sont servis, indique leurs procédés toujours simples, et essaie de reporter par la pensée l'auditeur à l'époque où la découverte a eu lieu.* **La première méthode voit avant tout le fait, la loi, son utilité pratique.** *Elle masque aux yeux des jeunes gens la marche lente et progressive de l'esprit humain. Elle les habitue aux révolutions subites de la pensée et à une admiration sans vérité de certains hommes et de certains actes.* **La seconde méthode illumine l'intelligence.** *Elle l'élargit, la cultive, la rend apte à reproduire par elle-même, la façonne à la manière des inventeurs. »*

Louis Pasteur
Rapport sur l'utilité de la méthode historique dans l'enseignement

Quatre chiffres désastreux pour prendre conscience de l'ampleur de la crise et concevoir le projet pour en sortir :
▶ 25 à 30 % des élèves arrivent en sixième sans les compétences nécessaires en lecture, en écriture et en capacité de jugement ;
▶ 150 000 décrochent avant le baccalauréat ;
▶ 50 % échouent lors de leur première année à l'université ;
▶ les grandes écoles ont toutes un taux inférieur à 5 % d'élèves ne provenant pas des milieux privilégiés, dont elles sont la chasse gardée.

I. Ce qui nous différencie : libérer les capacités créatrices

Il faudra bien un jour savoir ce que nous voulons pour nos enfants et il faudra bien, un jour, savoir ce que nous voulons pour la France car les deux sont indissolublement liés. **La France s'est toujours distinguée non tant par une quelconque puissance, ou une étendue territoriale, mais par sa contribution millénaire à l'histoire du monde** au travers de ce qu'on a appelé, faute de mieux, l'exception française. Or, celle-ci est, depuis plusieurs décennies, l'objet d'une déconstruction patiente qui s'attaque maintenant à l'école, c'est-à-dire à ce que seront le peuple de demain et ses futurs dirigeants.

Indépendamment des réserves que l'on peut avoir sur la finalité des tests internationaux **PISA et TIMSS, les résultats plus que médiocres des élèves français indiquent qu'il est temps de changer de cap. Mais pour aller où ?** Faut-il se contenter, pour arrêter la casse, de revenir à la conception conservatrice que prônent certains, ou en profiter pour s'attaquer aux points faibles de notre école (et aux défis nouveaux auxquels elle doit se confronter), avant qu'ils ne soient davantage instrumentalisés par ceux qui veulent en finir avec l'exception française ? Aujourd'hui déjà et faute d'une vision d'avenir, on place le devenir personnel avant celui du collectif.

A l'opposé, les puissances asiatiques ont fait de l'enseignement un enjeu stratégique en optant pour une éducation d'excellence. Si leur système est excessif (jusqu'à 14 heures de cours par jour, si l'on inclut les cours particuliers auxquels la plupart des parents inscrivent leurs enfants), entraînant parfois le suicide d'élèves, il forme des centaines de milliers de jeunes adultes que s'arrachent les grandes universités américaines, et qui feront de l'Asie de demain le pôle dominant du monde.

L'enseignement en France a certes lui aussi été conçu comme un système d'excellence, mais où l'on a considéré, non sans arrière-pensées, qu'il devait y avoir d'un côté « les bons » destinés à rejoindre l'élite et de l'autre les laissés pour compte. **Or, les élites ont trahi** ; ceux qui avaient eu l'éducation d'excellence puis la carrière qu'ils escomptaient ont fermé la porte derrière eux avant de donner le feu vert à la destruction de l'enseignement. Aux laissés pour compte, ceux dont les parents ne pourront jamais payer une école privée, on propose désormais une éducation de « l'élève acteur de sa propre vie », « construisant ses propres savoirs ». Derrière cette périphrase se cache en réalité une rétention des connaissances. Celles-ci, nous dit-on, relèveraient d'un rapport de domination entre celui qui sait et celui qui ne sait pas !

Une fois que cette imposture, confortable pour celui qui sait déjà, se trouve décrétée et acceptée, il devient logique que l'ordinateur, dans sa « bienveillante » neutralité, apparaisse

> **❝ *Une conception orwellienne d'une école où l'ordinateur se substitue à l'enseignant.* ❞**

comme la solution, se trouvant alors investi de l'autorité de la connaissance dont on a dépouillé les enseignants. On prétendait combattre un rapport de domination, et voici nos élèves sous la coupe d'un autre, celui des géants américains de l'informatique : concevant la machine, ses programmes et ses logiciels, les GAFA et autres multinationales vont pouvoir librement dicter la règle du jeu à nos enfants.

Cette conception orwellienne d'une école où l'ordinateur se substitue à l'enseignant et l'enseignant se réduit au rôle de « facilitateur » entre élève et ordinateur, a suffisamment impacté les esprits pour qu'un représentant de l'Education nationale demande : « *Est-il encore utile d'enseigner aux enfants des tonnes de choses que l'on peut trouver sur internet ?* »

Il convient donc de rappeler que l'information n'est pas la connaissance. Celle-ci, associée au plus haut sentiment qu'un être humain puisse connaître, à savoir celui né de la découverte d'un principe nouveau, est indispensable au développement de l'enfant (comme le soulignait le pédagogue Johann Friedrich Herbart, c'est des idées que viennent les sentiments). **Surtout elle ne peut être transmise que dans la relation vivante qui lie l'esprit de l'élève à celui du maître.**

> **« La connaissance ne peut être transmise que dans la relation vivante qui lie l'esprit de l'élève à celui du maître. »**

C'est ce lien qu'il faut renforcer, à l'inverse de ce que promeut officiellement l'appareil de l'éducation nationale, mais à l'image de nombre d'expériences pédagogiques très intéressantes dont la réussite se caractérise par la force et la qualité de l'investissement des enseignants, indépendamment du projet qui est mené.

L'investissement de l'enseignant est clef et la pédagogie doit être revue à l'aune de la relation enseignant-élève. **Le** tutorat et l'enseignement mutuel s'inscrivent dans cette conception en mettant les élèves les plus avancés en situation de responsabilité vis-à-vis de plus petits qu'eux.** Il faut également en finir avec l'enseignant isolé dans son coin et créer les conditions où une authentique collaboration puisse se développer entre enseignants.

> **" L'idée qu'il pourrait y avoir les élites d'un côté et des ilotes de l'autre est stupide . "**

La population doit être instruite, bénéficier d'une éducation la tirant vers le haut qui lui permette de comprendre les choix collectifs et de peser sur eux. Contrairement à une vision inavouée mais que les choix officiels trahissent, **l'idée qu'il pourrait y avoir les élites d'un côté et des ilotes de l'autre, pour qui l'on adapte la communication du savoir, est aussi stupide que contraire à tout ce qui fonde ce pay**s et nous condamne à un inéluctable et rapide effondrement.

Enfin, si nous n'apprenons rien aux enfants, si nous ne leur transmettons aucun savoir – en prétendant « qu'ils pourront construire leurs propres savoirs » – alors ne soyons pas surpris lorsque, une fois adultes, ils nous reprochent de les avoir dépouillés de connaissances leur revenant de droit, eux qui, étant destinés à faire les bons choix dans un futur proche, doivent être instruits des expériences, bonnes ou mauvaises, de ceux qui les ont précédés. C'est en rendant palpable notre volonté de bâtir l'avenir que nous les y préparerons le plus efficacement. **L'école est le lieu où s'acquiert un regard sur le monde, éclairé par la culture littéraire, artistique, scientifique et historique, loin de l'univers puéril, capricieux et trompeur dans lequel baigne la société des écrans.**

II. Revoir la copie

Le consensus et l'unité qui ont pu exister autrefois envers l'école sont aujourd'hui bien mal en point. L'école a du mal à rester elle-même sous la pression de la société et dans un contexte où on la charge de résoudre des problèmes qu'elle n'a pas vocation à assumer.

1. Les élèves

Ils sont **plus que jamais exposés aux tensions de la société**. Nombre d'entre eux vivent dans un environnement fragilisé (monoparentalité, maladie, chômage, précarité, délinquance, écrans, jeux vidéo violents, culture partout accessible du sexe et de la mort, etc.)

Or, **la frontière qui existait entre la société et l'école s'est progressivement effacée**. Les soixante-huitards ont affirmé qu'il fallait ouvrir l'école. D'autres prétendent que la violence étant dans la société, il est finalement bien normal, ou du moins inévitable, qu'elle se retrouve à l'école.

Nous pensons au contraire que **l'école, primaire surtout, doit demeurer un lieu à part,** où les enfants, et c'est particulièrement important pour ceux des familles en difficulté, trouvent un répit, où ils puissent se concentrer, se stabiliser et trouver une joie de vivre et d'apprendre ensemble.

C'est dans ce contexte qu'il faut également repenser l'architecture de l'école. Non seulement **les écoles** méritent d'être belles, mais il faut que les bâtiments soient accueillants et en finir avec ce véritable outrage que sont des locaux délabrés, comme à Marseille, ou sans chauffage, comme à Maubeuge. Les salles de classes, en particulier dans le primaire, doivent être chaleureuses (ce que les professeurs des écoles s'efforcent d'assurer, mais trop souvent avec les moyens du bord) et les élèves encouragés à y participer, comme à leur entretien. Ils doivent se sentir « chez eux ». **Chaque classe d'élèves devrait avoir « sa » salle de classe**, en étant responsable de son entretien et de son décor, et non, comme c'est aujourd'hui le cas à partir de la sixième, passer d'une salle de classe à une autre pour rejoindre les enseignants là où ils se trouvent.

Tout établissement scolaire nouveau doit intégrer certaines salles dédiées : un peu comme existe déjà la salle de sport, **il faudra prévoir une salle de musique insonorisée équipée d'un piano, un atelier polyvalent destiné aux disciplines manuelles au collège (par exemple : menuiserie, mécanique, électronique)** et des bureaux permettant aux enseignants de recevoir les parents. Les lycées devront être pourvus d'un auditorium.

En outre, ces nouveaux établissements scolaires devront être bâtis dans des lieux permettant d'avoir une surface appréciable d'espace vert. On peut envisager d'en **réserver une parcelle pour créer un petit potager et faire pousser quelques arbres fruitiers,** ce qui serait particulièrement important pour les enfants en milieu urbain. Une activité sociale dans la nature est la meilleure invitation à la respecter, sans l'abandonner à elle-même ni la violer.

Il faudra d'autre part mettre en place **un jumelage et des échanges entre écoles urbaines et rurales**, afin de faire tomber le mur qui s'est progressivement érigé entre les grandes villes et les milieux ruraux.

2. Les parents

La dégradation continue de l'école publique et l'aveuglement de l'Education nationale sur l'échec de ses méthodes pédagogiques dites novatrices, ont contribué à détruire la confiance envers l'institution et à générer des crispations entre parents et enseignants, pouvant aller jusqu'à la menace et l'agression.

Notre projet vise à faire cesser la multiplication des stratégies d'évitement des écoles publiques par les parents et le recours grandissant aux cours de rattrapage, qui renforcent d'autant les inégalités entre ceux qui peuvent payer et ceux qui ne le peuvent pas. Rappelons que les cours particuliers étant défiscalisés à 50 %, les contribuables payent deux fois : une fois pour un enseignement déficient et inégalitaire, une deuxième fois pour la réussite des enfants des familles ayant de bons revenus…

Pour beaucoup, la confiance envers l'école et les institutions a tout simplement disparu, sentiment que renforcent, entre autres, l'incapacité de l'administration à gérer les remplacements des professeurs ou l'état pitoyable des toilettes dans les écoles primaires… **Dans ce contexte, les plus de 50 000 enfants scolarisés hors écoles sous contrat – dont 25 000 suivent une scolarité à domicile assurée par leurs parents, souvent eux-mêmes enseignants – représentent un signal d'alarme à prendre très au sérieux.**

Mes propositions

▶ **Etablir ce qui relève de la responsabilité des parents et de celle de l'école.** Trop de parents ont des attentes d'autant plus excessives vis-à-vis de l'école qu'ils se déchargent sur elle de leur propre responsabilité de parent et d'adulte ;
▶ Systématiser les **journées portes ouvertes à l'école**, comme le font déjà certains établissements ;
▶ Assurer la **pr**ésentation régulière aux parents, par l'équipe pédagogique, de ce que **sera l'année scolaire, ainsi que les programmes et la pédagogie appliquée.** Les parents doivent pouvoir être en mesure de suivre ce que font leurs enfants. S'il y a des réticences ou des critiques par rapport

aux programmes ou la pédagogie, c'est là, en amont, qu'elles doivent se faire entendre ;

▶ Créer une école des parents, surtout pour ceux qui ne sont pas, ou peu, intégrés. **Celle-ci permettrait notamment l'alphabétisation des parents et leur apprentissage du français s'ils ne le maîtrisent pas.** Elle devrait permettre aux parents d'origine étrangère de pouvoir se familiariser avec la langue et la culture française (cette intégration est pour moi un moyen de rendre opérationnel le droit de vote de tous les étrangers aux élections locales).

3. Les enseignants

La qualité d'un système éducatif repose d'abord sur la qualité de l'enseignant et le respect de la société envers celui-ci. Il faut donc des signes clairs en ce sens, tout particulièrement si l'on veut enrayer la crise des vocations, du recrutement et les démissions. Le scandale du recrutement d'enseignants ayant obtenu une moyenne de six sur 20 (comme à l'académie de Créteil) doit appartenir à un passé révolu.

Mes propositions

▶ **Revalorisation de 20 % sur deux ans du salaire des enseignants, avec une prime à déterminer selon les difficultés**, pour ceux travaillant dans les établissements prioritaires ;

▶ **Une vraie formation pour les enseignants débutants et, surtout, un accompagnement pendant leurs deux premières années face à une classe.** Multiplier, pour que la première année d'enseignement ne soit pas un saut dans l'inconnu, les occasions de découverte du milieu scolaire et de la pratique enseignante durant les années précédant le concours, notamment par la pratique (encadrement des heures d'études que je préconise, tutorat, etc.) – via un partenariat renforcé entre universités et établissements scolaires de premier et second degré ;

▶ **Trois ans d'enseignement doivent avoir été effectués avant l'affectation dans des établissements difficiles.** Un système spécifique de formation continue et de tutorat entre enseignants doit être institué dans ces établissements, ainsi que le renforcement des équipes pédagogiques par des éducateurs ;

▶ Favoriser l'avancement des enseignants travaillant dans des établissements difficiles ;

▶ Formation continue pour tous, tant dans la matière enseignée que dans la méthode pédagogique ;

▶ Possibilité pour les enseignants n'ayant jamais connu d'autre environnement que l'école, d'effectuer un **stage d'un an en entreprise** ou dans un autre type de structure professionnelle ;

▶ Dans cette démarche, **donner un sens de leur mission aux Ecoles supérieures du professorat et de l'éducation, en les immergeant dans les pratiques professionnelles réussies et en s'inspirant des comportements pédagogiques qui s'avèrent pertinents**. En clair, cela signifie ne plus confier les décisions essentielles sur la formation à des universitaires qui n'ont pas les clés de l'enseignement en maternelle, en primaire et dans les filières professionnelles ;

▶ Aménager les moyens de la collaboration entre enseignants ;

Sur ce dernier point, l'exemple donné par Andreas Schleicher peut nourrir une réflexion :

« En Chine, les professeurs n'enseignent que onze heures par semaine et, le reste du temps, ils reçoivent les parents ou les élèves individuellement, assistent au*x cours d'autres professeurs, prennent le temps d'élaborer une culture collaborative de l'édu-*

cation, s'occupent de projets innovants qui vont faire leur renommée et accélérer leur carrière. »

▶ **Les enseignants doivent être impliqués, et pas simplement consultés, sur les réformes.** Il n'est pas sain que ce soient des fonctionnaires sans contact avec la réalité de terrain qui décident du contenu des réformes et des programmes.

4. Les institutions

L'éducation est officiellement placée sous l'autorité de son ministère de tutelle et du gouvernement. Mais c'est oublier le rôle d'autres institutions moins connues comme l'OCDE et divers groupes de pression, dont le lobby des grandes entreprises.

C'est dans ce contexte que **la loi d'orientation et de programme pour l'avenir de l'Ecole, du 23 avril 2005, a institué un socle commun des connaissances et de compétences** (transformé en 2013 en socle commun de connaissances, de compétences et de culture) où le terme « compétence » est tout sauf innocent.

Une compétence n'a en effet que peu de lien avec le savoir. Le savoir est vivant. La compétence n'est qu'un petit segment extrait de celui-ci en vue d'être opérationnel. Elle peut donc être processée, évaluée et monnayée en fonction d'une valeur que le marché du travail lui attribue. Elle relève de l'action opérationnelle dans le monde ce qui en fait, par excellence, le fondement du travail rémunéré.

Réduire savoir et connaissance aux connaissances (tout étant dans le pluriel) et aux compétences constituait l'étape indispensable pour transformer l'éducation en service marchand. Le « livret personnel des compétences », mis en place par la loi d'orientation, dresse un profil utilitariste de l'élève dans un format étrangement compatible avec celui des carnets professionnels de compétences déjà en usage dans certains métiers (par exemple le BTP).

L'enfant, ainsi voué à devenir un futur opérateur corvéable à merci par des employeurs eux-mêmes soumis aux impératifs du profit financier, se trouve privé de ce qui fait de lui un véritable être humain créateur, à savoir des moyens de découvrir et d'agir sur les causes et donc de remettre en question une société quand elle devient injuste. A cet égard, la réforme du collège menée tambour battant pour être mise en place à la rentrée 2016 et la refonte sans précédent de tous les programmes en même temps, après une vague consultation, n'ont fait que confirmer que l'éducation vit bien une contre-révolution « en douceur ».

D'ailleurs, la quasi disparition de l'enseignement du grec et du latin et le changement du statut des classes bilangues qui ont accompagné ces réformes, s'inscrivent dans la volonté à peine voilée de créer des opérateurs dont on estime qu'ils n'ont pas besoin de penser, contrairement aux élites qui pourront se payer l'accès à ces enseignements. Je suis en revanche convaincu qu'un plombier, un maçon ou un coursier sera plus compétent dans son activité et mieux capable d'en suivre les transformations si, au-delà de sa profession, un accès lui est donné au meilleur de la culture humaine et aux moyens de mettre clairement en mots sa pensée pour combattre les allégations sans fondement et participer à la décision politique sur l'avenir de notre société.

III. Propositions pour un « état d'urgence de l'éducation »

L'éducation telle que je la conçois se déclinera autour des axes suivants : transmission de la connaissance ; suivi attentif des élèves et collaboration entre enseignants, éveil de la curiosité et des capacités créatrices, **développement de la confiance en soi et du caractère et, enfin, éducation des émotions**. Car si l'intelligible n'est pas nourri par le sensible, si le savoir ne puise pas à la source de l'art et de l'enthousiasme de la découverte, il s'assèche et devient inéluctablement dogme et instrument de pouvoir. L'approche pédagogique s'articulera autour de la relation enseignant-élève, le **recours à l'enseignement mutuel et personnalisé** (accompagnement, conseil, tutorat) privilégiant le « **cousu main** ». La méthode globale sera définitivement abandonnée. Pas de classes de plus de vingt-cinq élèves, voire de quinze à vingt pour les situations difficiles, et un réel bilan sur les acquis en français et en mathématiques en fin de CP et en fin de CM2, pour **organiser un rattrapage collectif et faire cesser ainsi la fuite en avant et l'hémorragie du décrochage et de l'illettrisme**. Les enfants en difficulté doivent être repérés dès la maternelle et le primaire en vue d'une attention humaine à donner, en leur fournissant très tôt une pédagogie adaptée à leurs problèmes et à leurs besoins, afin qu'ils rattrapent en quelques mois le niveau attendu pour leur classe.

Enfin, à l'heure où les communes rurales paient, économiquement et humainement, un tribut insupportable à la réforme territoriale, je me battrai contre la désertification scolaire qui les touche de plein fouet, entre autres du fait des suppressions de postes. Une école, ce n'est pas un bilan comptable, c'est un investissement productif pour le futur, c'est aussi une invitation aux jeunes familles à venir s'installer dans des villages avec l'assurance d'y trouver une école pour leurs enfants.

1. L'école maternelle

Pour avancer dans la conscience de soi et la maîtrise du langage par **les tout-petits, les enfants ont besoin d'un**

adulte qui leur fasse découvrir progressivement ce qu'est la parole et les mots pour communiquer leurs idées. Aujourd'hui, **ce n'est pas possible avec un enseignant condamné à parer au plus pressé, face à une trentaine de très jeunes enfants** réunis dans une salle d'une soixantaine de mètres carrés, et arrivant à l'âge de trois ans avec des acquis inégaux.

Les enseignants, qui font de leur mieux avec les moyens dont ils disposent, ne sont pas en cause. C'est aux responsables de l'Education nationale de procurer des locaux d'enseignement appropriés et de former des femmes et des hommes capables d'accompagner les tout-petits dans leur développement.

Je proposerai de généraliser, tout en les adaptant au contexte de l'école pour tous, les fruits de certains travaux ayant fait leurs preuves, tels **que l'atelier philosophique mené à l'école maternelle Jacques Prévert du Mée-sur-Seine et celui, inspiré de la technique Montessori, mené par Céline Alvarez à Gennevilliers.** Apprendre à réfléchir, à s'interroger et à mettre des mots sur des sujets exigeants est un pas important vers la confiance en soi et l'ouverture à l'autre. Les tout-petits ne peuvent le faire en écoutant les autres enfants de deux ou trois ans ; ils doivent être guidés vers les activités et les mots pour les dire par des enseignants pourvus de moyens pour le faire. De même, l'approche privilégiant le lien entre sensible et intellect pour apprendre à lire et compter, tout en respectant le rythme de l'enfant et son appétit de connaître, permet de décupler ses progrès.

Beaucoup de discours sur l'école resteront inutiles faute de procurer à tous, dès le début, un espace éducatif créateur.

2. L'école primaire

Le CP doit assurer une base solide pour les enfants, à commencer par les matières qui conditionnent les apprentissages complémentaires et ultérieurs : **français, arithmétique, musique.**

▶ Français (lecture, écriture, grammaire, poésie)

Jusqu'en 1969, les élèves du CP avaient 15 heures hebdomadaires de français contre sept heures et demie en 2016, soit l'exacte moitié. Il faut revenir à un minimum de 13 heures et demie hebdomadaires (mais préférablement 15 heures), compte tenu de l'introduction d'une initiation à une langue vivante en CP. C'est à ce prix que l'on pourra réduire les inégalités de départ entre les enfants de familles favorisées qui ont déjà à leur disposition un vocabulaire riche et ceux des familles défavorisées ne connaissant que 200 à 300 mots. C'est là et en maternelle que les retards se prennent et c'est là que doivent être mis les efforts car, comme cela a été amplement démontré, le langage structure la pensée et permet aux émotions de s'exprimer en favorisant le développement de la personnalité.

On mettra progressivement l'accent sur l'expression écrite (écriture, lecture, grammaire, vocabulaire, etc.) tout en continuant à développer l'expression orale. **La poésie doit jouer un rôle fondamental** car elle donne naturellement le goût de la langue, ouvre l'esprit, éveille le sens de la beauté tout en sollicitant puissamment l'imagination. Sans nostalgie pour les méthodes rigides du passé, on doit y réhabiliter le rôle du « par cœur » – tout en l'alliant au plaisir du jeu théâtral – car la mémoire se travaille, surtout quand nous environne une culture du flash, des écrans et de l'instant. Bien entendu, le « par cœur » doit être proscrit ailleurs, notamment dans l'apprentissage de formules algébriques sans démonstrations constructives.

Dans les classes ultérieures, le temps passé sur l'apprentissage du français diminuera mais il doit rester une préoccupation constante et l'objet d'un apprentissage personnalisé aussi longtemps que les élèves ne sont pas à l'aise dans leur expression, tant écrite qu'orale, et qu'ils ne parviennent pas à lire un texte sans difficulté. Ils doivent non seulement en comprendre le sens mais s'en emparer comme d'un bien commun. L'écriture de textes courts sera ainsi encouragée pour exprimer cette intériorisation d'une langue maîtrisée.

▶ **Science - Arithmétique, géométrie, mathématiques**

Le calcul doit s'apprendre très concrètement avec des objets réels à manipuler (bouliers, bûchettes et jetons, etc.). La « méthode de Singapour », qui a donné d'excellents résultats, semble intéressante en ce qu'elle repose sur une progression légitime « concret-visuel-abstrait » permettant de consolider les acquis au fur et à mesure du déroulement du programme. C'est d'ailleurs une approche similaire qui avait assuré le succès de notre enseignement primaire et primaire supérieur sous la IIIe République !

Le calcul mental doit être appris dès que possible comme un jeu pour que les enfants acquièrent la fluidité nécessaire dans les nombres et être libres pour progresser. La calculatrice, comme l'ont prétendu certains *« spin doctors »* de l'enseignement, ne pourra jamais se substituer à la nécessité du travail mental.

La géométrie doit reprendre la place qu'elle n'aurait jamais dû perdre : acquérir la connaissance des propriétés physiques de notre univers, s'approprier l'espace, mais aussi acquérir les **facultés d'observation, de concentration et de rigueur intellectuelle** qui sont essentielles pour l'élève.

Au delà de ces apprentissages de base, dans le temps dédié à l'éveil scientifique, on doit systématiquement privilégier **l'approche « main à la pâte »**. En partant de questions très simples et concrètes, l'élève est amené à formuler des hypothèses et à en vérifier la validité par l'expérimentation « pour de vrai » ;

▶ Musique

La musique doit devenir un élément à part entière de la scolarité du primaire. Faire de la musique, c'est déjà compter, s'approprier un langage, c'est développer son imagination et créer la beauté au travers d'un effort collectif. La publication au *Bulletin officiel* de l'Education nationale du 13 décembre 2016 d'un texte sur le chant choral à l'école et ce, jusqu'au lycée, en raison de ses « vertus éducatives particulières », est un signe positif. Cela devra donc être intégré à la formation de l'enseignant et à celle des intervenants musicaux dans les écoles, que l'on devra réhabiliter (DUMI, diplôme d'université de musicien intervenant).

Il y a cependant plusieurs conditions pour que la musique remplisse pleinement ce rôle éducatif.

1. Le choix du répertoire est d'autant plus important en musique qu'il est en même temps le moyen et le but. Or les enfants savent (parfois plus que les adultes) discerner la belle musique des productions infantilisantes ou commerciales. Et ils aspirent plus qu'on ne le croit à se l'approprier. Leur environnement quotidien étant déjà saturé de banalités, qui les enracinent dans la petitesse, **les enfants devront avoir à l'école accès au meilleur de ce qu'a produit l'humanité,** c'est-à-dire aux œuvres qui ont résisté – de par leur propre mérite – à l'épreuve du temps, **notamment celles du répertoire classique.** Quitte à les arranger pour répondre aux spécificités d'une chorale enfantine.

2. La musique, c'est l'harmonie, le rythme, la respiration, l'écoute et « l'accord des discords » à travers la polyphonie. **Les enfants doivent pouvoir chanter à plusieurs voix très rapidement, par des techniques progressives et adaptées (notamment via la forme du contrepoint qu'est le canon).** L'approche du jeu et de l'invention pour découvrir le langage musical doit être privilégiée et peut mener vers une initiation à la composition musicale, à laquelle se prête particulièrement bien le canon. C'est **la main à la pâte musicale.**

3. Les enseignants ne peuvent généralement mettre à la disposition des élèves que des instruments permettant une expression musicale étriquée (xylophones, flûtes à bec, etc.). Il faut donc systématiser la présence d'un piano à l'école. La pratique musicale collective peut également prendre la forme de l'apprentissage d'un instrument exigeant mais très riche, comme l'illustre le cas de **l'école primaire Guy Môquet à Nogent-sur-Marne,** où tous les enfants scolarisés apprennent un instrument à corde frottée (violon, alto ou violoncelle) pour leur plus grand bénéfice dans l'ensemble de leur scolarité.

Si les tout jeunes enfants se montrent très créatifs, leur mode d'apprentissage se fait, jusqu'à six ou sept ans, principalement par l'imitation. L'enseignement doit, encore plus que pour les plus grands, les placer en position d'acteurs dans un milieu où ils ont une possibilité physique d'interagir avec leur environnement (toucher, sentir, soupeser, voir, entendre). S'ils sont « de véritables éponges », comme on dit, **il est d'autant plus important que l'adulte soit toujours présent, notamment pour montrer l'exemple et leur faire « absorber » ce qui les émancipe**, les élève et leur donne ainsi confiance en soi.

La classe mixte, quand elle n'est pas vécue comme un pis aller en raison des coupes budgétaires, possède un grand intérêt pédagogique car elle décline les avantages du développement mutuel entre élèves (imitation des plus grands et responsabilisation de ceux-ci dans la transmission aux plus petits). Notons que l'enseignement mutuel fut un élément central de l'enseignement au moment de la Révolution, car il est par excellence le moyen de briser la stérilité de l'esprit de rivalité pour lui substituer un esprit d'accomplissement collectif.

Enfin, il est nécessaire **d'augmenter les moyens financiers en faveur de l'enseignement primaire**. Sur 14 pays riches comparables, la France est au dernier rang en matière de dépense pas élève en primaire. Parallèlement à la revalorisation de 20 % du salaire des enseignants, je m'engage à faire en sorte que la dépense par élève soit accrue d'autant.

3. Le collège

L'entrée au collège se fera dans des établissements où la liaison entre primaire et collège aura été préparée, et non sur la base des faux nouveaux cycles, afin d'assurer que l'élève ne soit pas « perdu » dans son nouvel environnement. Ces établissements, à l'autonomie renforcée (à condition que ce ne soit pas dans le cadre de contraintes financières), ne devront pas dépasser les 600 à 700 élèves, **avec pour objectif des classes de moins de 25 élèves et de 15 à 20 pour les situations les plus difficiles.**

Possédant une bonne maîtrise des savoirs fondamentaux, le collégien sera en mesure d'aborder des savoirs plus complexes et de nouvelles matières. Entre autres, **deux heures hebdomadaires d'apprentissage manuel aux technologies** remplaceront les actuels cours d'une heure et demie de technologie vidés de leur substance et de leurs moyens. Car nous ne pouvons plus admettre que l'école ne forme que des informaticiens, des ingénieurs et des cols blancs. Ces nouveaux cours, pour lesquels il faudra mettre les moyens, **intégreront la mécanique, l'électricité et l'électronique, la menuiserie, et enfin l'informatique et la 3D pour se confronter aux contraintes de la matière, ouvrir une fenêtre sur le monde du travail** et sur les futures révolutions des modes de production.

Pour les élèves qui se destinent à une filière professionnelle, **il est indispensable de réhabiliter les fameuses 4e et 3e technologiques et que le Bac Pro revienne à quatre ans.** Enfin, pour réconcilier les professeurs de collèges avec l'enseignement professionnel et technologique, il faudra les sensibiliser et les former sur ces filières et sur l'évolution des secteurs demandeurs d'emploi (cf. ma section « *Enseignement et formation professionnels, le droit au futur pour notre pays* »).

▶ Histoire

Si l'enseignement de l'histoire a suscité une telle polémique, c'est aussi parce qu'elle nous tend un miroir à double face, passé et projection du futur, où transparaît notre responsabilité individuelle face au devenir collectif. Brouiller la compréhension de l'histoire, c'est créer la confusion entre les deux. C'est également empêcher les élèves de prendre conscience de leur responsabilité de citoyen car, comme le dit l'historien Denis Peschanski, l'enseignement de l'histoire « ne saurait être déconnecté d'un projet politique, la construction de la cité ». Appréhender d'un seul coup d'œil, ou de pensée, cette grande fresque historique fait apparaître clairement le « message universaliste que porte la France et qui la rend attractive ».

Son rôle est d'autant plus important pour les jeunes qu'il faut les arracher à la tyrannie de l'immédiateté. Il faut aussi les sortir du débat stérile sur « l'identité française », car la France est un creuset qui s'est enrichi de multiples apports. **La spécificité française, c'est d'avoir su créer l'unité dans la diversité par l'adhésion commune à des valeurs universelles et à un projet politique en découlant légitimement.** L'école doit aider chacun à développer cette conscience d'être à la fois « patriote et citoyen du monde » (voir Friedrich Schiller).

C'est pourquoi je défends un enseignement de l'histoire qui rende intelligible la trame de vie de la France et du monde. **Loin d'un « roman national » stéréotypé, les élèves doivent revivre non seulement les grands moments de**

notre histoire mais aussi ceux de l'histoire universelle. En remettant leurs pas dans ceux de leurs prédécesseurs qui créèrent ou qui combattirent pour la liberté et le progrès, **ils découvriront le sens même de la création et ce que demande d'héroïsme le combat engagé pour les principes au fondement de notre République.**

L'histoire doit, bien sûr, s'enseigner chronologiquement, mais aussi **en se concentrant sur les points de discontinuité qui changèrent, parfois grâce à une poignée d'hommes et à une seule idée, la société en profondeur** : découverte d'un principe physique (machine à vapeur, relativité), innovation (imprimerie), événement d'ampleur (Révolutions américaine et française, fin de l'esclavage, etc.), ou encore une guerre quand celle-ci marque une rupture civilisationnelle (Première Guerre mondiale).

Il convient également d'inclure **les grandes découvertes artistiques** qui, on l'oublie trop souvent, transformèrent les esprits. Les sociétés qui ont goûté aux révolutions musicales de Bach, Mozart ou Beethoven, celles qui ont vu l'avènement de la perspective en peinture, ont fait, elles aussi, un saut qualitatif, lorsque ces découvertes ont été partagées avec un nombre de plus en plus grand d'êtres humains.

Le rôle de l'archéologie doit être abordé. Les progrès apportés par l'utilisation de nouvelles technologies (analyse de l'ADN, thermoluminescence, archéomagnétisme, etc.) montrent que le passé n'est pas figé, qu'en ayant les moyens de l'interroger, il nous donne des réponses plus précises. Là où l'interprétation nécessairement subjective, mais plus ou moins rigoureuse et bien intentionnée, est la règle, des éléments objectifs permettent de savoir et de progresser. La visite de sites archéologiques ou de laboratoires de recherches permettra aux élèves de s'interroger sur les liens entre futur et passé. **En particulier, en notre temps de progrès scientifiques, il me paraît fondamental d'initier les élèves aux**

découvertes des hommes préhistoriques (biface, etc.), **en montrant la différence fondamentale entre un outil humain et un « outil animal »,** avec expérimentation de la taille d'instruments.

Enfin, si **l'enseignement de l'histoire par thèmes est une approche très intéressante pour des chercheurs, elle est tout simplement inadaptée et même contreproductive à l'école primaire** ou au collège. Tout au plus, peut-elle trouver sa place dans des projets ponctuels, par exemple des EPI (enseignements pratiques interdisciplinaires) ou pour approfondir un sujet spécifique. Il faut au contraire commencer par enseigner les grands moments de notre histoire et de l'histoire universelle, qui ont vu naître les progrès de l'esprit humain, et montrer ce qui a entraîné, à l'inverse, les moments de recul ;

▶ **Français**

D'ores et déjà, l'enseignement du français ne devrait pas être amputé d'une heure en quatrième-troisième, voire davantage pour laisser place à des enseignements pratiques interdisciplinaires (EPI).

Nous devons réhabiliter **l'enseignement de la littérature sous sa forme chronologique,** et selon un corpus d'œuvres prédéfini, prioritairement écrites, car tous les supports ne se valent pas, et surtout, privilégiant les moyens de se bâtir, pour le futur adulte qu'est l'élève, une véritable culture humaniste. **L'enseignement de la poésie** doit être conçu non comme un fourre-tout aléatoire et capricieux de ressentis personnels ou déconstructionnistes, mais comme un support permettant de réconcilier, à la manière d'un **Shelley, d'un Hugo ou d'un Schiller, la raison et les émotions en vue d'élever le sentiment personnel et universel**. Exactement comme on doit étudier et expérimenter le contrepoint en musique, la métaphore et l'ironie, **ainsi que le langage très imagé et généreux de Rabelais.** On oublie trop souvent qu'ils furent des moyens d'enrichir notre langage aujourd'hui bien mis à mal, dans une société qui veut à tout prix rendre notre pensée binaire et linéaire. Apprendre à bien parler français ne consiste pas à se soumettre à une langue de Cour prédéterminée, mais à enrichir notre langue par la découverte de son histoire et l'accueil du meilleur des autres. **Le jeu théâtral, instrument du développement de la confiance en soi et de ce lien entre raison et émotion, doit aussi être privilégié,** ainsi que les crédits alloués aux rencontres théâtrales et aux sorties culturelles. Ces sorties et ces expériences intellectuelles devront s'inscrire dans le cadre d'un projet pédagogique d'ensemble.

Enfin, la grammaire doit être remise comme une priorité dans le temps d'enseignement ;

▶ **Mathématiques**

Il faut, là encore, contrairement à ce qu'a voulu la dernière réforme des programmes, **redonner à la géométrie, de la sixième à la troisième, son rôle fondamental** et en finir avec la tyrannie des mathématiques abstraites ;

▶ **Initiation au codage**

Faut-il apprendre aux enfants à coder ? Oui, certainement, mais là encore, la nature binaire du langage informatique invite à la prudence : on « devient » trop souvent le langage que l'on parle. Autant il est nécessaire que la nouvelle génération maîtrise le codage, autant il est essentiel que son univers mental ne soit pas façonné par un système terriblement réducteur. C'est pourquoi je propose que **le codage ne soit abordé qu'en quatrième**, lorsque les élèves auront déjà développé les instruments intellectuels pour avoir le recul nécessaire.

4. Le lycée

Mon objectif est de parvenir à la création d'**un lycée polyvalent et polytechnique (regroupant les quatre voies de ce qui devrait être une approche globale : une voie professionnelle en alternance, une voie professionnelle en continu, une technologique et une dernière, générale).** Je soutiens donc la proposition du Syndicat général des lycéens (cf. ma section *« Enseignement et formation professionnels, le droit au futur pour notre pays »*).

Les lycées qui ont un faible taux de réussite au baccalauréat doivent disposer de davantage de moyens que les autres. Plus généralement, le travail en équipe doit être développé partout. Il faut créer les conditions pour que les établissements deviennent des « républiques en petit », avec un enseignement moins formel et plus mutuel, qui s'interrogera constamment sur les résultats de sa pratique, au lieu d'appliquer des instructions ou des formules. Les conditions suivantes seront nécessaires pour y parvenir :

▶ les **chefs d'établissement doivent pouvoir disposer d'une grande autonomie d'initiative et d'innovation, et devenir les points d'ancrage d'une équipe responsable associant professeurs, parents et quelques grands élèves.** Cette équipe dialoguera avec l'autorité académique pour établir le profil personnel des nouveaux professeurs en fonction du projet de l'établissement ;

▶ **les équipes pédagogiques devront se former et être connues un mois avant la rentrée.** Elles devront organiser leurs horaires, avec un temps de concertation de toute l'équipe de trois à quatre heures par semaine, pour pouvoir identifier et suivre ensemble chaque élève en difficulté ou difficile, avec l'assistance des médecins scolaires, des infirmiers et des surveillants ;

▶ **il appartiendra à ces équipes enseignantes de tracer les itinéraires pédagogiques les mieux adaptés à chaque**

milieu et à chaque classe, l'Etat se contentant de fixer des normes de compétence nationale ;

▶ le parlement de la « république en petit », constitué par les équipes enseignants-parents-élèves, travaillera auprès du chef d'établissement, qui devra prendre son avis et constamment dialoguer avec lui ;

▶ **des bureaux d'accueil individuels devront être aménagés pour que les enseignants puissent y recevoir** (et non dans une salle de classe ou un café) les élèves et leur famille ;

▶ dans cette approche, **chaque lycée (mais aussi chaque collège) doit pouvoir disposer de sa chorale, sa troupe de théâtre, son petit musée pédagogique, son journal, sa rédaction, ses blogs de classe, voire de sa petite imprimerie**. A un cadre anonyme et interchangeable se substituera ainsi un lieu de vie ouvert sur l'extérieur mais protégé de ses influences perturbatrices.

En suscitant ainsi un climat coopératif, je suis convaincu que les enseignants, conscients de la confiance qui leur sera accordée et aimés de leurs élèves, resteront plus longtemps à l'école par plaisir. (Expériences de référence : Jean-Luc Muracciole à Reims et collège Pierrelée, Académie du Mans.)

C'est dans ce contexte que le décloisonnement entre filières ES, L et S pourra se faire sans drame.

L'enseignement de l'économie ne doit plus, lui, dépendre de la section économie de l'Académie des sciences morales et politiques, au sein de laquelle les conceptions du libéralisme financier d'un Michel Pébereau ou d'un Denis Kessler ne rencontrent aucune opposition. Il est nécessaire que l'économie physique au service de l'humain, celle pour laquelle la création passe avant le profit, retrouve sa place ou, du moins, soit enseignée parallèlement au « socle théorique de base qu'aucun économiste *aujourd'hui ne songerait à remettre en cause* » promu sans scrupules intellectuels par les experts de l'Académie.

IV. Mesures complémentaires de soutien

▶ Donner **plus de moyens aux sections d'enseignement général et professionnel adapté (SEGPA)**, qui sont rattachés aux collèges et scolarisent environ 100 000 élèves de douze à seize ans en très grande difficulté scolaire. Les professeurs et instituteurs spécialisés enseignant dans ces structures jouent avec un grand dévouement les « pompiers de l'Education nationale ». Ils doivent être mieux payés, mieux aidés et encouragés à s'organiser en équipe. **Les quelque 50 000 élèves sortant sans qualification des SEGPA doivent être progressivement réduits à quelques milliers** : moins doivent y être envoyés et davantage doivent en sortir avec une qualification ;

▶ Dans toutes les classes des lycées et collèges, au moins **deux heures d'étude pendant quatre jours devraient** être **assurées, avec l'assistance d'un enseignant répondant aux difficultés rencontrées par chaque élève et aidant à la rédaction des devoirs.** C'est dans ce climat collectif qu'une plus grande égalité des chances peut être assurée, les élèves rencontrant chez eux des circonstances difficiles pour se concentrer se trouvant là dans les mêmes conditions que les autres. Le « retour sur la classe » permettra de mieux diagnostiquer les cas particuliers et créer les conditions d'un enseignement mutuel ;

▶ Bien entendu, **les tutorats pour élèves en dispositif relais doivent être toujours disponibles** pour travailler au plus près des besoins de l'élève et faciliter le « raccrochage ». **Le suivi des élèves dans leur collège d'origine**, au-delà des sessions, devra être physique, ce qui signifie que l'équipe pédagogique du dispositif tutoral disposera de temps pour effectuer les déplacements nécessaires. Le retour progressif au collège doit être accompagné d'une fiche de suivi professeur-élève. Les visites de professeurs autres que le tuteur à l'atelier-relais doivent devenir la norme ;

▶ Les **réseaux d'aides spécialisées aux élèves en difficulté (Rased)**, destinés aux élèves d'écoles maternelles et élémentaires en grande difficulté, doivent être renforcés, car cet effort en amont au cours d'une vie réduira le recours aux centres d'éducation fermés, qui coûtent très cher et viennent souvent trop tard ;

▶ Je propose de créer un **Service public d'aide scolaire,** qui permettra d'aider au mieux tous les élèves, et pas seulement ceux dont les parents peuvent avoir recours à des dispositifs de rattrapage payants. Partout **un pôle de professeurs remplaçants**, rattachés chacun à un collège et à un lycée particuliers, devra d'une part pallier toute absence supérieure à trois jours, et d'autre part, quand les professeurs membres du pôle n'auront pas à remplacer leurs collègues, ils devront intégrer le Service public d'aide scolaire ;

▶ Pour permettre une orientation de tous les élèves, qui soit à la fois disponible, simple et claire, je propose la création d'un **Pôle public de l'orientation**, doté d'une antenne dans chaque établissement scolaire (lycée polyvalent), ouvert à tous et issu de la fusion des centres d'orientation et de formation et de l'Office national d'information sur les enseignements et les professions (ONISEP).

Ce dispositif d'ensemble soutiendra et encadrera les différentes voies et filières des collèges et lycées. Dans ce contexte, **la gratuité des manuels et des trousseaux professionnels** sera mise en place, pour que chaque lycéen ait accès à sa formation sans que lui ou sa famille ait à en supporter la dépense.

V. L'enseignement supérieur

réorganiser les universités et les grandes écoles

1. Universités

▶ Il faut arriver à une **parité absolue de traitement entre ce que la collectivité nationale consacre à chaque élève des classes préparatoires aux grandes écoles et de l'université,** tout en accroissant la part de PIB (1,5 %) actuellement consacrée à l'enseignement supérieur ;

▶ Il est impératif de **donner aux étudiants des premiers cycles universitaires un encadrement comparable à celui qui existe dans les classes préparatoires ou les IUT.** Un semestre de transition doit être prévu entre le lycée et l'enseignement supérieur avec des modules de méthodologie, de soutien et de définition du projet professionnel. Ce tutorat universitaire permettra de rattraper l'absence d'expression écrite ou orale des étudiants, avant que ma refondation du primaire et du secondaire ne porte ses fruits.

▶ Des **passerelles seront créées entre filières et niveaux de formation**, notamment entre filières générales et professionnelles ;

▶ Une culture de la réflexion scientifique sera réintroduite partout (la culture « humboldtienne » ou « polytechnique ») et **la division entre scientifiques et littéraires réduite autant que possible, non par acte d'autorité mais dans la logique de l'épanouissement des connaissances** ;

▶ La responsabilisation découlant de l'autonomie renforcée des universités permettra un mode de fonctionnement interne plus satisfaisant : **un exécutif stable, un « président » entouré d'une communauté professorale et étudiante, le « parlement ».** Cette responsabilisation permettra d'associer tout le tissu des universités

à la réflexion sur leur avenir. Dans chaque université, la présidence pilotera un projet d'établissement et une stratégie avec les différentes composantes et passera avec chacune d'entre elles des contrats d'objectifs et de moyens. Une véritable comptabilité analytique permettra d'estimer les coûts de chacune des activités de l'université, évaluées avec un outil de contrôle de gestion.

2. Grandes écoles

Il faut mettre fin à la rente d'une caste. Avec quelles armes ? **La propagation d'une méthode créatrice à chaque niveau des enseignements.** Car supprimer d'un trait les grandes écoles ou les intégrer immédiatement au sein de l'université satisferait certes le ressentiment que l'on peut nourrir contre elles, mais aggraverait le problème de notre enseignement en y introduisant un chaos contre-productif.

Il faut commencer par créer les conditions permettant **de former un autre type d'homme, qui ne soit ni un grand prêtre de la science ni une star du traitement des dossiers, mais un être humain aimant créer plutôt que gérer, sensible aux solidarités sociales plutôt qu'aux réputations et à l'argent, et rejetant l'injustice ou l'ennui du système dominant**. Les conventions Etat-grandes écoles devront ainsi avoir pour but non seulement d'en démocratiser l'accès, mais d'en réduire les coûts pour la collectivité.

A l'ENA par exemple, il faudra aller au-delà du travail mené ces dernières années sous la direction de Nathalie Loiseau et **s'inspirer de l'esprit du projet d'Ecole spéciale des services publics qu'Hippolyte Carnot élabora en 1848**, alors qu'il était ministre de l'Education publique. Son Ecole d'administration avait bien entendu à son programme des cours sur les techniques de gestion des affaires publiques, mais étayées par une « méthode générale », l'épistémologie des sciences dans leurs conceptions les plus avancées de l'époque. A cet effet, une décision ministérielle mentionnait **l'enseignement de la physique, de la géométrie descriptive et du calcul infinitésimal pour tous les élèves de l'école.**

C'est cet esprit, celui de l'Ecole polytechnique des origines, celle de Gaspard Monge, Lazare Carnot et Prieur de la Côte d'Or, qu'il faut aujourd'hui réintroduire non seulement à l'ENA mais à l'Ecole polytechnique elle-même et plus généralement dans toutes les grandes écoles.

C'est au niveau des contenus, dans ce qu'ils ont de plus créateur, de plus proche de l'esprit de découverte, **contre tout esprit bureaucratique et oligarchique**, que l'intégration des grandes écoles dans les universités pourra se faire progressivement, dans un esprit de « nouvelle frontière ».

L'on ne peut fonder la sélection de scientifiques créateurs sur la simple base des mathématiques existantes, finies, mais sur cette intuition rigoureuse qui permet de rendre compte de phénomènes d'un ordre qualitatif supérieur. De même, l'on ne peut recruter des fonctionnaires créateurs sur la base de techniques de gestion elles-mêmes existantes et finies.

C'est le cœur du problème des castes issues des grandes écoles et des prépas.

Le résultat est que les polytechniciens, par exemple, se sont presque totalement détournés de la recherche. Dans le secteur privé, leur salaire dépasse plusieurs fois ce qu'ils gagneraient dans le secteur public, et à l'intérieur même de la fonction publique, à 35 ans, un polytechnicien entré au CNRS gagnera entre deux fois et demie et trois fois moins que ses camarades qui ont choisi de faire carrière dans les ministères. Une telle hiérarchie des salaires reflète le peu de cas que notre société fait de ses chercheurs, et combien elle cherche à s'attacher de bons gestionnaires pour veiller sur les privilèges.

Je m'engage au contraire à ce que **la méthode créatrice elle-même devienne l'objet de l'enseignement, donnant naissance à des individus animés par des principes et relativement invulnérables, psychologiquement et moralement, aux attraits autres que celui de l'intérêt général.** A l'ENA, une formation des élèves à la recherche introduira un esprit scientifique pour de futurs hauts fonctionnaires qui doivent s'interroger avec un esprit critique avant de décider. L'on comprendra que je conçoive ainsi l'éducation comme la nouvelle frontière d'une autre politique.

L'obsession du rang de sortie déterminant l'écart entre carrières futures correspondant à ce rang est une aberration supplémentaire de notre système. Le choix devra se faire en fonction des compétences et des goûts de chaque élève et non des espoirs de faire plus ou moins bien carrière. L'obligation de servir durant les dix premières années à la sortie de l'école, sous peine de devoir démissionner de la fonction publique et rembourser le coût de sa formation, doit être enfin établie.

VI. L'école et le numérique

Selon le calendrier officiel **du plan numérique lancé en mai 2015** par le président de la République, 1256 écoles et près d'un quart des collèges sont censés avoir été équipés dès la rentrée 2016. Plus de 175 000 élèves ont dû être dotés de tablettes numériques, cofinancées par l'Etat et les collectivités territoriales.

Introduit à grand renfort de communication, **le plan numérique est présenté comme la solution miracle** à l'inégalité scolaire alors qu'il est en réalité très contestable, notamment en ce qui concerne la pédagogie. **Les mises en garde existantes, très documentées** (dont celle de Michel Desmurget), **sont ignorées.** Même l'OCDE s'est montrée particulièrement prudente à l'issue d'une étude préliminaire.

Dans la préface de cette dernière, Andreas Schleicher, le patron de la Direction de l'éducation et des compétences, écrit : « Les élèves utilisant très souvent les ordinateurs à l'école obtiennent des résultats bien inférieurs dans la plupart des domaines d'apprentissage, même après contrôle de leurs caractéristiques socio-démographiques. »

Le numérique à l'école, c'est une journée devant les écrans là où la moyenne journalière est déjà (tous écrans confondus) de sept heures et demie pour chaque jeune ! Et ce, en dépit du constat alarmant sur le manque de sommeil et les problèmes de comportement et de concentration qui en découlent, notamment chez les familles qui ne sont pas susceptible d'exercer un contrôle sur leurs enfants.

Plan numérique et gros sous

Supposons, dans une estimation très optimiste, que le coût d'une tablette se monte à 150 euros, il faudra donc débourser 175 000 x 150 = 26 250 000 euros ! Cette somme ne comprend cependant ni l'entretien, ni les éventuels frais de maintenance ou de réparation, ni l'achat de la version numérisée des manuels scolaires dont la version papier est destinée à disparaître (les budgets pour ceux-ci ont déjà diminué d'un tiers). La tablette aura-t-elle les cinq ans d'espérance de vie du manuel scolaire ? Cela revient à demander si les enfants d'aujourd'hui seraient devenus comme par magie « sages comme des images ».

La tablette utilisée par les élèves est souvent un iPad, soit un coût unitaire de 500 euros aux frais du contribuable.

Passons à l'équipement collectif avec le TBI (tableau blanc interactif). Coût estimé : 2000 à 3000 euros, auxquels s'ajoutent frais d'installation, ordinateur, logiciels éducatifs, licences annuelles des logiciels, périphériques, câblages, entretien et réparations, électricité, abonnement internet, consommables et formation.

Comparons à cela le coût de l'équipement collectif dans l'enseignement non-numérique.

Tableau standard à fond vert 150 cm x 100 cm : autour de 100 euros (plus les craies et les éponges). Tableau standard à fond blanc, type velleda 200 cm x 100 cm : autour de 200 euros

Le plan numérique, à l'efficacité pédagogique pour le moins non prouvée, représente par contre une extraordinaire manne financière pour les fabricants de matériels et de logiciels informatiques, comme pour GAFA (Google, Apple, Facebook, Amazon), qui se chargera de « biberonner » les élèves et futurs étudiants, donc les acteurs de demain. **On passe ici à une dimension de rente financière sans aucune proportion avec celle, déjà problématique, des fournisseurs de manuels scolaires papier.** A qui fera-t-on croire que les géants de l'informatique et d'internet se priveront de collecter des données personnelles d'une valeur inestimable sur tous les utilisateurs (enseignants compris) ? Il est inadmissible que l'Education nationale livre une masse captive de consommateurs potentiels à des captateurs de données.

Non seulement elle ne fait rien lorsque les géants de l'informatique tournent autour de l'école, comme Apple, avec son programme d'ateliers où l'on invite les élèves à se rendre en sortie scolaire comme d'autres vont au musée, mais elle a signé le 30 novembre 2015 un contrat avec Microsoft, aux termes duquel l'entreprise américaine s'engage à investir 13 millions d'euros pour « contribuer » à la réussite du Plan pour le numérique. Un petit investissement qui lui rapportera très, très gros… Comment, dès lors, parler d'école de la République et assurer l'impératif d'égalité lorsqu'on la livre à la logique du profit ?

Avec 50 % de la population mondiale ayant moins de 25 ans et un tiers moins de 15 ans, la numérisation de l'école, en préalable à sa privatisation, en fait une cible pour les

cartels internationaux. Nous devons empêcher qu'elle ne devienne leur proie.

Mes propositions

▶ **Aucun écran jusqu'à six ans** (on démontre aujourd'hui leur nocivité tant sur la concentration qu'en terme de luminosité, voire d'ondes) ;

▶ **Au primaire : pas de cours sur tablettes ni écran numérique.** L'écriture cursive, les traces du processus à l'œuvre quand l'élève écrit ou tâtonne, sont essentielles pour le professeur et l'élève ;

▶ **A partir du CE1, les outils informatiques en classe ne seront que des supports pour compléter les autres** : par exemple la projection d'une vidéo pour illustrer un cours de géographie. Ils seront introduits, en tant que de besoin, uniquement après les supports physiques, réels. Par exemple : confection d'un herbier, dans un premier « pour de vrai », puis présentation de celui-ci sur un support digital (petit site web, etc.) ;

▶ Même si je partage avec Steeve Jobs et les geeks de la Silicon Valley la conviction que **l'enfant ne doit pas être placé devant un écran pendant sa croissance et la formation de son cerveau, je pense cependant que c'est envisageable à partir du secondaire.** A cet âge, la maîtrise de l'instrument devient nécessaire et l'apprentissage du codage doit être organisé, non comme une chose en soi, mais comme moyen de résoudre des problèmes dans l'univers réel.

L'éducation devrait toujours être le risque pris par l'enseignant d'être dépassé par les enseignés, en faisant revivre les principes connaissables de tous et aux yeux de tous, à travers une grande découverte scientifique, une grande œuvre d'art ou un simple moment de découverte. Et, plus que tout, c'est aimer ce risque d'être dépassé, car ce dépassement permanent est, au fond, la mission de toute République.

Enseignement et formation professionnels, le droit au futur pour notre pays

L'enseignement et la formation professionnelle sont des sujets dont on parle beaucoup mais qui sont en réalité scandaleusement négligés. L'enseignement professionnel reste dévalorisé et la formation professionnelle ne s'oriente pas vers ceux qui en ont le plus besoin. **Je me battrai pour leur redonner un sens de mission et de pilotage, à la fois pour des raisons de justice sociale et pour assurer que la France soit aux avant-postes des révolutions technologiques à venir.**

I. Un enseignement professionnel relevant le défi de l'excellence et du futur

Compte-tenu des errements de ces deux derniers quinquennats, je propose d'abord d'abroger toutes les mesures absurdes qui désorientent les jeunes et avalisent des compétences étroites et périssables. Mon engagement est d'ouvrir le jeu technique et social :

▶ **lancer le lycée polyvalent du XXIe siècle, pour n'avoir partout, à terme, qu'un seul lycée regroupant quatre voies** : une professionnelle en alternance, une professionnelle en continu, avec une formation professionnelle moins spécialisée et plus générale, une technologique, adaptée pour être la porte d'entrée vers les IUT, les BTS et les DUT, et une dernière générale, orientée par matières dominantes. Les propositions faites à cet égard par le Syndicat général des lycéens me paraissent de nature à rétablir une intégration sociale et une attention aux qualités de chacun ;

▶ **arrêter la fermeture de classes et de lycées professionnels** (il y a aujourd'hui 870 lycées professionnels publics et 640 privés, contre 2792 en 1970 et 1716 en 2003). **Redonner à la filière les moyens financiers et humains qui ont été supprimés depuis une dizaine d'années, en faveur de l'équipement des élèves et de leurs lieux de travail** (cf. ma section « *Jeunesse, un nouveau printemps émancipateur pour la France* ») ;

▶ **établir une carte de nouveaux établissements à créer en fonction de notre politique de réindustrialisation et de prise en compte des futures mutations de l'emploi, notamment des conséquences des révolutions numériques.** Un réseau national cohérent de lycées polyvalents et polytechniques sera un outil essentiel pour fournir les formations nécessaires, en y intégrant les centres de validation des acquis, et reconstruire **le maillage de notre territoire** ;

▶ le bac professionnel doit être rétabli à quatre ans, car sa réduction à trois ans s'est faite en rabotant les contenus généraux des différentes disciplines ;

▶ cette année supplémentaire doit permettre de **redonner une place à la culture générale dans l'enseignement professionnel.** La capacité d'expression et d'abstraction doit venir à l'appui des connaissances professionnelles dans des domaines particuliers, notamment pour être en mesure de *« changer plusieurs fois de métier au cours d'une vie »* et d'emprunter des passerelles vers l'enseignement supérieur. L'instruction civique vivante et l'enseignement de la philosophie, notamment, doivent être mis au programme en amont de toutes les classes de terminale et de BEP ;

▶ **l'on doit pouvoir franchir plus facilement les paliers de formation, du CAP au bac professionnel, puis aux BTS/ DUT et enfin à la licence professionnelle.** C'est cette mobilité professionnelle par le haut qui définit un vrai système républicain, et non une sélection des élites par soumission à un modèle pédagogique prédéterminé. Notons que dans le système allemand dont on nous rebat les oreilles, la tendance dans les secteurs industriels de pointe est d'embaucher des étudiants ayant une qualification scientifique générale. Les patrons de PME ont, bien entendu, une approche différente, c'est pourquoi notre enseignement professionnel doit être en mesure de répondre aux deux exigences ;

▶ **l'apprentissage doit être réorganisé** (cf. ma section *« Jeunesse, un nouveau printemps émancipateur pour la France »*) **pour ne plus être une voie pour les exclus d'une scolarisation longue.** Pour que les jeunes arrivent en CFA prêts à assimiler le contenu de la formation professionnelle et permettre à leur tuteur de s'y consacrer sans devoir passer du temps à un rattrapage de caractère général, nous avons vu que c'est en amont, au cours notamment du primaire, que le problème peut et doit être réglé ;

▶ **le recrutement des enseignants doit de nouveau permettre d'attirer des professionnels reconnus dans leurs branches respectives.** L'amélioration générale de la rémunération des enseignants que je propose sera un premier pas, le second étant la réouverture de cycles rémunérés de préparation aux concours d'enseignant, permettant de compenser les pertes de salaires résultant des reconversions professionnelles ;

▶ **la promotion de l'orientation des élèves, en organisant des réunions entre les enseignants, les élèves et leurs familles**, sera rendue plus efficace par la qualité des professionnels que permettra notre démarche, qui connaîtront mieux les secteurs d'avenir.

Voici une dynamique intégrée, tournée vers le monde qui vient et y incorporant notre jeunesse, tout en retrouvant l'esprit du travail en commun et du compagnonnage, celui des Compagnons du devoir, du Tour de France et du Meilleur Ouvrier de France, pour ouvrir les portes du futur en retrouvant l'élan de notre passé.

II. Une formation professionnelle relevant le double défi des mutations économiques et de la justice sociale

Le grand service public de l'emploi et de la formation professionnelle que je mettrai en place inclura l'organisation de la formation professionnelle et la formation tout au long de la vie.

▶ premier engagement fondamental : **faire accéder à la formation ceux qui en ont le plus besoin** (jeunes insuffisamment qualifiés, salariés en réinsertion, chômeurs de longue durée, femmes cherchant un emploi après une maternité, salariés de PME et de TPE, etc.). Ce n'est absolument pas le cas aujourd'hui, bien que la formation professionnelle représente un coût total de 32 milliards d'euros par an ;

▶ je ferai, dans ce contexte, entreprendre **un grand effort de formation professionnelle dans les prisons**, meilleur moyen pour assurer la réintégration sociale et prévenir la récidive (cf. ma section *« Redonner à la justice pouvoir et dignité »*) ;

▶ second engagement : **les secteurs prioritaires de la formation devront être les métiers associés aux technologies de pointe que je préconise pour le grand chantier de demain** (transports à grande vitesse, voitures électriques et à hydrogène, nucléaire de quatrième génération et fusion, numérique, étude des sols, robotique, dépollution, etc.). La « croissance verte » est pour moi une voie sans issue, du moins pour tracter l'économie du futur. Cependant, il faut continuer à prévoir les métiers qui resteront toujours indispensables : services à la personne, boulangerie, boucherie, etc. ;

▶ troisième engagement : **soumettre les organismes de formation à un réel contrôle des compétences et des parcours.** Le simple enregistrement d'activité aujourd'hui exigé des organismes de formation ne suffit pas. La déclaration devra être suivie, dès le départ, d'un examen de la situation et de la qualification du formateur, puis de vérifications en cours de formation sur la nature réelle de l'activité sur justificatifs. Cela permettrait du moins d'éliminer les sectes, les organismes farfelus et les copinages excessifs. Le nombre d'agents de contrôle (à peine 150 actuellement pour 59 000 organismes de formation) devrait être rapidement doublé puis quadruplé ;

▶ quatrième engagement : **assurer que le Fonds paritaire de sécurisation des parcours professionnels (FPSPP) puisse remplir efficacement ses deux missions fondamentales,** la péréquation et la requalification des salariés et des demandeurs d'emploi ;

▶ le compte personnel d'activité (CPA) attaché à la personne, intègre désormais un vrai droit à la formation tout au long de la vie. **Le grand service public de l'emploi et de la formation à guichet unique que je mettrai en place définira les priorités de la formation, avec la participation des entreprises et des ayant-droits, salariés, chômeurs et indépendants.** Des **comptes de formation individuels** seront ainsi ouverts. Dans un contexte de **veille d'emplois**, assurée par les services du Plan, en coordination avec les Agences économiques régionales, et d'une gestion prévisionnelle des emplois et des compétences (GPEC), scolarisation et formation professionnelle se renforceront mutuellement en participant à l'anticipation des métiers à venir. Cela contribuera à créer **un encadrement permet-**

tant de mettre un terme aux plus graves abus des organismes de formation actuels.

Mon objectif est de faire en sorte que plus de 700 000 formations longues et qualifiantes soient offertes chaque année, pour faire face aux changements d'emplois, de métiers et d'activités qui vont se produire plusieurs fois au cours d'une vie si notre société se donne un avenir meilleur. Les plus jeunes et les « vieux » de 45 à 60 ans sont aujourd'hui la ressource laissée en jachère ou injustement exclue. Je me battrai pour que l'éducation et la formation professionnelle intègrent cette ressource, qui est indispensable à notre avenir.

Pistes pour créer cinq millions d'emplois en cinq ans

Il s'agit d'assurer à chacun **un emploi, un toit, l'accès aux soins et une retraite digne** après une vie consacrée au travail. La sécurité, c'est aussi donner à tous accès à une culture de la créativité et du beau permettant d'inspirer un nouveau vouloir-vivre en commun, et non infantiliser les gens ou les dresser les uns contre les autres, comme trop souvent à l'heure actuelle.

Etat des lieux : misère, nous voilà !

Si depuis 2008, par des tricheries comptables, on a su retarder la mise en faillite ordonnée des banques, il n'en va pas de même pour la mise en faillite sauvage, « désordonnée », des citoyens français !

La réalité est que **la pauvreté a explosé** après le krach de 2008. Est considéré comme pauvre tout Français gagnant moins de 60 % du revenu médian (qui sépare la population en deux : la moitié perçoit plus, l'autre moins), c'est-à-dire disposant de moins de 1008 euros par mois. Entre 2008 et 2015, le taux de pauvreté est passé de 13 % de la population à **14,1 %, soit 8,8 millions de personnes**. *« Cette aggravation de la pauvreté est inédite en France »*, constate l'INSEE.

Si, officiellement, on annonce 3,5 millions de chômeurs (catégorie A), en 2017 la France compte 6,5 millions de demandeurs d'emplois et de travailleurs précaires, c'est-à-dire plus de 20 % de la population active ! D'après les résultats d'une étude menée par Genworth, spécialiste de l'assurance de personne, 11,4 millions de Français disposent de moins de 10 euros par mois une fois qu'ils ont payé leurs dépenses courantes (impôts, loyer, gaz, électricité, téléphone et nourriture). Cela représente environ un quart des ménages français, soit 5,8 millions. C'est aussi entre 2009 et 2015 que le nombre d'allocataires au RSA a augmenté de 44 %. En tout, on arrive facilement à **12 millions de Français paupérisés ou menacés de paupérisation.**

> *Entre 2008 et 2015, le taux de pauvreté est passé de 13 % de la population à 14,1 %.*

L'extrême misère humaine

Certains chiffres, tirés du rapport 2015 de la Fondation Abbé-Pierre, font froid dans le dos :
- 140 000 SDF ;
- 15 000 à 20 000 personnes vivant dans 429 bidonvilles ;
- 38 000 en chambre d'hôtel à l'année ;
- Au moins 100 000 Français habitant à longueur d'année en caravane, en mobile-home ou dans leur voiture ;
- 411 000 en hébergement « contraint » chez des parents ou des tiers ;
- 1,2 million de locataires en situation d'impayés ;
- 1,8 million de personnes en attente d'un logement social ;
- 200 000 étudiants en situation financière précaire, certains s'adonnant à la prostitution ;
- La mortalité (par suicide, accident cardio-vasculaire,

etc.) des sans emploi (14 000 par an) est trois fois supérieure à celle des travailleurs en activité et 732 agriculteurs se sont suicidés rien qu'en 2016.

Face à ces difficultés, 39 % des Français se déclarent pessimistes quant à leur situation financière et pensent qu'elle va aller en s'aggravant. Ils sont poussés à réduire leurs dépenses de soins médicaux (un Français sur trois) et de loisirs, mais également leur consommation d'eau (pour 19 % d'entre eux), d'électricité (pour 22 %) ou de nourriture (pour 19 %).

La misère des infrastructures

Si une partie de plus en plus importante de la population est ruinée, **nos infrastructures**, élément clé de la reprise de demain, **sont elles aussi à l'état d'abandon**. Les travaux de maintenance les plus élémentaires font cruellement défaut, ce qui a un impact direct sur l'emploi.

> **Depuis 2008, 35 000 emplois ont disparu dans le BTP, dont 12 000 rien qu'en 2015.**

Depuis 2008, **le secteur du BTP a perdu 25 % de son activité** : 35 000 emplois disparus, dont 12 000 rien qu'en 2015.

Selon le rapport sur la compétitivité de 2014 du Forum économique mondial, **la qualité de nos infrastructures de base a régressé de façon spectaculaire depuis 2008** : en six ans, la France est passée de la quatrième place mondiale à la dixième ! Par secteur, ce déclassement est le suivant : autoroutes, de la première à la septième place ; ferroviaire, de la deuxième à la sixième ; ports, de la dixième à la vingt-sixième ; aéroports, de la cinquième à la quinzième ; fourniture d'électricité, de la quatrième à la quatorzième.

Secteur par secteur, le constat est grave :

Routes

Baisse de 33 % de l'entretien des routes départementales entre 2009 et 2015. Les couches de surface des routes ont une durée de vie optimale de huit à 15 ans ; or, leur taux de renouvellement annuel est actuellement de 20 à 25 ans.

Ponts

En 2014, 72 000 ponts étaient menacés par la corrosion des armatures, selon le rapport de la Fédération nationale des travaux publics (FNTP). Résultat : **un pont fermé chaque jour** dans l'Hexagone.

Réseau ferroviaire

Comme l'explique le rapport de la Cour des comptes sur les transports ferroviaires en Ile-de-France (février 2016), l'âge moyen des voies s'est allongé de 30 % entre 2003 et 2014. Sur les 3700 km du réseau Transilien (10 % du réseau national), 40 % des voies et 30 % des aiguillages ont plus de 30 ans, alors qu'ils doivent être refaits à neuf au bout de 25 ans. **Environ 15 % des caténaires ont plus de 80 ans, et 5 % même plus de 100 ans.** Pour la ligne C du RER, par exemple, leur âge dépasse 90 ans !

Ports maritimes

Conséquence de la crise, et faute d'infrastructures modernes, la quantité de marchandises débarquées ou embarquées dans les sept ports maritimes français est passée de 340 millions de tonnes en 2008 à 292 en 2014.

Distribution d'eau

20 % de l'eau potable se perd à cause de fuites.

Distribution d'électricité

Les coupures d'électricité (97 minutes par habitant en 2013) ont tendance à augmenter.

Le plein-emploi, vite : mes propositions

C'est ce que permettront le déverrouillage de notre système financier (cf. mon projet : *« Ce qu'un Président doit faire – Nous libérer de l'occupation financière »*) et l'émission de crédit productif public en faveur de l'économie réelle, physique et humaine.

Devant l'urgence, mon plan s'articule en fonction de trois objectifs : redonner dignité et confiance grâce à l'emploi, du travail grâce à une politique de grands travaux, et faire redémarrer la croissance grâce à une politique ambitieuse de R&D.

En premier lieu, il s'agit de rétablir, pour chaque individu, chaque famille et chaque entreprise publique ou privée, un cadre stable résultant d'une sécurité sociale, juridique et réglementaire.

Pour cela, plusieurs préalables :

▶ **abroger**, en les examinant de près et en faisant le tri, la plupart des **lois antisociales** et donc anti-économiques de l'époque Chirac, Jospin, Juppé, Valls, Macron et El Khomri ;

▶ **rétablir l'indexation des revenus (salaires, retraites, etc.) sur le coût réel de la vie**, mesuré comme jadis sous la forme du « panier de la ménagère », mesure de nature à provoquer une revalorisation immédiate et conséquente du pouvoir d'achat et dans ce cadre, l'égalité salariale homme/femme. Hausse du SMIC à 1700 euros brut en deux ans ;

▶ **abroger la réforme territoriale (loi NOTRe)** et **augmenter les dotations en faveur des collectivités territoriales** pour en faire, sur le terrain, les relais du redressement économique. Dans ce cadre, rétablir une Direction départementale de l'équipement (DDE) digne de ce nom.

Si la puissance publique reprend ainsi la main en tant qu'Etat stratège, **il ne s'agit pas de reléguer, par des contrats aidés, des millions de personnes dans l'assistanat permanent.** Nous sommes convaincus que la perspective retrouvée d'un travail créateur et gratifiant, sur le plan financier autant qu'humain, créera une révolution culturelle et un optimisme qui redonnera espoir à toute la société.

Par un investissement public de 100 milliards d'euros par an, il s'agit de créer un million d'emplois directs chaque année, chaque emploi public créant, **en fonction de la qualification croissante**, de un à 20 emplois supplémentaires dans le privé par effet d'entraînement, le tout animant une dynamique d'ensemble. Un employé de la poste fait travailler une à deux personnes dans d'autres secteurs, un scientifique de l'ESA en fait travailler 10 fois plus, et sur une durée plus longue.

> **" La puissance publique doit reprendre la main en tant qu'Etat stratège. "**

Notre démographie se caractérise par une bonne fécondité et une hausse de l'espérance de vie. De plus, la fin du cycle des *baby boomers* nous pose des défis qui sont autant d'opportunités à saisir. **Rien que pour remplacer ceux qui partent à la retraite, ce sont 600 000 personnes qu'il faut recruter chaque année.**

Bien qu'il s'agisse initialement d'un nombre important de postes relativement peu qualifiés et à faible capacité d'entraînement, mais dont la nécessité économique et sociétale est indéniable, nous veillerons sans relâche à ce qu'**une politique de formation aux nouvelles sciences et technologies, et surtout aux nouveaux métiers qui en découlent**, vienne qualifier chaque citoyen tout au long de sa vie.

En France, le numérique et la robotique feront disparaître dans les années à venir au moins 15 % des emplois répétitifs, libérant d'autant la force de travail pour des emplois plus épanouissants, à condition qu'on ne laisse pas la révolution du numérique aux mains des seuls financiers.

Les pistes à explorer

1. D'abord, deux gisements majeurs d'emplois très utiles mais relativement peu qualifiés :

Petite enfance

Créer **100 000 postes d'aides maternelles par an**, en vue de remplacer les départs à la retraite (50 000 par an) et surtout d'accueillir 300 000 enfants dans les 10 000 crèches supplémentaires dont nous avons besoin.

Personnes âgées

Créer **100 000 postes d'assistance à la personne (aides à domicile) et d'accompagnement des personnes âgées**, qui doivent pouvoir choisir entre rester chez elles ou intégrer une maison de retraite à prix raisonnable.

2. Ensuite, des gisements d'emplois de qualification intermédiaire, fortement créateurs de travail :

Santé

▶ Abandonner la vision purement comptable et **supprimer la tarification à l'activité (T2A).** Eradiquer **les déserts médicaux** (médecins, infirmiers et aides-soignants), en rétablissant une carte hospitalière offrant des soins de haut niveau à proximité et à prix accessibles.

Logement

▶ **Rénover 500 000 logements insalubres** et **construire 150 000 logements neufs supplémentaires** par an afin d'atteindre les 500 000 dont on a besoin (ce dernier engagement, selon le bureau d'étude Price Waterhouse Cooper, créerait à lui seul 160 000 nouveaux emplois annuels). Au total, un million de logements doivent être disponibles en un an.

Grands travaux
▶ **Débloquer des moyens nécessaires pour rattraper les énormes retards encourus dans la maintenance** de nos grandes et moyennes infrastructures (ponts, routes, barrages, canaux, écluses, ports, réseaux ferrés, équipements énergétiques, réseaux de haut débit, stades, piscines, parcs, bibliothèques, théâtres, salles de concerts, etc.) ;

▶ **Lancer de nouveaux chantiers** (métro, aérotrain, haut débit pour tous, pistes cyclables, etc.), dont certains figurent déjà au Schéma national des infrastructures du transport (SNIT) qui, en 2011, a listé tous les grands projets d'infrastructures, de portée nationale, dont la réalisation est souhaitable d'ici 2030 ;

▶ **Engager le grand carénage de notre parc électronucléaire**, dans le cadre d'une transition vers des réacteurs de quatrième génération (neutrons rapides, thorium, réacteurs modulables, flottants et sous-marins, transmutation des déchets) et la fusion thermonucléaire. En finir avec une fausse écologie prétendant défendre l'emploi et la nature en favorisant des technologies faisant appel à des densités énergétiques faibles et intermittentes (éolien, photovoltaïque, etc.). L'Etat sera garant d'une énergie de bonne qualité et à faible coût, condition préalable à la réindustrialisation.

3. Enfin, la création d'emplois hautement qualifiés, décisive pour faire redémarrer la croissance réelle :

Pôles d'excellence
▶ A l'inverse de ce que propose Emmanuel Macron, **augmenter l'aide publique aux 71 Pôles de compétiti-**

vité qui, depuis 10 ans et dans le cadre des investissements d'avenir, ont su promouvoir l'innovation en organisant, sur des thèmes et des technologies de rupture, une synergie entre Etat, collectivités territoriales, recherche publique, enseignement et entreprises ;

▶**Etendre leurs activités aux secteurs de pointe de première importance :** fusion thermonucléaire par laser et confinement magnétique, numérique, robotique, cobotique (pour réduire la pénibilité du travail), nanotechnologies, bio-mimétisme, impression 3D, nucléaire du futur, médecine nucléaire, biotechnologies, espace, chimie verte, recherche métallurgique, transports rapides, exploration océanographique et nouveaux matériaux ;

▶**Ouvrir, dans chaque ville ou agglomération urbaine, des laboratoires de fabrication (FabLab) citoyens**, offrant en particulier aux jeunes un accès démocratique aux outils de production industriels (découpe laser, imprimante 3D, etc.) dans un cadre ludique et formateur.

Enseignement

▶**Déclarer l'état d'urgence éducatif.** Redéfinir les missions et rétablir les heures d'étude dans un souci d'égalité, d'ordre et de qualité. Pour cela les enseignants doivent passer plus d'heures auprès de leurs élèves et être beaucoup mieux payés. Alors que 25 000 enseignants partent à la retraite chaque année, le recrutement actuel (2015) n'est que de 30 000, non plus faute de budget, mais faute de vocations et de candidats ! **Je m'engage à assurer qu'un enseignant soit recruté pour chaque départ à la retraite.**

Pêche, agriculture et foresterie

▶**Déclarer l'état d'urgence agricole.** Allègement des contraintes financières de certaines filières structurellement au bord de la faillite (lait, élevage, etc.). Tout en gardant une économie ouverte, en s'inspirant des principes fondateurs de la PAC, rétablir les mécanismes permettant de réguler équitablement aussi bien les marges de la distribution que les aléas des marchés (les prix) et de la production agro-alimentaire ;

▶**Au niveau sylvicole**, favoriser la création de scieries, papeteries et fabriques de meubles dans nos régions en surtaxant les importations de certains bois étrangers transformés (planches de chêne, de hêtre, etc.) afin de revaloriser nos forêts ;

▶**Au niveau de la pêche**, développer massivement l'aquaculture (cf. chapitre sur l'économie bleue).

Recherche

▶**Augmenter les budgets (environ 10 milliards d'euros en 2016) de la recherche publique** (CNRS, ONERA, ANR, etc.) qui, avec ses partenaires publics et privés, se concentrera sur l'exploration des nouvelles frontières, en particulier les « trois infinis » : l'infiniment grand (exploration spatiale, astrophysique) avec le CNES ; l'infiniment petit (atome, nanotechnologies) avec le CEA, et l'infini du vivant, avec l'IFREMER (océanique), l'INRA (agriculture, biologique) et l'INSERM (médical) ;

▶**Doubler la contribution française à l'agence spatiale européenne** (de 900 millions d'euros en 2016, soit 15 euros par Français), car son équivalent sera dépensé en France pour des projets à haute valeur scientifique et technologique. C'est en ouvrant ces pistes que pourront être créés les cinq millions d'emplois en cinq ans nécessaires à notre économie humaine et à notre économie physique du futur, à condition de rompre avec la logique d'un capitalisme financier prédateur. Il s'agit de ne plus extrapoler à partir d'un présent sans horizon mais de bâtir pour le bien commun et les générations à naître.

Une audace patriotique contre la mondialisation financière

La France doit se donner une stratégie audacieuse face au monde qui vient. Pour défendre nos emplois et nos territoires, c'est **un sursaut économique** qui est nécessaire. Je propose **un projet cohérent qui rompe avec une règle du jeu qui, depuis plus de trente ans, laisse partir nos industries**. Sans libre-échangisme ni repli national suicidaire.
▶ Si l'Etat ne dirige pas la monnaie, c'est la monnaie qui le dirige. Défendre **le patriotisme économique** signifie donc d'abord **retrouver notre souveraineté monétaire et d'émission de crédit**, en combattant ceux qui nous l'ont kidnappée. L'occasion s'offre aujourd'hui. Il faut la saisir, contre le monde de la City et de Wall Street. En sortant d'une Union européenne qui méprise les nations et sert les marchés et en refondant, avec les quelques pays européens proches de nos conditions économiques, **une Europe des patries** dans l'esprit du Plan Fouchet de 1962, fondée sur **de grands projets d'infrastructure communs, cohérents avec ceux que proposent la Chine et les BRICS**. Utopie ? Retour en arrière ? Non, car c'est l'Europe de Bruxelles qui a trahi sa raison d'être. Le futur, c'est de bâtir avec ceux qui bâtissent, et si on ne commence pas par là, on se condamne à l'impuissance et au charabia politique. Il faut créer un environnement où les salaires et les marges des entreprises ne servent plus de variables d'ajustement !

▶ Le patriotisme économique, c'est en même temps **contrôler la monnaie et le crédit pour l'orienter vers les entreprises** qui produisent en France et vers nos start-up, et non vers les mastodontes qui font les trois quarts de leur chiffre d'affaires et de leurs profits à l'étranger.

Cela veut dire concrètement

1. **adopter une loi de séparation bancaire** pour rompre la dépendance des secteurs de dépôt et de crédit envers les spéculations sur les marchés financiers ;

2. **lancer une véritable politique de crédit public** en réorganisant ce système bancaire de dépôt et de crédit autour d'une nouvelle Banque de France nationale, gouvernée par un Conseil national du crédit regroupant les forces vives de la nation ;

3. **donner plus de moyens à la BPI** (Banque publique d'investissement), de l'ordre de cent vingt milliards d'euros, pour alimenter les PME et les ETI ;

4. l'Etat et les collectivités locales doivent **réserver une part de leurs appels d'offre aux entreprises nationales**, à hauteur de 80 %, en vertu du principe de « produire mieux ». Dans ma démarche, le principe européen de respect d'une « concurrence libre et non faussée », qui n'est fondée que sur le prix et non sur les effets économiques d'ensemble, n'aura plus lieu d'être face à notre intérêt général ;

5. **promouvoir le label « Origine France garantie »**, qui est la référence pour ce qui est réellement produit sur notre territoire ;

6. **nationaliser** en fonction des besoins et au cas par cas **les entreprises qui déterminent nos enjeux stratégiques**. Les chantiers navals de Saint-Nazaire, les seuls à pouvoir fabriquer l'armement nécessaire à notre indépendance nationale, sont un exemple de cet impératif.

7. créer **un vrai ministère de l'Industrie, de la Recherche et de l'Innovation.**

▶ Mettre en place **une « TVA protectrice ».** Dans le cadre d'une hausse du SMIC de 20 %, qui se fera au rythme auquel nos productions nationales seront en mesure de répondre à l'accroissement de la consommation, augmenter la TVA de trois points, hors produits de première nécessité (« panier de la ménagère »). Il s'agit de protéger nos entreprises, en taxant les importations sans entraver nos exportations. Cette mesure n'a de sens que dans ce contexte, annoncée, expliquée et négociée avec les représentants syndicaux et patronaux ;

▶ **Réorienter l'épargne** de l'assurance-vie et des livrets vers nos entreprises en créant **un crédit d'impôt industries-régions**, attirant les investisseurs là où ils verront les effets de leurs investissements. En même temps, redéployer le crédit d'impôt recherche vers les PMI et les ETI productives, pour qu'il ne bénéficie plus aux créateurs d'algorithmes visant à rendre plus rentables les spéculations à la vitesse de la lumière ;

▶ Je prendrai en même temps toutes les initiatives nécessaires pour que la France devienne **un des lieux de la révolution 3.0 et 4.0 associée aux énergies de l'avenir, comme la fusion thermonucléaire**, en collaboration avec la Chine et d'autres pays intéressés. En particulier, je soutiendrai la création d'une blockchain sur la place de Paris, qui permettra de financer et de contrôler les échanges financiers en toute sécurité ;

▶ **Au sein de l'Europe refondée**, je travaillerai à l'harmonisation fiscale et sociale, qui est impossible au sein de l'UE actuelle. Une vraie Europe sera celle des grands projets scientifiques, **tournée vers l'Afrique et portée par une politique spatiale et de la mer**. C'est là qu'avec les révolutions de l'énergie, du numérique et de la robotique, on pourra créer **les emplois qualifiés du futur**, à condition de s'y préparer dès aujourd'hui ;

▶ Cela suppose de revenir à un enseignement primaire fondé sur les capacités créatrices de l'enfant, à un secondaire, à un universitaire et à de grandes écoles s'inspirant davantage du modèle suisse et finlandais. Je ferai dans ce contexte en sorte que **le bac pro,** rétabli sur quatre ans, devienne un facteur d'intégration et que **l'apprentissage et l'alternance** soient enfin respectés, notamment en aidant les CFA (Centre de formation des apprentis) à se mettre à l'heure des technologies du futur et des besoins réels des entreprises. Je généraliserai Erasmus pour les apprentis.

Tout cela ne pourra bien entendu se faire d'un coup. Mon but est **d'ouvrir des pistes** vers demain et après-demain, car arrêter la mainmise de la finance sur la mondialisation est un impératif catégorique pour l'avenir de nos enfants et des générations futures. Ce que je propose n'est pas facile, mais aller comme on va conduit au désastre. Je suis convaincu que si nous introduisons ces propositions dans une dynamique présidentielle, **un sursaut est possible. Le Brexit, l'élection de Donald Trump et le « non » au référendum italien ouvrent le jeu, pour le meilleur ou pour le pire.**

PME et TPE
Faire battre le cœur de notre territoire économique

Les PME et les TPE représentent 99,8 % des entreprises françaises, environ 50 % des salariés (plus 23 % dans les ETI) et 46 % de la valeur ajoutée dans le tissu productif de notre pays. Cependant, elles ont des difficultés pour recruter (64 % d'entre elles) et se plaignent des conditions d'accès aux crédits bancaires. La politique de nos grandes entreprises ne vise pas à préserver ou à encourager les activités de leurs sous-traitants français. En outre, l'impôt réel sur les sociétés payé par les PME est de l'ordre de 30 %, même si la loi de finances 2017 réduit ce taux à 28 % pour les TPE et les PME jusqu'à 75 000 euros de bénéfices, alors que les très grandes entreprises, qui délocalisent leurs profits dans les paradis fiscaux, parviennent à des taux compris entre 4 et 20 %. Enfin, le poids des impôts locaux et la complexité juridique et administrative des documents à établir décourage les initiatives et entraîne des frais et des pertes de temps considérables. **L'ensemble de ces facteurs crée des situations de « burn out » chez les dirigeants de PME** et freine les possibilités d'embauche et la transformation de PME innovantes en ETI de surface nationale et internationale. C'est dans ce contexte que se poursuit la destruction d'unités de production et d'emplois industriels sur notre territoire. **Mon projet vise à relever le défi dans chacun de ses composants.**

I. L'environnement économique et professionnel

▶ **L'environnement de croissance réelle, anti-spéculative de mon projet, stimulée par le crédit national et le soutien élargi de la Banque publique d'investissement (BPI),** pour voir plus grand et plus loin, sera par nature propice à notre réseau de TPE/PME. Les PME innovantes, en particulier, bénéficieront de la création de plateformes de développement pour de grands projets impliquant des applications technologiques nouvelles ;

▶ **L'investissement pour la recherche, qui dans mon projet doit atteindre 3 % de notre produit intérieur brut (PIB),** bénéficiera directement et indirectement aux innovateurs et à leurs nouvelles équipes. Dans ce contexte, **je ferai en sorte que le crédit impôt recherche soit recentré sur les PME innovantes,** qui en ont le plus besoin, et ne bénéficie plus aux créateurs d'algorithmes pour des spéculations bancaires ;

▶ **La hausse progressive de trois points que je préconise sur les taux supérieurs de la TVA** protégera les PME qui produisent en France, et **la hausse également progressive des salaires** qui en est la contrepartie sociale, leur procurera en même temps un marché intérieur élargi ;

La promotion du **label Origine France Garantie** permettra de promouvoir les TPE et PME qui produisent en France.

▶ **La politique d'enseignement et de formation professionnels que je ferai mettre en place fournira les compétences dont les PME se plaignent de ne pas pouvoir disposer aujourd'hui** (cf. ma section « *Enseignement et formation professionnels : le droit au futur pour notre pays* ») ;

Contrairement à la plupart des autres candidats, j'arrêterai la baisse imposée du budget des collectivités locales et des communes en établissant, en concertation avec elles, de réels plans de développement. **Les contrats publics avec les PME pourront ainsi être raisonnablement rétablis, ce qui entraînera le redémarrage des PME du BTP** ;

▶ **Je soutiendrai, dans le cadre de contrats Etat/régions, la création de Maisons de l'artisanat et du commerce,** dans lesquelles pourront se regrouper différents entrepreneurs et artisans en partageant des services communs : comptables, administratifs, juridiques, droit du travail, etc. L'objectif est de réduire pour tous le temps de gestion de la « paperasse ». **Je soutiendrai également la création de Maisons de télétravail,** regroupant dans un même local des salariés ou des indépendants travaillant pour différents employeurs ou donneurs d'ordre. L'objectif est de recréer du lien social vis-à-vis d'actifs aujourd'hui isolés de par la nature de leur travail, pourtant nécessaire au fonctionnement d'un tissu productif moderne ;

▶ Finalement, dans la logique de mon projet et de ma décision de rompre avec l'Union européenne actuelle pour créer une Europe des patries et des projets, **j'exigerai que les PME bénéficient de plein droit d'un accès de 25 % à tout contrat public.** C'est cette disposition, inscrite dans leur *Small Business Act*, qui a permis aux entreprises américaines de décoller et de devenir leaders dans certains secteurs. En même temps, une plateforme unique regroupant les informations de base sur l'ensemble des marchés publics sera mise en place pour faciliter l'accès des PME aux offres.

- ENVIRONNEMENT DE CROISSANCE STIMULÉE PAR LE CRÉDIT NATIONAL,
- RECHERCHE ATTEIGNANT 3 % DE NOTRE PIB
- CRÉDIT IMPÔT RECHERCHE RECENTRÉ SUR LES PME INNOVANTES
- HAUSSE PROGRESSIVE DE TROIS POINTS SUR LES TAUX SUPÉRIEURS DE LA TVA, COUPLÉE À UNE HAUSSE DES SALAIRES
- PROMOTION DU LABEL ORIGINE FRANCE GARANTIE

- RELANCE DU BUDGET DES COLLECTIVITÉS TERRITORIALES
- CRÉATION DE MAISONS DE L'ARTISANAT, DU COMMERCE ET DU TÉLÉTRAVAIL
- RÉSERVER 25 % DE TOUT CONTRAT PUBLIC À NOS PME

II. Financement et soutien à l'activité

▶ **La BPI sera au centre du dispositif permettant des financements plus risqués que ceux des banques, avec l'appui de fonds régionaux, pour organiser la montée en puissance des PME.** L'objectif est de susciter des « *mittelstand* à la française », fondées sur un homme promouvant une idée avec une équipe pour la réaliser ;

▶ Les **nouvelles banques de crédit,** résultant de la séparation des activités bancaires (cf. mon livre de campagne, *Ce qu'un président doit faire),* auront pour **métier principal de financer les entreprises, en coordination avec la BPI**, leurs activités sur les marchés financiers n'étant plus leur préoccupation principale. **La BPI interviendra pour garantir leurs prêts aux PME,** alors qu'aujourd'hui la demande de collatéraux et de garanties aux entrepreneurs paralyse leur recours au crédit. De plus, la BPI pourra reprendre temporairement les activités en danger des PME, en organisant leur restructuration et leur refinancement, en accord bien entendu avec l'entrepreneur ;

▶ **Je lancerai un crédit impôt région devant bénéficier en priorité aux PME**, pour attirer les investisseurs intéressés par une logique de développement régional et permettre la transition vers le numérique et la robotique au sein de ces PME ;

▶ Je m'attaquerai à la question essentielle des **retards de paiement**. Actuellement, une faillite de TPE-PME sur quatre est liée à des retards de paiement. Je proposerai **un document unique pour tous les contrats signés**

en France, avec un formulaire simplifié pour toutes les factures inférieures à 5000 euros. **Je réduirai la durée légale du délai de paiement à 30 jours dans tous les cas** (qui est actuellement de 60 jours dans le privé et de 30 dans le public), en la faisant démarrer à la réception d'une notification par mail. Je ferai donner des instructions à la Direction générale de la consommation, de la concurrence et de la répression des fraudes **(DGCCRF) pour qu'elle sanctionne lourdement les mauvais payeurs**, qui sont souvent de très grandes entreprises et des administrations qui se constituent de la trésorerie au détriment de leurs fournisseurs et de leurs sous-traitants. Enfin, je ferai mettre en place **une garantie de paiements gérée par la Caisse des dépôts, qui paierait la PME en cas de défaillance de son client**, pour ensuite se retourner contre lui ;

▶ **J'inciterai les très grandes entreprises à soutenir les efforts des PME,** notamment à l'exportation, en leur accordant des possibilités de déductions fiscales lorsqu'elles seront en mesure de prouver cet effort ;

▶ Je prolongerai au-delà du 31 décembre 2017 **la possibilité de déduire de l'impôt sur le revenu ou sur la fortune la souscription au capital d'une PME. Les** taux de réduction seront portés respectivement à 25 % sur l'impôt sur le revenu et à 20 % sur l'ISF, avec un plafond d'investissement de 100 000 euros pour un célibataire et de 200 000 pour un couple ;

▶ J'encouragerai **le financement des entreprises innovantes par les « business angels »** en application du système actuel d'imposition des plus-values réalisées pendant toute la durée de l'investissement, avec une éventuelle garantie de la BPI à titre temporaire lors du démarrage ;

▶ **L'introduction du numérique permettra de mieux coordonner la détection des dispositifs publics d'aide et** d'accompagnement aux entreprises, en rapprochant les bases de données Sémaphore des Chambres de commerce, l'Observatoire d'aide aux entreprises des Chambres de métiers et de l'artisanat et celles de l'Agence pour la création des entreprises (APCE).

- DES « *MITTELSTAND* À LA FRANÇAISE »
- DE NOUVELLES BANQUES DE CRÉDIT POUR FINANCER LES ENTREPRISES, EN COORDINATION AVEC LA BPI
- UN CRÉDIT IMPÔT RÉGION DEVANT BÉNÉFICIER EN PRIORITÉ AUX PME
- UNE GARANTIE DE PAIEMENTS GÉRÉE PAR LA CAISSE DES DÉPÔTS
- PROLONGER LA POSSIBILITÉ DE DÉDUIRE DE L'IMPÔT SUR LE REVENU OU SUR LA FORTUNE LA SOUSCRIPTION AU CAPITAL D'UNE PME
- ENCOURAGER LE FINANCEMENT DES ENTREPRISES INNOVANTES PAR LES « *BUSINESS ANGELS* »

III. Embauches, durée du travail

▶ **Pour les TPE, l'aide à l'embauche du premier salarié doit être maintenue au-delà de 2016, avec un montant de 800 euros par trimestre la première année** et, comme c'est le cas actuellement, de 500 euros au cours de la seconde ;

▶ Pour les PME de zéro à 249 salariés, **la prime trimestrielle de 500 euros pendant les deux premières années du contrat « embauche PME » doit être maintenue** au-delà du 30 juin 2017. Elle doit concerner les salaires **jusqu'à 1,5 fois le SMIC** (et non 1,3) pour des embauches en CDI ou en CDD de plus de six mois ;

▶ L'embauche de jeunes en CDI doit bénéficier à titre définitif, et non avec une limite dans le temps, d'une exonération de la cotisation d'assurance chômage.

▶ L'aide actuelle à l'embauche d'un demandeur d'emploi de 45 ans et plus est de 2000 euros en contrat de professionnalisation. Le principe doit en être maintenu et le montant de l'aide passer à 3000 euros ;

▶ **J'ajouterai, à l'avantage de toute PME de moins de 50 salariés embauchant un chômeur quel que soit son âge, la possibilité de déduire des charges sociales correspondant à cet emploi le coût moyen par chômeur des allocations d'assurance chômage, soit au maximum 11 000 euros par an** ;

▶ Ces mesures constituent un environnement d'aide et de soutien à l'embauche ; cependant, ce sont les engagements généraux de mon projet qui constituent la garantie réelle qu'elles ne resteront pas « hors sol » ;

▶ Comme je demanderai au Parlement **d'abroger la loi El Khomri,** la durée légale du temps de travail restera de 35 heures et les heures supplémentaires devront en tout état de cause être rémunérées avec une hausse de 25 % du salaire jusqu'aux huit premières heures hebdomadaires. Après consultation du personnel et sur autorisation de l'inspecteur du travail, il sera toujours possible d'aller au-delà. **La défiscalisation de ces heures supplémentaires sera rétablie**, pour donner plus de pouvoir d'achat à ceux qui doivent les effectuer, et donc plus d'intérêt à y avoir recours.

- MAINTIEN DE L'AIDE À L'EMBAUCHE DU PREMIER SALARIÉ
- POUR LES PME DE ZÉRO À 249 SALARIÉS, MAINTIEN DE LA PRIME TRIMESTRIELLE DE 500 EUROS PENDANT LES DEUX PREMIÈRES ANNÉES DU CONTRAT « EMBAUCHE PME »
- POSSIBILITÉ DE DÉDUIRE DES CHARGES SOCIALES CORRESPONDANT À UN EMPLOI LE COÛT MOYEN PAR CHÔMEUR DES ALLOCATIONS D'ASSURANCE CHÔMAGE
- ABROGER LA LOI EL KHOMRI
- MAINTIEN DE LA DURÉE LÉGALE DU TRAVAIL À 35 HEURES

IV. Simplifier et alléger la fiscalité

▶ **La volonté de simplifier et alléger la fiscalité des entreprises doit s'exprimer de manière générale.** Les très grandes entreprises délocalisent leur fiscalité via leurs filiales et, concrètement, paient très peu d'impôts en France en faisant apparaître leur valeur ajoutée là où les taxations sont absentes ou très faibles, c'est-à-dire dans les paradis fiscaux. D'une part, cette façon d'opérer doit cesser, ce qui est possible (cf. mon livre de campagne, *Ce qu'un président doit faire*) mais défavoriserait ces très grandes entreprises françaises face à leurs concurrentes étrangères si nous étions les seuls à procéder ainsi. Là se pose donc le défi de mettre en place **une réglementation internationale, dont la France devrait être le moteur** alors qu'actuellement elle en demeure un timide partisan. D'autre part, **l'harmonisation fiscale et sociale** sera une des principales raisons d'être **de l'Europe des patries et des projets à mettre en œuvre**. Ce qui signifie ramener notre **impôt sur les sociétés au niveau allemand, soit de l'ordre de 25 % au maximum** dès avant 2019, c'est-à-dire à mi-mandat présidentiel ;

▶ **Cette volonté de simplifier et d'alléger doit s'exprimer particulièrement en faveur des PME.** La loi de finances de 2017 prévoit un taux réduit d'impôt sur les sociétés à 28 % pour les TPE et les PME jusqu'à 75 000 euros de bénéfices. C'est tout à fait insuffisant à court terme et à moyen terme, le taux doit être fixé en dessous du taux général de 25 % qui sera un maximum. Je propose ainsi **quatre tranches de taux : 5 % jusqu'à un million d'euros de bénéfices pour un chiffre d'affaires inférieur à 10 millions d'euros,** 10 % entre un million et cinq millions d'euros de bénéfices pour un chiffre d'affaires inférieur à 50 millions d'euros, 15 % entre cinq millions et 10 millions d'euros de bénéfices pour un chiffre d'affaires inférieur à 150 millions d'euros et enfin les

25 % de la tranche normale au-delà de 10 millions d'euros de bénéfices pour un chiffre d'affaires supérieur à 150 millions d'euros. Les entreprises seront ainsi encouragées à renforcer leurs fonds propres, innover, investir et embaucher ;

▶ De manière générale, je suis partisan de taxer fortement les successions plutôt que les revenus ou le patrimoine ; cependant, en matière de transmission de l'outil de production, je suis au contraire **favorable à une défiscalisation pour, d'une part, préserver les entreprises familiales et d'autre part, maintenir les entreprises en activité dans le tissu économique des régions, et notamment dans celles qui sont enclavées.** Depuis 2004, la loi Dutreil permet une exonération, sous certaines conditions, à hauteur de 75 % des droits de mutation à titre gratuit. J'estime que ce n'est pas suffisant et je souhaite donc un « **pacte renforcé » fondé sur une exonération complète des droits de mutation, avec pour contrepartie un allongement à 10 ans des délais de détention des parts de l'entreprise** ;

▶ La **retenue à la source** contraindra les entreprises à prélever l'impôt sur le revenu de leurs salariés à partir de 2018. Cette complexité administrative supplémentaire entraînera une perte de temps et de possibles tensions sociales au sein de l'entreprise. C'est pourquoi j'inclinerai à supprimer la retenue à la source ou du moins à faire étudier comment elle peut être mise en place **sans que l'entreprise soit assimilée à un collecteur d'impôt** ;

▶ Enfin, j'imposerai **l'allègement et la simplification de la fiscalité locale pour les PME**, qui étouffe les initiatives, paralyse les embauches et entraîne des abus et des disparités au détriment des entreprises. Les propositions formulées par la Confédération des petites et moyennes entreprises (CPME) méritent notamment d'être examinées avec soin pour que leur application donne une bouffée d'oxygène à notre tissu productif, à partir de la prise en compte de l'impact du système actuel sur l'activité des PME. La cotisation foncière des entreprises (CFE) est assise sur des valeurs locatives foncières fondées sur des bases cadastrales archaïques et vétustes. Leur nécessaire simplification et remise à jour ne doivent pas être imposées d'en haut, mais établies avec la large participation des usagers aux commissions départementales. Quant à la cotisation sur la valeur ajoutée des entreprises (CVAE), fixée en fonction du chiffre d'affaires des sociétés, son barème doit être révisé. Le taux zéro doit aller jusqu'à un million d'euros (et non 500 000 euros comme c'est actuellement le cas), et le taux suivant de 0,5 % jusqu'à 10 millions d'euros. L'abattement en faveur des petites entreprises doit s'élever à 2000 euros. La déclaration sur la taxe locale sur la publicité extérieure (TLPE) doit être simplifiée en un document-type unique regroupant l'ensemble des informations à fournir aux collectivités, en excluant désormais du champ d'application les informations concernant l'affichage des prix, les horaires, les moyens de paiement acceptés et le numéro d'agrément, qui peuvent constituer un casse-tête pour l'entreprise. La totalité des recettes de la taxe sur les surfaces commerciales (TASCOM) devra bénéficier au commerce de proximité. Il faut aussi modifier l'assiette de la taxe d'enlèvement des ordures ménagères (TEOM) en tenant compte uniquement du volume des déchets collectés, la taxe se trouvant ainsi liée au coût réel du service rendu et non calculée à partir de la valeur locative cadastrale ;

▶ Bien évidemment, ces mesures applicables assez rapidement seront susceptibles d'améliorer le quotidien des entreprises. Cependant, **c'est à terme, donc dès que les conditions politiques le permettront, que l'on devra procéder à une réforme de la fiscalité locale dans son ensemble, notamment à travers une spécialisation des impôts par type de collectivité. Le but est de réduire le niveau des prélèvements obligatoires,** réduction dont l'effet positif sur le développement des entreprises entraînera un bénéfice économique et social net.

- SIMPLIFIER ET ALLÉGER LA FISCALITÉ DES ENTREPRISES
- HARMONISATION FISCALE ET SOCIALE
- TAUX D'IMPÔT POUR LES TPE-PME RAMENÉ EN DESSOUS DU TAUX GÉNÉRAL MAXIMUM DE 25 %
- POUR LES ENTREPRISES, EXONÉRATION COMPLÈTE DES DROITS DE MUTATION
- ALLÉGER ET SIMPLIFIER LA FISCALITÉ LOCALE POUR LES PME

Une politique qui soit à la fois économiquement stimulante et socialement juste, tel est mon objectif. Les mesures que je propose ne pourront pas, bien entendu, être mises en place toutes en même temps. Elles n'en constituent pas moins un tout cohérent permettant d'ouvrir des pistes. Dans ce contexte, un soutien fort de l'Etat est la condition d'existence des TPE-PME qu'il nous faut pour demain et qu'on aurait déjà dû avoir hier. **Cet Etat doit être un chef d'orchestre créant un environnement favorable aux initiatives des citoyens et non un tuteur ne « lâchant pas les baskets » à ses sujets**.

Refaire de l'agriculture un grand métier d'avenir
Unissons producteurs et consommateurs contre les manipulations financières

Nous avons été les premiers à dire **non à la dictature financière du dollar multinational,** qui s'est mise en place le 15 août 1971, et **non à l'Acte unique de la fausse Europe,** signé le 17 février 1986. Car **c'est à partir de là que le démantèlement de notre agriculture a été programmé.** Il ne s'agit ni d'un accident ni d'une erreur, mais d'un fait voulu dans un marché livré aux spéculateurs internationaux, aux propriétaires d'exploitations gigantesques et à la grande distribution.

Porc, bœuf, lait, le saccage s'accélère : les défaillances d'entreprises se sont encore aggravées en 2016, avec 1331 redressements ou mises en liquidation, soit une nouvelle hausse de 4 %. Dans la production laitière, les faillites ont bondi de 30 % et de 83 % pour l'élevage porcin. **Les prix s'effondrent, les petites et moyennes exploitations périclitent et les suicides de producteurs endeuillent nos campagnes.** Lorsqu'on nous dit que le prix du lait est « remonté » à 33 centimes, on se moque franchement du monde et on annonce une moyenne. Certes, il était à 31 centimes en 2015, mais il en atteignait 36 en 2014, à peine le prix qu'il en coûte à le produire. Lors de la cotation sur le marché breton début février 2017, le cours du porc, bien que reparti en hausse, n'atteignait pas pour autant les 1,40 euro nécessaires aux éleveurs pour rentrer dans leurs frais. Quant à la viande de bœuf, la consommation continue à chuter. La surproduction est là, car avec la crise du lait, les éleveurs envoient leurs vaches laitières à l'abattoir pour ne plus avoir à les nourrir à perte.

Les causes du malaise ? En premier lieu, le démantèlement des outils de régulation de la PAC (quotas de production, stocks physiques, prix d'intervention, préférence communautaire, etc.). Cette dérégulation totale de la production et des marchés a fait naître l'illusion qu'en augmentant massivement la production, on allait enfin pouvoir s'enrichir.

Faisant fi de toute idée d'aménagement du territoire, banques, groupements et syndicats ont poussé nos éleveurs à agrandir leurs exploitations afin d'atteindre une taille industrielle, à l'instar des Allemands, des Espagnols, des Irlandais et des Danois. Pour ce faire, ils se sont endettés jusqu'au cou en pariant sur un prix rémunérateur.

Pourtant, personne n'ignore que **le temps de la production agroalimentaire n'est pas celui des marchés financiers**. Et comme toujours, lorsque l'offre dépasse la demande, les cours s'effondrent – une chute encore amplifiée par une spéculation sans limites. Sur le marché à terme, à peine 3 % des contrats aboutissent à une transaction physique.

C'est pourquoi **cette crise n'est plus un problème agricole mais un problème politique**. Au lieu de se battre ensemble pour une nouvelle PAC régulatrice, productive et rémunératrice, chacun se bat contre les autres pour défendre son bout de gras, sa marge et son prix. Et à ce jeu-là, face aux producteurs et industriels, c'est **la grande distribution qui tire les marrons du feu.**

Car, avec la Loi de modernisation économique (LME), voulue par Nicolas Sarkozy à partir des recommandations du rapport Attali, dont Emmanuel Macron était le rapporteur, c'est la grande distribution qui impose sa loi. La LME allait « libérer l'économie » et mettre fin aux abus. En réalité, elle autorise les distributeurs à négocier librement les prix proposés par leurs fournisseurs, alors qu'auparavant ceux-ci pouvaient leur imposer des prix d'achat minimaux.

Par exemple, il arrive aujourd'hui fréquemment que **pour être référencés, les fournisseurs doivent céder aux distributeurs, sous forme de baisse de prix, 50 % de la somme qu'ils perçoivent au titre du CICE, en tant qu'employeurs de main d'œuvre de l'industrie agroalimentaire !** Et si le fournisseur refuse, son produit n'arrive jamais dans les rayons !

Pour Bruxelles, la solution c'est encore plus de libéralisation. Les derniers quotas (sur le sucre) sont tombés en 2017. Même les appellations contrôlées dans le secteur viticole y sont passés, car depuis le 1er janvier 2016, on peut planter la vigne que l'on veut où l'on veut ! **Finie la protection des appellations d'origine contrôlée !**

D'autres vont encore plus loin en proposant de « punir » ceux qui sont accusés de faire trop de bruit avant de mourir ! Ainsi, pour Jacques Delpla, professeur associé à l'Ecole d'économie de Toulouse, « *puisque les agriculteurs européens votent massivement contre l'UE et qu'ils la critiquent à chaque crise agricole, il n'y a plus aucune raison politique à maintenir la PAC. Renationalisons donc la politique agricole : aux agriculteurs de convaincre leurs Parlements nationaux qu'il faut les subventionner* ».

Une autre politique signifie :

▶ **coordonner avec les pays des BRICS (Brésil, Russie, Inde, Chine et Afrique du Sud) la mise en œuvre d'un nouvel ordre économique mondial gagnant-gagnant**, sans complaisance ni réticence, car il n'y a pas d'autre choix. Dans ce cadre, **lever les sanctions contre la Russie en exigeant en contrepartie d'importants achats de viande et de produits laitiers** ;

▶ **organiser un moratoire et une restructuration de la dette des agriculteurs**, que les banques ont « poussés au crime », suivant la région, le secteur de production et le parcours individuel. **Rétablir en même temps des prix planchers garantis**, correspondant à ce qui est nécessaire à une exploitation pour vivre, rembourser ses emprunts et investir. Les producteurs porcins, bovins et de volailles ne doivent plus dépendre d'aides pour survivre, versées, de surcroît, avec des retards scandaleux ;

▶ **mettre fin aux négociations sur les traités de libre-échange (CETA, TAFTA)** qui ne sont que des instruments de guerre économique visant à faire tomber nos normes, nos régulations et ce qui reste de nos protections légitimes ;

▶ **arrêter d'accumuler les normes et réglementations « écologiques » ou « climatiques »** formatées pour l'agro-business, qui livrent nos producteurs à la concurrence de pays plus laxistes et leur imposent plusieurs heures de paperasserie par semaine ;

▶ **combattre l'oligopole des quatre grandes centrales d'achat et interdire aux banques de proposer à leurs clients des placements spéculant sur le prix des matières premières agricoles** ;

▶ **multiplier les circuits courts afin de couper les ailes aux vautours financiers**, pour qui la terre n'est pas un milieu vivant mais un support à leurs spéculations débridées ;

▶ **réserver une partie de la commande publique aux producteurs locaux** en vertu du principe de « produire mieux » ;

▶ **faire de l'accès au numérique un service public** afin d'éliminer les « zones blanches », pour que les producteurs puissent maîtriser l'information et leurs ordres de vente.

Refaisons de l'agriculture un grand métier d'avenir pour alimenter dix milliards d'êtres humains. Ceux qui travaillent quinze heures par jour et s'endettent pour nous nourrir ont droit à un traitement juste. C'est en augmentant le pouvoir d'achat de nos salariés et le prix de vente de nos produits agro-alimentaires qu'on parviendra à **un développement « par le haut », unissant producteurs et consommateurs contre la mainmise d'une oligarchie qui impose l'austérité « par le bas »**. Faisons une Europe selon ces principes, une vraie Europe, et pas l'UE actuelle qui s'en moque.

Nous n'avons pas le droit de laisser le pouvoir à ceux qui détruisent l'avenir du monde !

- LEVER LES SANCTIONS CONTRE LA RUSSIE
- ORGANISER UN MORATOIRE ET UNE RESTRUCTURATION DE LA DETTE DES AGRICULTEURS
- METTRE FIN AUX NÉGOCIATIONS SUR LES TRAITÉS DE LIBRE-ÉCHANGE (CETA, TAFTA)
- COMBATTRE L'OLIGOPOLE DES QUATRE GRANDES CENTRALES D'ACHAT ET INTERDIRE AUX BANQUES LA SPÉCULATION SUR L'AGRICULTURE
- MULTIPLIER LES CIRCUITS COURTS AFIN DE COUPER LES AILES AUX VAUTOURS FINANCIERS
- RÉSERVER UNE PARTIE DE LA COMMANDE PUBLIQUE AUX PRODUCTERUS LOCAUX
- FAIRE DE L'ACCÈS AU NUMÉRIQUE UN SERVICE PUBLIC AFIN D'ÉLIMINER LES « ZONES BLANCHES »

Fiscalité
Une révolution pour la démondialisation financière, la libération de l'économie productive et la justice sociale

Complaisant vis-à-vis de la fraude, insuffisant, inéquitable, accablant les PME et le travail, trop complexe et opaque, notre système fiscal doit être profondément réorganisé. Le premier principe de cette réorganisation doit être le combat contre la fraude et l'évasion fiscale, respectivement estimées à 60 à 80 milliards d'euros par an pour la première et 50 milliards pour la seconde. Cela représente chaque année une perte de recettes fiscales d'environ 20 % des rentrées ! Le second doit être la justice fiscale, afin de rétablir un consentement à l'impôt aussi général que possible. Le troisième vise à rendre l'impôt incitatif pour une politique de redressement productif. Le tout exige de procéder sans peur de déplaire à la City, à Bruxelles et au Medef, qui sont les points de blocage de toute initiative de réelle portée, et de ne plus prétendre guérir la fièvre en cassant le thermomètre.

I. Une démondialisation financière contre la fraude et l'évasion fiscales

L'incidence de bon nombre de mesures proposées sur la fiscalité n'offre qu'un intérêt relativement secondaire par rapport aux flux monétaires que représentent la fraude et l'évasion. C'est un fléau qui menace l'indépendance nationale et le fonctionnement même de notre démocratie. Aussi les mesures que je propose doivent constituer le début d'une nécessaire réorganisation fiscale, sans laquelle l'Etat demeurerait sous la coupe de l'argent-roi :

▶ **Donner de réels moyens d'agir à notre parquet financier autonome ainsi qu'aux services de la brigade nationale de répression de la délinquance fiscale et aux inspecteurs de la douane judiciaire**, en créant en même temps une vraie police financière, fusionnant les douanes et la brigade de répression fiscale ;

▶ **Réintégrer la fraude fiscale dans le droit commun pénal** pour mettre un terme aux excès de favoritisme dans ce domaine. La sanction doit pouvoir être judiciaire pour être suffisamment dissuasive ;

▶ **Supprimer le filtre de la Commission des infractions fiscales qui permet au ministre du Budget, donc à l'Exécutif, de faire le tri** des diverses fraudes pouvant donner lieu à des poursuites pénales ;

▶ **Lutter contre l'optimisation fiscale des grandes entreprises,** d'une part en retirant aux sociétés du CAC 40 l'agrément dont elles disposent pour appliquer le régime du « bénéfice mondial consolidé » et d'autre part, en supprimant le régime d'intégration de droit commun, qui permet de faire remonter les résultats des filiales sans imposition vers la société « tête de groupe », dans le cas où la détention d'une société mère française par une société étrangère permet *de facto* de délocaliser les bénéfices ;

▶ **Autoriser les juges d'instruction à procéder à la saisie** des biens des intéressés et de leurs présumés complices, sans attendre le jugement, comme en matière de trafic de stupéfiants, et notamment à geler les avoirs des présumés coupables en matière de fraude à la TVA ;

▶ **Taxer en France les grands groupes de l'internet.** La plupart des bénéfices européens de grandes sociétés, comme Amazon au Luxembourg ou Apple en Irlande, sont enregistrés dans un pays qui leur permet de payer des impôts à des taux ridicules et d'échapper à ceux du lieu où ils exercent réellement leur activité. Récupérer cette base fiscale exige de créer une **Autorité européenne du numérique, qui impose la fin de ces détournements de recettes fiscales,** et que l'ensemble des pays européens négocient sans complaisance avec les Etats-Unis le partage de la valeur fiscale ajoutée ;

▶ Renverser la charge de la preuve pour le blanchiment d'argent liquide, conformément à l'amendement déposé par Alain Bocquet et Nicolas Dupont-Aignan à l'Assemblée nationale. **C'est au propriétaire d'une somme en espèces au delà de 50 000 euros d'en prouver la provenance légale.**

▶ Etablir en France **un régime de paiement de l'impôt en fonction de la nationalité et non du lieu de résidence**, ce qui permettrait de mettre fin aux expatriations bidon et à la fuite fiscale des résidents français à l'étranger.

La mise en place de ces mesures permettrait de récupérer progressivement une somme que l'on peut estimer entre 20 et 30 milliards sur les 60 à 80 milliards de fraude fiscale. Cette somme considérable pourra être utilisée pour diminuer les charges des PME produisant ou relocalisant en France (cf. plus loin) et accroître le pouvoir d'achat des ménages.

L'idée de Nicolas Dupont-Aignan d'un pacte de rapatriement des capitaux en France sous condition me paraît devoir être soutenue. Il s'agirait **d'exonérer les fonds rapatriés des paradis fiscaux ou de pays étrangers qui viendraient s'investir dans un emprunt d'Etat à 10 ou 12 ans, rémunéré à un taux fixe modéré garanti et indexé sur le coût de la vie, servant à l'équipement de l'homme et de la nature, prioritairement attribué aux PME** (par exemple, équipement de nos hôpitaux en matériel moderne et de tout notre territoire en fibre optique, isolation thermique, logements sociaux, etc.).

En même temps, la France doit proposer aux Nations unies et au G20 que **soit déniée toute existence juridique aux** coquilles off-shore ouvertes dans les paradis fiscaux, tant celles placées sous la protection de Sa Très Gracieuse Majesté la Reine d'Angleterre que celles opérant depuis le Delaware. Il s'agit de mettre fin à une pratique de camouflage couvrant le blanchiment d'argent et la fraude fiscale. Privées d'existence juridique, ces sociétés sans réelle activité économique ne pourraient plus ouvrir de comptes bancaires dans les banques officielles, qui devraient donc les radier de leurs livres.

- CRÉER UNE VRAIE POLICE FINANCIÈRE
- RÉINTÉGRER LA FRAUDE FISCALE DANS LE DROIT COMMUN PÉNAL
- LUTTER CONTRE L'OPTIMISATION FISCALE DES GRANDES ENTREPRISES
- TAXER EN FRANCE LES GRANDS GROUPES DE L'INTERNET
- RENVERSER LA CHARGE DE LA PREUVE POUR LE BLANCHIMENT D'ARGENT
- ETABLIR EN FRANCE UN RÉGIME DE PAIEMENT DE L'IMPÔT EN FONCTION DE LA NATIONALITÉ ET NON DU LIEU DE RÉSIDENCE

II. Libérer l'économie productive

Le premier impératif est de créer les conditions pour faire grandir nos PME en facilitant leur décollage puis leur passage à une dimension d'entreprise de taille intermédiaire (ETI). Je propose les mesures suivantes :
▶ Ramener le taux de l'impôt sur les sociétés au niveau allemand, soit 25 % au maximum avant 2019, **tout en prévoyant trois tranches à taux réduit pour les PME** : 5 % jusqu'à un million d'euros de bénéfices pour un chiffre d'affaires inférieur à 10 millions d'euros, 10 % entre un million et cinq millions d'euros de bénéfices pour un chiffre d'affaires inférieur à 50 millions d'euros, 15 % entre cinq et 10 millions d'euros de bénéfices pour un chiffre d'affaires inférieur à 150

millions d'euros et au-delà, l'application du taux normal de 25 % (cf. ma section « *PME et TPE : faire battre le cœur de notre territoire économique »*). Les ETI pourront également bénéficier d'un taux d'impôt réduit à 20 % à condition d'affecter leurs bénéfices au renforcement de leurs fonds propres plutôt que de les distribuer à leurs actionnaires ;

▶ **Maintenir l'ISF mais en exonérant totalement les investissements dans les PME qui localisent leur production en France** ;

▶ **Accroître de trois points le taux de TVA en ce qui concerne les produits de luxe, à coût unitaire élevé, ainsi que les produits qui ne sont pas de première nécessité,** comme par exemple les boissons gazeuses sucrées. L'on affirme très souvent qu'une hausse de la TVA serait injuste pour les classes populaires. En fait, tout dépend, comme nous l'avons vu ci-dessus, de la manière dont on en fixe les taux.

De plus, à contre-courant de la majorité des pays développés, les recettes de la TVA exprimées en part du produit intérieur brut (PIB) ou du total des recettes fiscales ont diminué en France au cours des 30 dernières années. **Il reste donc une marge pour taxer la consommation en réduisant la charge fiscale relative sur le travail et l'investissement.** Enfin, la TVA renchérit le coût des importations et protège donc les entreprises qui produisent en France (cf. ma section « *Une audace patriotique contre la mondialisation financière »*). Le produit de cette hausse de TVA sera partagé. D'une part, on opérera un transfert des charges de financement de la politique familiale et d'une partie de la sécurité sociale, à partir des comptes d'exploitation des entreprises vers celui de la nation, pour améliorer les marges des producteurs. D'autre part, on augmentera le SMIC proportionnellement à la hausse des productions nationales induites par l'ensemble de mon projet ;

▶ **Mieux mobiliser l'épargne longue vers les ETI et les PME innovantes, et plus généralement vers l'industrie,** car on sait qu'en France, la préférence va à l'assurance-vie, à l'immobilier et au Livret A (financement des organismes sociaux de l'habitat et, pour 16 % du total, à des dettes souveraines de la zone euro). Deux mesures permettront une réorientation vers les entreprises productives. Tout d'abord **la mise en place d'un crédit d'impôt région,** destiné à stimuler un développement du territoire par zones économiques. Ensuite la **création de nouveaux contrats d'assurance-vie entreprise, réorientant l'investissement vers des ETI industrielles** ;

▶ **Réformer le crédit d'impôt recherche (CIR) en le recentrant sur les PME innovantes et les ETI, tout en plafonnant le bénéfice qu'en tirent les grandes entreprises** et en écartant du dispositif les recherches affectées à des objectifs visant le profit financier (comme la création d'algorithmes pour investir sur les marchés financiers) sans effet productif ;

▶ **Baisser de 10 milliards d'euros les taxes sur la production qui pèsent sur les entreprises avant bénéfices** pour créer un choc fiscal favorable à l'investissement ;

▶ **Transformer très progressivement le Crédit d'impôt compétitivité emploi (CICE) en baisse de charges pérenne** pour réduire le coût du travail, tout en liant cette baisse à la création réelle d'emplois et non simplement à leur sauvegarde ou à une hausse des salaires existants.

Ces dispositions, accompagnant la libération de notre pays de l'occupation financière qu'il subit, permettront de donner la priorité aux entreprises qui produisent et créent de l'emploi. Elles demeureraient cependant sans adhésion des travailleurs et n'entraîneraient pas le nécessaire consentement de tous à l'impôt si une politique de justice fiscale n'était pas mise en place. C'est le troisième volet de mon projet dans ce domaine.

- RAMENER LE TAUX DE L'IMPÔT SUR LES SOCIÉTÉS À 25 %
- MAINTENIR L'ISF MAIS EN EXONÉRANT TOTALEMENT LES INVESTISSEMENTS DANS LES PME
- ACCROÎTRE DE TROIS POINTS LE TAUX DE TVA POUR LES PRODUITS DE LUXE
- MIEUX MOBILISER L'ÉPARGNE LONGUE VERS LES ETI ET LES PME INNOVANTES ET L'INDUSTRIE.
- RÉFORMER LE CRÉDIT D'IMPÔT RECHERCHE
- BAISSER DE 10 MILLIARDS D'EUROS LES TAXES SUR LA PRODUCTION
- TRANSFORMER TRÈS PROGRESSIVEMENT LE CRÉDIT D'IMPÔT COMPÉTITIVITÉ EMPLOI EN BAISSE DE CHARGES PÉRENNE

III. Pour une politique de justice fiscale et de revalorisation du travail

▶ **A court terme, on doit simplifier la multiplicité des réductions et des exonérations fiscales** favorisant les bénéficiaires de revenus élevés, qui ont les moyens de faire appel à des officines spécialisées pour profiter d'optimisations fiscales maximales, voire organiser des détournements de procédure ;

▶ **Nettoyer dans les meilleurs délais les niches fiscales** (dont le montant total représente environ 100 milliards d'euros), en supprimant celles bénéficiant aux très grandes entreprises et aux revenus et patrimoines très élevés, qui sont souvent inefficaces et comportent un effet d'aubaine. Les exonérations de charges sur les bas salaires doivent en revanche être maintenues, ainsi que celles favorisant les prestations sociales versées par un foyer fiscal (garde d'enfants et de personnes âgées à domicile), l'épargne populaire (Livret A), la recherche et la participation (dons aux associations et partis politiques). Il y a encore environ 450 dispositifs dérogatoires ; je demanderai au gouvernement de créer un groupe d'études devant établir dans le mois suivant une liste de propositions pour **élargir l'assiette de l'impôt sur le revenu**. Ces propositions existent dans les tiroirs de l'administration, il ne reste qu'à les actualiser et à manifester une réelle volonté politique. Dans l'immédiat, le plafonnement par foyer fiscal de la réduction totale d'impôt sera ramené à 8000 euros (et non 10 000) et à 12 000 (et non 18 000) avec les investissements outre-mer et/ou dans le cinéma. L'impôt sur le revenu doit retrouver une place centrale, sans être démembré par des listes d'exceptions.

▶ A court terme, je propose également **d'exonérer les cotisations sociales sur les heures supplémentaires de travail** afin de renforcer le pouvoir d'achat des salariés ;

▶ Enfin, **à court terme**, je pense que supprimer la **taxe d'habitation,** comme le propose Emmanuel Macron pour 80 % des ménages, n'apporte qu'en apparence une réelle solution à l'injustice de cette taxe. Celle-ci repose en effet sur des valeurs locatives cadastrales qui n'ont pas été révisées depuis 1970 et ne tiennent pas compte des revenus des habitants. Là est le vrai problème, et non dans une suppression démagogique mise de fait à la charge des collectivités territoriales ou de la collectivité nationale. **Je propose donc de maintenir cette taxe, mais qu'elle soit assise pour 60 % sur la valeur vénale des logements (valeur locative révisée), en fonction de la moyenne des deux dernières années, et pour 40 % sur les revenus des occupants**. Cette réforme doit être accompagnée de la mise en place d'**un système de péréquation sociale entre les collectivités concernées**, afin que les plus pauvres ne soient pas moins bien traités que les plus riches. La taxe foncière sur les propriétés bâties devra être réaménagée suivant le même principe ;

▶ **A moyen terme, il faut remettre sur le métier la fusion de l'impôt sur le revenu et de la CSG pour en faire un grand impôt direct, simple, progressif, compréhensible et équitable**. Cette idée formulée par Thomas Piketty est certes difficile à mettre en place sans en faire une « usine à gaz ». L'objectif n'en est pas moins nécessaire : adapter l'assiette de la CSG en appliquant un barème progressif – et donc redistributif – à l'ensemble des revenus individuels (capital et travail) qui y sont soumis. A revenu égal, impôt égal, que ce soit un revenu du capital ou du travail, et on réintroduit ainsi la progressivité et l'équité sans exceptions. Le barème d'imposition visera à ne pas faire de cadeaux aux très riches (les 1 % les plus riches sont aujourd'hui taxés à 35 % en moyenne) ni à matraquer les classes moyennes (les personnes percevant à peine plus que deux SMIC supportent un taux d'imposition global de l'ordre de 40 %). Dans mon nouveau système, on établira un barème à taux effectif et non par tranches, bien plus simple à comprendre et à appliquer, en créant les conditions dans lesquelles seuls les 3 % de contribuables les plus aisés, gagnant plus de 8000 euros par mois, paieront davantage d'impôts au total, par rapport à l'impôt sur le revenu plus la CSG aujourd'hui. **Les 97 % restants verront leur imposition diminuer progressivement en fonction de la modicité de leurs revenus.** L'individualisation de l'impôt exigera par ailleurs de remplacer le système de quotient familial actuel par le versement d'une prestation ou par un crédit d'impôt égal pour tous, équivalant de fait à des allocations familiales dès le premier enfant et en hausse progressive pour chaque nouvel enfant. **En attendant cette réforme, la CSG pourra être éventuellement augmentée d'un ou deux points pour financer dans l'immédiat un retour à un système de santé publique réellement solidaire** (cf. ma section *« Le droit aux soins pour tous est un principe garanti par notre Constitution. Arrêtons la privatisation de la santé publique »*) ;

▶ A moyen terme également, je ferai étudier le regroupement de tous les impôts sur le capital – taxe foncière, droits de mutation, ISF, succession – dans **un seul prélèvement** sur le patrimoine, lui aussi beaucoup plus lisible pour le contribuable**. Le versement de l'ISF deviendrait ainsi un précompte sur les droits de succession. **Pour les TPE et PME** (cf. ma section « *PME et TPE : faire battre le cœur de notre territoire économique* »), je souhaite **un « pacte renforcé » fondé sur une exonération complète des droits de mutation**, avec pour contrepartie un allongement à 10 ans des délais de détention des parts d'entreprise ;

▶ **Redonner une orientation productive et sociale à la fiscalité locale** (cf. ma section « *PME et TPE : faire battre le cœur de notre territoire économique* »), notamment par **une spécialisation des impôts par type de collectivité et la création d'un impôt pour l'emploi et le développement solidaire des territoires,** appelé à remplacer progressivement la contribution sur la valeur ajoutée des entreprises (CVAE) ;

▶ Enfin, **rendre l'impôt plus socialement moral**. D'une part en augmentant les prélèvements sur les jeux, alcools, tabacs et certaines activités polluantes, tout en compensant par des avantages financiers les entrepreneurs petits et moyens lésés, notamment les buralistes. D'autre part, nous l'avons vu, en durcissant les pénalités appliquées à la fraude fiscale.

- ■ SIMPLIFIER LA MULTIPLICITÉ DES RÉDUCTIONS ET DES EXONÉRATIONS FISCALES
- ■ SUPPRIMER LES NICHES FISCALES
- ■ MAINTENIR LES EXONÉRATIONS DE CHARGES SUR LES BAS SALAIRES
- ■ PLAFONNEMENT PAR FOYER FISCAL DE LA RÉDUCTION TOTALE D'IMPÔT
- ■ MAINTIEN DE LA TAXE HABITATION
- ■ REMETTRE SUR LE MÉTIER LA FUSION DE L'IMPÔT SUR LE REVENU ET DE LA CSG
- ■ ETUDIER LE REGROUPEMENT DE TOUS LES IMPÔTS SUR LE CAPITAL
- ■ REDONNER UNE ORIENTATION PRODUCTIVE ET SOCIALE À LA FISCALITÉ LOCALE

■ RENDRE L'IMPÔT PLUS SOCIALEMENT MORAL

    Mon projet de politique fiscale s'inscrit bien évidemment dans mon combat contre la mondialisation financière, sans lequel il ne pourra être mis en place. Il signifie un changement de cap passant par des moyens législatifs renforcés et une harmonisation progressive à l'échelle européenne et mondiale, hors de la tutelle de la Banque centrale européenne et des 28 mégabanques à l'échelle du monde. Il s'agit, ici comme ailleurs, d'**un pari sur l'avenir des relations entre Etats-nations souverains se donnant des objectifs communs**, mais si on ne commence pas dès aujourd'hui, la mondialisation financière entraînera fatalement la destruction de l'Etat de droit et la décomposition de la société.

Droit au travail et à la protection sociale

Trois évolutions se conjuguent aujourd'hui pour créer une situation catastrophique de l'emploi :

1. La hausse générale du chômage.

Pour la catégorie A (demandeurs d'emploi n'ayant pas travaillé du tout le mois précédent), on comptait 3 473 100 chômeurs en novembre 2016. Si l'on prend les catégories A, B et C en France métropolitaine, on atteint le chiffre de 5 475 700. Le nombre de chômeurs inscrits à Pôle emploi depuis un an (longue durée) a bondi de 147 % depuis juin 2008, pour atteindre 2 411 000 inscrits en 2016. Si l'on prend les catégories A, B, C, D et E, on atteint 6 239 700 inscrits en France métropolitaine et 6 575 000 pour la France entière. En tenant compte des non inscrits, des radiés et des bénéficiaires du RSA qui ne sont pas pris en compte, on voit que **les Français et les Françaises en situation de chômage ou de grande précarité représentent plus de 20 % de la population active.** On arrive à près de 30 % si l'on ajoute les « travailleurs pauvres » qui gagnent moins que le SMIC. **Le nombre de personnes vivant sous le seuil de pauvreté (avec un revenu mensuel inférieur à 1008 euros) est estimé par l'INSEE à 8,8 millions, soit 14,1 % des Français.**

2. Cette hausse affecte les plus vulnérables.

Par âge, le nombre de jeunes au chômage est chez nous l'un des plus élevés d'Europe, de même que pour les plus de 50 ans. Par sexe, le taux de chômage des femmes devient supérieur à celui des hommes au fur et à mesure qu'on s'éloigne des années de formation initiale. Par région, les taux sont les plus élevés dans les zones urbaines sensibles et dans le Nord, le pourtour méditerranéen et les collectivités territoriales d'outre-mer. Les personnes sans diplôme sont les plus affectées mais le taux de chômage des diplômés de l'enseignement supérieur est en forte hausse, surtout en début de carrière. Quant aux embauches, la part des CDD de moins d'un mois atteint 70 %, et, au total, le nombre de contrats en CDD ou en intérim dépasse 90 %. De plus, les CDD longs sont remplacés par de multiples CDD courts.

3. Une nouvelle forme d'activité est née.

Elle n'est ni un emploi ni un travail, mais elle accroît la précarité des actifs. Il s'agit des Uber, Blablacar, Airbnb, Weclaim ou Vizeat (pour les cuisiniers à domicile), qui représentent un véritable capitalisme de plateforme, faisant travailler hors de tout droit et protection. **Le travail devient ainsi une marchandise, échangée en l'absence de toute réglementation juridique.** Il échappe aux réglementations professionnelles, les plateformes numériques étant des entreprises d'intermédiation, jamais matériellement attachées aux secteurs qu'elles investissent. Par exemple, les chauffeurs, juridiquement indépendants d'Uber, en sont dépendants économiquement, car sans Uber ils perdent tout accès à leur marché. Les plateformes échappent aux accords collectifs sur les salaires et très souvent aux législations nationales sur le travail, puisqu'internet ignore les frontières.

Ce tableau de bord est nécessaire pour mettre en place une politique d'ensemble, répondant au défi que nous lancent les puissances financières qui détruisent les ressources humaines de notre économie, défi que, depuis le début les années 1970 et en particulier depuis 1983, nos gouvernements n'ont pas vu venir ou n'ont pas voulu relever.

Le droit du travail est à la fois un droit constitutionnel et **le domaine humain qui, avec l'éducation et la santé publique, justifie la rupture avec un capitalisme financier dévoyé.** Le travail n'est pas d'abord un coût, mais un moyen de produire plus et mieux. L'impératif est donc catégorique : mobilisons tout ce qui peut permettre de créer des emplois et de l'activité, mais pas n'importe lesquels, pas des jobs précaires dans une économie de spéculation et de services marchands, mais **de vrais emplois qualifiés.**

I. Promouvoir une politique mondiale et nationale du travail

Elle deviendra possible par **mes choix politiques fondamentaux : un Glass Steagall Act global, un Nouveau Bretton Woods, un projet mondial de création d'infrastructures à l'image de ce que la Chine propose pour sa Nouvelle Route de la soie et une Europe des patries et des projets, formant un tout politique cohérent pour assurer une reprise de l'économie mondiale.**

C'est dans ce contexte, **avec l'arme du crédit public productif, libéré du garrot monétaire, que nos chantiers nationaux pourront être relancés avec notamment deux millions de logements sociaux à construire. Cette démarche est potentiellement créatrice de cinq millions d'emplois qualifiés en cinq ans en France** (cf. ma section *« Pistes pour créer cinq millions d'emplois en cinq ans »*).

La Banque nationale que je propose de mettre en place, hors du corset de la Banque centrale européenne, et un secrétariat au Plan auprès du Premier ministre, seront les fondements du dispositif. Encore faut-il un dispositif qui soit un instrument d'animation et de répartition.

C'est pourquoi je propose de **créer un vrai service public de l'emploi**.

- REPRISE MONDIALE AVEC UN GLASS STEAGALL GLOBAL, UN NOUVEAU BRETTON WOODS, UN PROJET MONDIAL D'INFRASTRUCTURES ET UNE EUROPE DES PATRIES ET DES PROJETS
- RELANCER NOS CHANTIERS NATIONAUX AVEC LA CONSTRUCTION DE DEUX MILLIONS DE LOGEMENTS SOCIAUX
- FONDEMENTS DU DISPOSITIF : LA BANQUE NATIONALE ET UN SECRÉTARIAT AU PLAN

II. Créer un vrai service public de l'emploi

Tout d'abord, Pôle emploi doit être doté des moyens de fonctionner. Ce n'est pas le cas aujourd'hui, où trop souvent les conseillers ont l'impression d'être eux-mêmes des numéros faisant du chiffre, recevant des numéros et prescrivant des numéros, alors que les usagers se sentent ignorés et le manifestent par des poussées de colère ou de la résignation. La première priorité est **d'engager suffisamment de conseillers pour que chacun n'ait à traiter que de 50 à 60 dossiers**. La seconde est de **former les agents, avec pour base de cette formation l'accompagnement personnalisé des demandeurs d'emploi** (leur apprendre quels sont leurs droits, leur montrer comment constituer les dossiers, les aider à rédiger CV et lettres de motivation, etc.). L'agent doit être capable de dire tout de suite à l'allocataire potentiel, lors du dépôt de sa demande, s'il manque des pièces à son dossier et quel usage il en sera fait. Les dossiers les plus anciens pourront être traités dans les délais les plus brefs grâce aux nouveaux moyens, alors qu'aujourd'hui les dossiers exigeant des traitements longs et fastidieux tendent à être écartés car ils prennent un temps dont ne disposent pas les conseillers. En même temps, ceux-ci doivent **avoir**

les moyens de savoir quels sont les métiers du futur qui seront offerts, et non devoir chercher, comme c'est le cas aujourd'hui, ce qu'offre réellement une entreprise pour découvrir qu'il s'agit d'un CDD de quelques jours.

A cet égard, le recours à de **nouveaux logiciels, analysant des méga-données pour mieux faire coïncider les besoins des employeurs avec les compétences des candidats à un emploi,** est certainement une piste prometteuse. Ce sont ici les compétences des individus qui sont présentées en temps réel et non la définition restrictive de postes de travail ou de métiers, ce qui permet d'élargir les passerelles entre métiers, en fonction de compétences communes ou proches, et de mieux définir les besoins de formation correspondants. La possibilité sera ainsi donnée d'une approche plus prédictive, avec une nouvelle fonction de conseil offerte au candidat pour son devenir professionnel. L'objectif est de faire émerger un marché du travail qui s'organisera en rendant publiques les données sur les demandes d'emploi, pour les croiser avec les besoins de compétences. J'orienterai Pôle emploi dans cette voie. Les grands chantiers à relancer en tireront ainsi un avantage en temps et en qualité de leurs recrutements.

- ENGAGER SUFFISAMMENT DE CONSEILLERS ET FORMER LES AGENTS POUR ASSURER LE SUIVI PERSONNALISÉ DES DEMANDEURS D'EMPLOI
- RECOURIR À DE NOUVEAUX LOGICIELS PERMETTANT DE MIEUX FAIRE COÏNCIDER LES BESOINS DES EMPLOYEURS AVEC LES COMPÉTENCES DES CANDIDATS
- FAIRE ÉMERGER UN MARCHÉ DU TRAVAIL QUI S'ORGANISRA EN RENDANT PUBLIQUES LES DONNÉES SUR LES DEMANDES D'EMPLOI, POUR LES CROISER AVEC LES BESOINS DE COMPÉTENCES

III. Revalorisation des salaires : pouvoir acheter ce que l'on produit

Je propose **un SMIC à 1700 euros brut**, en trois hausses successives (une immédiate, une sur un an et la dernière sur deux ans), entraînant une dynamique de revalorisation de l'ensemble des salaires, des retraites et des minima sociaux. **Il s'agit de donner aux Français la possibilité de consommer ce que nous produisons, de retrouver un intérêt du retour au travail pour ceux qui s'en sont déshabitués et de relancer l'économie.** Puisque mon projet stimule la production en France et promeut le label *Origine France Garantie*, en renforçant les incitations à acheter en France, le risque de la fuite de l'argent vers la consommation de biens étrangers (comme en 1981-1983) sera réduit. Tandis que la consommation, bien accordée à notre production nationale, n'aura pas cet effet inflationniste incontrôlable que les libéraux dénoncent tant contre l'augmentation du pouvoir d'achat des salaires et si peu lorsqu'il s'agit des profits financiers de leurs banquiers, courtiers et compagnies d'assurance. Au contraire, le relèvement massif du pouvoir d'achat populaire, s'il est accompagné par une politique d'équipement et de grands travaux, aura le même effet de relance que sous l'administration Roosevelt aux Etats-Unis et chez nous dans les années d'après-guerre.

Cette hausse du SMIC sera, vis-à-vis des employeurs, la contrepartie de l'augmentation de trois points de la TVA qui les protégera contre les importations et dont une partie du produit sera affecté à réduire leurs cotisations.

- UN SMIC À 1700 EUROS BRUT
- CONSOMMER CE QUE NOUS PRODUISONS EN STIMULANT LA PRODUCTION EN FRANCE

IV. Mesures pour inciter au maintien de l'emploi et à l'embauche

Diverses mesures seront expérimentées pour soutenir la dynamique que je viens de définir :

▶ **un système de bonus-malus en matière de licenciements** ou, plus largement, qui modulerait la cotisation des entreprises en fonction de leur recours aux contrats courts. Un tel type de système avait été mis en place par l'administration Roosevelt aux Etats-Unis ;

▶ **un système de bonus-malus en matière d'assurance-chômage**, dans lequel le taux de cotisation des entreprises croît avec le taux de rotation de leur main d'œuvre, permettant de réduire l'instabilité des emplois et d'améliorer les finances de l'UNEDIC ;

▶ **une forte hausse de la rémunération de formation de Pôle emploi (RFPE), versée aux chômeurs non indemnisés, et de l'allocation forfaitaire versée aux chômeurs en fin de droits qui suivent une formation (AFDEF)**. La somme devrait être, dans les deux cas, fixée aux deux tiers du SMIC ;

▶ si l'accord est possible entre partenaires sociaux, le remplacement des CDD au profit d'un contrat unique, c'est-à-dire un CDI à droits progressifs sur un délai d'un an. Bien évidemment, la mise en place d'**un Compte personnel d'activité juste, protecteur et appliqué à tous les actifs sans distinction** couvrira mieux la multiplicité de situations actuellement associées à l'emploi. C'est le pilier de ma démarche.

- SYSTÈME DE BONUS-MALUS EN MATIÈRE DE LICENCIEMENTS ET D'ASSURANCE CHÔMAGE
- FIXER AUX DEUX TIERS DU SMIC LA RFPE ET L'AFDEF
- HAUSSE DE LA RÉMUNÉRATION DES DEMANDEURS D'EMPLOI EN FORMATION

V. Pour un compte personnel d'activité (CPA) porteur de progrès social

Le CPA a été mis en place dans le contexte de la **loi El Khomri,** mais **dans une perspective limitée et libérale.** Je propose de **faire abroger cette loi,** votée sans réel discernement ni souci de justice sociale, et **de lui substituer un texte dont le pilier sera un nouveau CPA exigeant.** L'approche de la CGT va, selon moi, dans la bonne direction pour sortir d'un débat qui s'est enlisé dans le calcul politique, le casse-tête juridique et une bonne dose de démagogie.

Je viserai ainsi à établir un cadre juridique, applicable à tous les travailleurs sans distinction qui concourent à la production de valeur, leur garantissant les conditions d'un travail décent et protégé. Le **CPA doit être un portail informatique unique, permettant à chaque travailleur d'accéder à ses droits personnels, quels que soient ses changements d'employeur ou de statut** (indépendant, fonctionnaire, salarié du privé, etc.). Le **Régime social des indépendants (RSI),** qui n'a jamais bien fonctionné, sera supprimé et **remplacé par un statut social unique des actifs**, plus protecteur, à partir d'un socle commun du droit du travail.

Les droits universels seront ainsi attachés à la personne plutôt qu'à l'emploi, avec une progressivité durant toute la carrière. Sera mobilisé, en y affectant tous les moyens nécessaires, le grand service de l'emploi que je préconise (regroupant agents et personnels des missions locales, de l'AFPA, de Pôle emploi, de l'Education nationale...). Les jeunes bénéficieront d'un socle minimum acquis à l'ouverture du compte.

Outre le compte personnel de formation, le compte de pénibilité, les droits rechargeables au chômage et le compte épargne-temps, devront également figurer au compte le congé individuel de formation et la complémentaire santé de l'entreprise que l'on quitte.

Le droit à un revenu tout au long de la vie, le maintien d'une rémunération entre deux emplois, la progression de carrière et une formation qualifiante devront être garantis au travailleur du XXIe siècle. La contrepartie serait, pendant les éventuelles périodes de chômage, la volonté manifeste de rechercher un nouvel emploi. Le financement serait fondé sur le régime de répartition, comme pour la retraite, et reposerait sur une contribution sociale des employeurs, avec des taux modulés selon l'affectation des bénéfices de l'entreprise.

Le CPA doit protéger tous les actifs sans distinction et rétablir la sécurité économique et sociale de tous contre les abus des plateformes. Salarié, indépendant dirigeant ou dirigé, commerçant et agriculteur doivent tous, **dans ma perspective, être soumis à un même principe de solidarité.** Au sein des entreprises, la protection assurée à tous fera diminuer le nombre de « comportements déloyaux » dont les psychanalystes du travail observent le nombre grandissant, dans la « lutte des places » qui caractérise aujourd'hui l'emploi.

La création d'un nouveau statut, ni salarié ni travailleur indépendant, mais « travailleur économiquement dépendant », ne me semble pas nécessaire dans ce **contexte universellement protecteur**, d'autant plus qu'un troisième statut serait de nature à déstabiliser les deux autres par contournement de la norme. Les jeunes préfèrent d'ailleurs une protection associée à des métiers qui doivent être repensés, à une intégration dans le salariat ou dans un nouveau statut.

Dans les conditions de la mise en place du CPA, du revenu étudiant, du RSA automatique étendu aux jeunes de 18-25 ans, le **revenu universel** perd toute raison d'être. Je le trouve d'ailleurs en lui-même **contestable** pour trois raisons principales :

▶ idéologiquement, il tend à remplacer le vieux droit socialiste au travail, facteur d'intégration sociale, par un revenu reflétant l'incompatibilité définitive entre néo-libéralisme financier et plein emploi. Il est donc au mieux un cautère sur une jambe de bois, au pire l'instrument du démantèlement du droit du travail par l'ubérisation ;

▶ dans le cas de la distribution d'un revenu élevé, il exige de prélever une somme énorme. Ceci n'est pas envisageable, sinon l'on risquerait de voir le revenu universel et un système de prévoyance individuelle, qui est dans sa logique, se substituer à tout ou partie de notre protection sociale collective. Dans le cas d'un revenu moindre, l'on risquerait de voir apparaître un réservoir d'handicapés sociaux, exclus du monde du travail et de la sphère publique des pratiques sociales, et assignés à résidence dans la « France périphérique » ;

▶ de toutes façons, avec un revenu universel de base cumulable avec des petits boulots, la destruction du CDI pourrait se poursuivre dans une anesthésie générale.

Reste non la « fin du travail », qui est un mythe, mais la destruction des postes de travail répétitifs et à faible implication intellectuelle, par l'essor du numérique associé à la robotique. La réponse n'est pas la création d'un statut d'êtres humains exclus mais, à la fois, **la création des emplois qualifiés du futur, au sein d'un retour au développement de l'économie physique, et la réduction de la durée du travail dans des lieux et des emplois déterminés**. Le CPA répond à ce défi, en même temps que la mise à disposition constante d'**une formation évolutive tout au long d'une vie**, que l'Etat doit prévoir, promouvoir et encadrer. La promotion de loisirs de qualité, échappant à la dépendance des écrans, est l'autre aspect nécessaire au monde qui vient. La question du travail ne peut être dissociée de celle de l'entreprise du futur et des conditions de la création humaine, en s'écartant nécessairement des formes du passé mais en restant fidèle à l'histoire et à l'esprit de ceux qui nous en ont transmis les découvertes et les innovations.

- ABROGER LA LOI EL-KHOMRI ET LUI SUBSTITUER UN TEXTE DONT LE PILIER SERA UN NOUVEAU CPA EXIGEANT
- FAIRE DU CPA UN PORTAIL INFORMATIQUE UNIQUE
- REMPLACER LE RÉGIME SOCIAL DES INDÉPENDANTS (RSI) PAR UN STATUT SOCIAL UNIQUE DES ACTIFS
- AVEC LA MISE EN PLACE DU CPA, DU REVENU ÉTUDIANT ET DU RSA AUTOMATIQUE ÉTENDU AUX JEUNES DE 18-25 ANS, LE REVENU UNIVERSEL PERD TOUTE RAISON D'ÊTRE
- LA DESTRUCTION DES POSTES DE TRAVAIL RÉPÉTITIFS ET À FAIBLE IMPLICATION INTELLECTUELLE PAR L'ESSOR DE LA ROBOTIQUE SERA COMPENSÉE PAR LA CRÉATION D'EMPLOIS QUALIFIÉS DU FUTUR

VI. Renforcer les instances représentatives du personnel

Il s'agit pour moi essentiellement de :

▶ **développer la présence et les droits des administrateurs salariés dans les conseils d'administration et de surveillance, en abaissant le seuil de présence à cinq cents salariés**. Ces administrateurs devront être pourvus d'une réelle capacité d'autonomie vis-à-vis de l'entreprise ;

▶ **consolider et améliorer les instances représentatives des personnels dans leur rôle de contre-pouvoir et de défense des intérêts des salariés, face à l'employeur.** Le comité d'entreprise devrait ainsi disposer d'un droit de veto vis-à-vis de certaines décisions de l'employeur, notamment celles entraînant des licenciements collectifs infondés.

Bien évidemment, **les petites entreprises** qui constituent des « familles de travail » **ne doivent pas se voir imposer les mêmes règles que les grandes** et, là plus qu'ailleurs, la meilleure protection pour tous y est le dynamisme retrouvé de toute l'économie.

Les conseils de prud'hommes, dont la loi Macron et le décret du 25 mai 2016 ont modifié le fonctionnement, restent à améliorer. Ces textes ne sont pas de nature à raccourcir les délais d'attente devant ces tribunaux et, de fait, on a semé des embûches ayant pour conséquence de décourager et faire abandonner la procédure. Quant aux procédures effectivement engagées, le manque de confiance des parties en première instance fera que la juridiction d'appel sera toujours aussi engorgée, sinon encore davantage. J'interviendrai pour **relancer une réelle simplification et assurer que la formation des juges soit obligatoirement assurée par des magistrats professionnels, en toute indépendance**. Là se trouve, je pense, la meilleure garantie de compétence et d'impartialité.

VII. Réhabiliter l'inspection et la médecine du travail

Je propose de doubler le nombre d'inspecteurs du travail en les associant à la politique d'ensemble économique et sociale poursuivie. Il y en a aujourd'hui trop peu (à peine plus de 2000 agents pour contrôler une vingtaine de millions de salariés), ce qui engendre leur fatigue et leur indignation face à l'exaspération de patrons souvent à bout. Ainsi se multiplient les incidents de contrôle. Dans ces conditions, entre décembre 2001 et décembre 2016, le nombre de candidats au concours d'inspecteur du travail a baissé de 60 %. Il faut redonner aux inspecteurs un sens de leur rôle, sans le réduire à sanctionner, mais plutôt à orienter les entrepreneurs ignorant de bonne foi la réglementation et à éliminer les « moutons noirs » et les mafias. Pour cela, ils doivent bénéficier d'un soutien plus large et plus constant.

Je propose également de **redonner les moyens de leur mission à la médecine du travail et aux infirmiers et intervenants en prévention des risques professionnels** (IPRP). L'urgence absolue est la médecine du travail, car on a laissé le système en friche au moment où s'accroissent les dépenses de santé liées aux mauvaises conditions de travail, où s'étendent la souffrance et le stress au travail et où les situations vécues par les salariés demandent de plus en plus d'écoute.

Le corps des médecins du travail étant vieillissant et les postes offerts n'étant pas pourvus, je propose :

▶ d'ouvrir 200 postes par an en internat de médecine du travail et, pour qu'ils soient pourvus, d'en rendre l'exercice plus attrayant, mieux valorisé et rémunéré ;

▶ de mettre en place une meilleure formation continue ;

▶ d'ouvrir la médecine du travail à d'autres profils ;

▶ d'ouvrir une trentaine de nouveaux emplois d'enseignants en médecine du travail, eux aussi en nombre insuffisant ;

▶ de fonctionner davantage par projets de prévention vis-à-vis des populations à risque et de réorienter les services de santé au travail par branche professionnelle et territoire ;

▶ d'associer davantage les infirmiers et les IPRP aux activités de détection, mais en évitant d'en faire des outils de tri des salariés ne prenant en compte que les plus mal portants ;

▶ d'établir une médecine pluridisciplinaire associant spécialistes et généralistes.

Dans ma conception, **médecins du travail et inspecteurs du travail doivent pouvoir travailler ensemble et s'épauler pour détecter les situations alarmantes et intervenir assez tôt.** Leur vocation est en priorité de **protéger les catégories les plus maltraités** : les « cols bleus », dont l'espérance de vie sans incapacité est inférieure de neuf ans à celle des cadres « cols blancs », et les femmes, davantage concernées par la souffrance psychique au travail. Les situations de harcèlement systématique doivent être détectées et arrêtées. Comme toutes les dépenses médicales afférentes à la médecine du travail sont aujourd'hui à la charge de l'entreprise, celle-ci se trouve être l'employeur du médecin, ce qui le met de facto en situation de subordination, malgré les dispositions protectrices. La solution est de rendre réellement indépendants les services de santé au travail, internes ou externes (selon la taille de l'entreprise), qui sont paritaires salariés/employeurs, en y introduisant un arbitre extérieur dont la voix serait prépondérante, alors qu'aujourd'hui c'est celle de l'employeur.

- ■ DOUBLER LE NOMBRE D'INSPECTEURS DU TRAVAIL
- ■ REDONNER LES MOYENS DE LEUR MISSION À LA MÉDECINE DU TRAVAIL ET AUX INFIRMIERS ET INTERVENANTS EN PRÉVENTION DES RISQUES PROFESSIONNELS
- ■ MÉDECINS ET INSPECTEURS DU TRAVAIL DOIVENT TRAVAILLER ENSEMBLE POUR DÉTECTER LES SITUATIONS ALARMANTES ET INTERVENIR ASSEZ TÔT

VIII. Réduction des inégalités régionales et indépendance syndicale

L'Etat doit parvenir à **prendre en compte les disparités géographiques dans les collectivités territoriales** en jouant sur deux domaines :

▶ **en impulsant les contrats de plan Etat-région 2015-2020**, qui sont coordonnés par le Commissariat général à l'égalité des territoires (CGET), particulièrement dans les projets d'innovation pour l'usine du futur et les actions de sécurisation des parcours professionnels, avec la Gestion personnelle de l'emploi et des compétences (GPEC) et le réseau d'opérateurs des CARIF/OREF (Centres d'animation, de ressources et d'information sur la formation - Observatoires régionaux emploi formation), ainsi que les ARACT (Associations régionales pour l'amélioration des conditions de travail) ;

▶ **en conditionnant les aides financières aux entreprises à des plans de maintien de l'emploi ou au service de formations qualifiantes,** établis dans ce contexte.

Aujourd'hui les outils existent, mais **un effort de terrain et de mobilisation coordonnée reste à entreprendre** au sein de la symbiose Etat-région, faute de quoi les feuilles s'ajouteront au millefeuille.

L'Etat doit aussi redonner vie et rendre vigueur à la négociation collective avec des syndicats plus puissants, plus responsables et plus indépendants. Il est donc légitime que, pour éviter les combinaisons actuelles, qui souvent permettent au MEDEF ou à des instances politiques de manipuler les syndicats en leur offrant des faveurs, **la puissance publique participe officiellement au financement du syndicalisme,** non sans conditions. Par exemple, à travers des crédits d'impôt en faveur de leurs membres encartés, pour encourager les adhésions qui actuellement font défaut et donner un bol d'oxygène.

Le point commun de ces deux dynamiques est de stimuler un espace de participation et de dialogue ouvert dans notre pays trop souvent verrouillé.

■ LA PUISSANCE PUBLIQUE DOIT PARTICIPER AU FINANCEMENT DU SYNDICALISME

IX. Arrêter la précarisation de la fonction publique

Le décret du 29 décembre 2015 a amélioré la situation des contractuels dans la fonction publique et fait disparaître les non titulaires, qui dépassaient le million (dont plus des deux tiers étaient des femmes). J'y vois certes une amélioration mais en précarisant la sécurité. Je compléterai ce texte en **l'orientant vers la titularisation, avec plus de formations effectives pour chacun afin de pouvoir passer les concours de la fonction publique à niveau égal.** Pour moi, les droits doivent être les mêmes pour tous et toutes dans le service public.

X. Conclusion

Il doit être mis un terme à la situation d'insécurité sociale, conjuguant exclusion et exploitation, apparue depuis une quarantaine d'années et en particulier depuis les déchaînements destructeurs de la finance folle. Le langage qui qualifie de « réforme » une politique de recul social et de « loi du marché » la dictature d'une oligarchie serait comique s'il n'était inadmissible.

Si j'étais élu, parallèlement à mon combat contre l'oligarchie financière à l'échelle du monde, je mettrai en place dès mon élection une **grande conférence de l'emploi, des qualifications, de la Sécurité sociale et des salaires**, pour qu'un bilan puisse être fait permettant de réorienter les financements là où peuvent se créer des emplois les plus qualifiés possibles, tant dans le secteur public que dans le privé. **Politique internationale de sécurité et de paix par le développement mutuel et politique nationale de respect du travail et de la création humaine, sont les deux expressions d'un même engagement. C'est le mien.**

Le droit aux soins pour tous est un principe garanti par notre Constitution

Arrêtons la privatisation de la santé publique

Notre système de santé publique subit aujourd'hui une privatisation rampante qui menace son existence. Une logique comptable étrangle l'hôpital public, alors que les mutuelles et les assureurs privés gèrent la moitié des dépenses en médecine de ville. Le déremboursement public se poursuit depuis quarante ans, avec la complicité active ou passive de nos gouvernements successifs. C'est pourquoi il faut revenir à un vrai système public de droit à la santé et aux soins pour tous.

La santé n'est pas une marchandise. Mon objectif est de sauver ce trésor national en demeurant fidèle aux principes qui inspirèrent Ambroise Croizat et Pierre Laroque et en faisant de la prévention massive et du respect de chaque malade une priorité absolue. Si les moyens existants sont mobilisés à bon escient, si une politique réellement humaine recentrant la médecine sur le malade (et non sur l'évaluation financière du coût moyen de la maladie) est mise en œuvre et la contribution des différents acteurs mieux coordonnée, **nous pouvons déjà parvenir à une espérance de vie moyenne de cent ans, dans un état physique et sanitaire satisfaisant.** Pourquoi nous en priver ? Pourquoi abdiquerions-nous face à des assureurs privés qui, comme on l'a vu aux Etats-Unis, ont conjugué l'envolée des dépenses avec des inégalités abyssales ?

Un projet d'ensemble est nécessaire, non des économies au coup par coup. Au lieu de rationner, nous devons rationaliser, solidariser et sortir d'une logique étroitement comptable, **en mettant la population « dans le coup » pour être en mesure d'organiser une prévention digne de ce nom** et lever les doutes engendrés par les défauts de contrôle et les scandales.

I. Sauver la Sécurité sociale

Les participations aux dépenses, imposées aux malades, se sont multipliées. Le résultat en est un accroissement accéléré des inégalités en matière de soins. Les sommes prélevées par les complémentaires ont été multipliées par cinq depuis 2001, **7 % des ménages ne bénéficiant pas de la couverture maladie universelle (CMU) ne peuvent se payer une complémentaire** et certains ménages doivent consacrer une proportion de leur revenu onze fois supérieure à d'autres pour se soigner. Enfin, les soins optiques ne sont remboursés qu'à 4 % par la Sécurité sociale, les soins dentaires à 37 %. Quatre patients sur 10 renoncent à des soins dentaires trop chers et la proportion est bien pire pour les prothèses auditives.

Pour justifier cette contraction des soins dans la perspective de « rentabilité comptable » imposée par le système financier, l'on nous rebat les oreilles avec le « trou » de la Sécurité sociale. Or les comptes de cet organisme montrent bien que ce trou n'a pas pour cause réelle les dépenses inconsidérées des malades ni les fraudes sur l'assurance maladie (la répression des fraudes estime que celles-ci, qui atteignent environ deux cents millions d'euros, restent, malgré les hausses récentes, inférieures à 1 % des prestations versées).

Les causes principales du déficit sont en réalité :

▶ **la montée du chômage,** qui a accru les charges et réduit les cotisations ;

▶ **le vieillissement relatif de la population,** qui exige plus de soins ;

▶ **une politique de prévention insuffisante** ;

▶ l'exonération de certaines charges en faveur des entreprises ;

▶ **le détournement par l'Etat vers d'autres usages** des fonds collectés au titre de diverses taxes, prévues pour compenser l'effet négatif sur la Sécurité sociale des exonérations sociales sur les bas salaires ;

▶ **le pari engagé par l'Etat sur les marchés financiers** (à la City de Londres) pour couvrir les besoins pressants de financement des diverses assurances sociales. Ainsi, les premières cotations sur les allocations familiales, les pensions de retraite ou les remboursements de santé ont démarré sous la forme de titres EPC *(Euro commercial paper)* sur le marché de Londres. Les agences de notation leur ont attribué une note avantageuse pour faire gonfler un encours atteignant environ cinq milliards d'euros, et même davantage, si l'on y ajoute les bons de trésorerie (BT), marché et hors marché. Ce risque a non seulement un coût pour l'Etat, c'est-à-dire chacun d'entre nous, mais comporte à terme un risque, comme tout pari sur un bien.

En fin de compte, **c'est la Sécurité sociale qui a été volée par l'Etat !**

Il est donc scandaleux de culpabiliser les Français sur le coût de leurs soins pour leur imposer une série de mesures allant à l'encontre du principe d'égalité et de solidarité sociale. Il est inhumain et stupide de songer à supprimer l'aide médicale d'Etat (AME), qui prend en charge les dépenses médicales des étrangers en situation irrégulière, ne serait-ce que parce qu'elle constitue une barrière efficace contre le risque que se constituent des réservoirs d'épidémies.

C'est tout l'esprit ayant présidé au lancement de la Sécurité sociale, conçue par la France libre, qui se trouve ainsi trahi. Je dis non, absolument non à cette dérive. En réalité, on crée une situation où être malade ou recevoir des soins de qualité devient un luxe. **En revenir à l'esprit de justice sociale de la Libération dans les conditions du XXIe siècle suppose une orientation radicalement opposée à celle suivie depuis plus de quarante ans par tous les gouvernements, de droite comme de gauche, qui se sont soumis à la dictature financière de la rentabilité à court terme.**

Sauver la Sécurité sociale veut donc dire qu'on cesse de la voler. En même temps, une politique du médicament, s'attaquant à la rente de l'industrie pharmaceutique, est nécessaire pour économiser entre 6 et 10 milliards d'euros :

- STOPPER LES AUTORISATIONS DE MISE SUR LE MARCHÉ DE FAUSSES NOUVEAUTÉS VISANT À CONTOURNER LES GÉNÉRIQUES
- CONTRÔLER PLUS SÉVÈREMENT LES PRIX DES MOLÉCULES INNOVANTES
- EXIGER L'INDÉPENDANCE ABSOLUE DES EXPERTS LORS DE LA MISE SUR LE MARCHÉ DE NOUVEAUX PRODUITS
- CHANGER LE MODE DE RÉMUNÉRATION DES PHARMACIENS POUR QU'ILS NE SOIENT PLUS SOUS LA DÉPENDANCE DIRECTE DE L'INDUSTRIE PHARMACEUTIQUE
- DONNER AUX MÉDECINS DES MOYENS D'AIDE À LA PRESCRIPTION LEUR PERMETTANT DE MIEUX ÉVALUER LES PRODUITS DANS CHAQUE CLASSE THÉRAPEUTIQUE
- RÉDUIRE LES DÉPENSES DE PRODUITS SOMNIFÈRES, ANXIOLYTIQUES ET THYMORÉGULATEURS

Dans ce contexte, il sera possible de créer **une assurance-maladie universelle couvrant l'ensemble des dépenses de santé,** en incluant dans la Sécurité sociale la couverture complémentaire aujourd'hui essentiellement assurée par les mutuelles et les assurances. Cette **Sécurité sociale intégrale** comporterait **un seul payeur** et non plus les quelque 500 organismes complémentaires qui sont source de complexité, d'iniquité et de coût : plus de moyens à consacrer aux soins et moins aux procédures administratives.

Le ticket modérateur serait ainsi supprimé ; c'est un avantage, car il a actuellement un effet dissuasif sur les soins courants moins bien remboursés et entraîne un déport vers les soins plus lourds, les soins pour affections de longue durée (ALD), remboursés, eux, à 100 % dans les limites des tarifs de la Sécurité sociale. Cependant, pour responsabiliser l'assuré, il serait bon de lui prélever une somme de l'ordre de cinq euros lorsqu'il n'honore pas ses rendez-vous sans s'être décommandé, comme cela se produit hélas trop fréquemment.

Les dépassements d'honoraires, aujourd'hui en grande partie pris en charge par les complémentaires, ne pourraient l'être par le nouveau régime. C'est en revalorisant les rémunérations des professionnels dont les tarifs sont aujourd'hui sous-cotés qu'une porte de sortie pourra être trouvée. Les mutuelles, qui gèrent actuellement environ 2600 établissements sanitaires et sociaux, de la crèche à la clinique, seront progressivement intégrées dans le nouveau système. Plus que jamais, **une association des parties prenantes sera nécessaire, car l'universalité de principe ne peut exclure la diversité d'application.**

Cette Sécurité sociale ainsi refondée devrait être **guidée par un pilote unique, sous contrôle de l'Etat mais sans étatiser le système**. Le gouvernement et le parlement fixeraient les objectifs, mais la cabine de pilotage réunirait les partenaires sociaux, les professionnels de la santé, des représentants de l'Etat et des représentants des patients. Son rôle serait d'orienter, de diriger, de répartir les fonds et de décider de la politique de tarification, de soutenir les programmes de santé publique et d'animer la politique de prévention.

La prévention doit devenir une priorité absolue, dans l'intérêt général et pour éviter des dépenses plus lourdes, tant dans les régimes de Sécurité sociale qu'à l'école et au travail. Pour cela, les données de santé de la CNAM doivent pouvoir être librement exploitées et les plateformes de services mises systématiquement en place. **L'éducation de la population dans les domaines sanitaire et alimentaire, sous contrôle du ministère de la Santé, doit être organisée en concertation avec les associations de patients, en faisant mesurer les conséquences ultérieures d'une hygiène et d'une alimentation impropres ou défaillantes.**

Pour manifester l'objectif social de cette politique, qui doit reposer sur une croissance réelle de l'économie du même ordre que la progression des dépenses, les mesures suivantes seront mises en place :

▶ rembourser à 100 % les soins dentaires, d'optique et auditifs, après un examen approfondi par la nouvelle agence de Sécurité sociale. Les généralistes pourront ainsi signer des ordonnances raisonnables correspondant à la réalité de soins efficaces et de long terme. Cette mesure aura un impact humain et social dépassant son coût financier. L'on gagnera globalement à ce que les patients se fassent de nouveau traiter en France plutôt que dans d'autres pays, comme la Hongrie ou la Roumanie ;

▶ supprimer le forfait actuel de 18 euros sur les actes médicaux lourds, qui aggrave les coûts pour les malades de manière indiscriminée et touche donc davantage les pauvres. Ces 18 euros, auxquels s'ajoute la franchise sur les médicaments, actes paramédicaux et transports sanitaires, ne représentent qu'une entrée annuelle d'environ 300 millions d'euros pour la Sécurité sociale, alors que la politique des gouvernements qui se sont succédé depuis plus de 25 ans en détourne, directement ou indirectement, une vingtaine de milliards !

▶ accroître le nombre de scanners et surtout les équipements d'imagerie par résonance magnétique (IRM), pour au moins combler notre retard vis-à-vis des pays européens mieux pourvus ;

▶ encourager la télémédecine, qui permet une meilleure collaboration entre professionnels sans déplacements coûteux.

C'est dans ce contexte seulement que pourra être entrepris l'alignement progressif des différents régimes, en élargissant et en améliorant l'accès aux soins pour tous.

- **REMBOURSER À 100 % LES SOINS DENTAIRES, D'OPTIQUE ET AUDITIFS, APRÈS EXAMEN PAR LA NOUVELLE AGENCE DE SÉCURITÉ SOCIALE**
- **SUPPRIMER LE FORFAIT DE 18 EUROS SUR LES ACTES MÉDICAUX LOURDS**
- **ACCROÎTRE LE NOMBRE DE SCANNERS ET LES ÉQUIPEMENTS D'IRM**
- **ENCOURAGER LA TÉLÉMÉDECINE**

II. Sauver l'hôpital public

A l'hôpital, chaque acte est codé et les services voient leur budget indexé sur le nombre d'actes pratiqués. On établit ainsi un codage financier de la maladie. Or, comme le montre l'expérience du plan Medicare aux Etats-Unis, la T2A (tarification à l'activité) ne peut conduire qu'à un triage des malades. La maladie est un processus vivant que l'on ne peut quantifier dans un ordre fixe de temps, de manipulations ou d'addition financière prédéterminée. De plus, la tarification à l'activité avantage les cliniques privées qui se spécialisent dans des actes souvent de routine en prenant des malades rentables, alors que les CHU doivent prendre en charge les urgences, la formation de jeunes praticiens, les patients pauvres qui n'ont pas accès à la Sécurité sociale et les cas compliqués. C'est pourquoi :

▶ **la tarification à l'acte (T2A) doit être abandonnée, au profit d'une rémunération à la pathologie et à la performance,** avec une fourchette de flexibilité de 20 % tenant compte des caractères spécifiques du malade ;

▶ l'innovation doit être promue, avec **le développement de l'ambulatoire, la multiplication des robots chirurgiens et la recherche sur les biotechnologies** ;

▶ **l'ouverture aux patients de l'information sur la qualité et le coût des soins** doit devenir effective ;

▶ **l'amélioration de la logistique et de l'organisation interne de l'hôpital exige elle aussi une réflexion de tout le corps hospitalier,** dont le passage aux 35 heures a bouleversé le fonctionnement ;

▶ la formation et l'accueil des urgences constituent des missions d'intérêt général de l'hôpital public. **Dans l'immédiat, une consultation de médecine générale doit être créée auprès de chaque service d'urgences** pour lui permettre d'exercer ses missions non seulement vis-à-vis des pathologies graves, mais aussi vis-à-vis de patients dont la douleur, l'angoisse ou les symptômes pourraient dégénérer, voire menacer leur vie s'ils n'étaient pas traités à temps. En même temps, **pour faire face aux imprévus** (accidents graves, épidémies, etc.), **l'hôpital public doit avoir un taux de lits inoccupés de 15 %.** Ceci signifie que les critères de rentabilité en vigueur sont absurdes dans une perspective de service public ;

▶ le regroupement des hôpitaux et des structures qui les composent doit favoriser les **reconversions vers d'autres**

activités de soins, plutôt que des fermetures « sèches ». Cela permettra, en fonction de **cartes établies non en kilomètres mais en temps d'accès aux soins,** à la fois d'éviter les doublons, les fonctionnements avec trop peu d'actes et l'abandon de l'espace rural ;

▶ une réforme intelligente doit partir d'une évaluation objective, de l'activité soignante médicale et hospitalière, à la fois qualitative et quantitative, avec des critères correspondant à chaque spécialité et impliquant la participation des patients.

- ABANDONNER LA T2A AU PROFIT D'UNE RÉMUNÉRATION À LA PATHOLOGIE ET À LA PERFORMANCE
- FAVORISER LE DÉVELOPPEMENT DE L'AMBULATOIRE, LA MULTIPLICATION DES ROBOTS CHIRURGIENS ET LA RECHERCHE SUR LES BIOTECHNOLOGIES
- OUVRIR AUX PATIENTS L'INFORMATION SUR LA QUALITÉ ET LE COÛT DES SOINS
- CRÉER UNE CONSULTATION DE MÉDECINE GÉNÉRALE AUPRÈS DE CHAQUE SERVICE D'URGENCES
- L'HÔPITAL PUBLIC DOIT AVOIR UN TAUX DE LITS INOCCUPÉS DE 15 %

III. Former des médecins et infirmier(e)s en nombre suffisant et dignement rémunérés

Nous manquons de médecins : les hôpitaux manquent d'internes dans cinq secteurs (médecine générale, anesthésie, obstétrique, gynécologie et échographie). La médecine générale, elle, intéresse de moins en moins d'étudiants car c'est là qu'on travaille le plus et qu'on gagne le moins. De plus, les médecins indépendants se concentrent dans les métropoles et les espaces ruraux sont ainsi de plus en plus dépourvus. Or **une base suffisante de médecins généralistes est** nécessaire pour assurer le renouvellement de notre politique de santé publique. **Les infirmiers, eux, partent à la retraite ou quittent le métier sans être remplacés.** En moyenne, chaque infirmier (c'est le plus souvent une infirmière) a une durée de vie professionnelle de seulement 12 à 15 ans, à cause de la dureté du travail et des longs trajets auxquels les oblige le niveau général des loyers. Un cercle vicieux est donc ainsi enclenché : moins de personnel, ce sont des conditions de travail qui se dégradent pour ceux qui restent.

Les choses ne peuvent rester en l'état. Je propose de prendre les mesures suivantes pour redonner un élan à notre système médical en relevant les défis à tous les niveaux, car agir au cas par cas condamnerait à une dilution inefficace.

Pour former et intégrer le personnel médical nécessaire à notre pays :

▶ **augmenter le nombre de médecins formés,** en prenant en compte la durée particulièrement longue des formations dans cette profession (plus de huit ans d'études pour un généraliste, 13 ans pour former un chirurgien spécialisé). Le gouvernement actuel a bien augmenté **le numerus clausus**, c'est-à-dire le nombre de places offertes, mais je suis convaincu qu'il faut aller beaucoup plus loin. **Jusqu'à 10 000 places,** pour rattraper les retards pris, redonner un essor aux filières déficitaires et compenser les départs massifs à la retraite d'ici 2020 et surtout 2025 ;

▶ **mettre à contribution les services médicaux de l'armée**, comme c'est déjà le cas dans certains hôpitaux, mais en généralisant la possibilité des transferts, pour pallier le manque de médecins dans les années qui viennent et surtout pour que les étudiants en internat dans les CHU bénéficient de l'expérience de ces praticiens, avant d'en prendre le relais ;

▶ **réorganiser les maisons de santé en y intégrant les maisons de garde** (cf. plus loin, sur la coordination des moyens et des fonctions pour mieux soigner).

- ALLER JUSQU'À 10 000 PLACES DE MÉDECINS (8000 EN 2017), POUR RATTRAPER LES RETARDS PRIS

Pour redonner à la médecine généraliste qualité, attrait et efficacité :

▶ les **honoraires français** sont parmi les plus bas d'Europe. **Les fixer à 30 euros par consultation** ne serait que justice. La majoration substantielle des visites à domicile, nécessaires en particulier pour les personnes âgées, se justifie également ;

▶ étudier **un système de paiement complémentaire en fonction du nombre de patients traités par semaine et dans l'année** ;

▶ mon projet d'une Sécurité sociale universelle doit permettre de **réduire rapidement les contraintes administratives que subissent les médecins** (plusieurs heures de paperasse en moins avec la disparition progressive des 500 assureurs et mutualistes) ;

▶ on devrait **intégrer dans la rémunération à l'acte un montant forfaitaire par patient, modulé en fonction de critères comme la gravité et la nature de la pathologie.** Ce mode de rémunération conviendrait aux pôles et maisons de santé transdisciplinaires (cf. plus loin), ainsi qu'à ceux qui suivent une formation médicale régulière pour remettre à jour leurs connaissances. Il faudrait en même temps envisager progressivement une réforme plus profonde, consistant à passer à des honoraires de 40 euros par consultation de base et 90 par consultation concernant l'ouverture d'un dossier et le traitement de pathologies classiques. Cette augmentation d'honoraires s'effectuerait dans le cadre d'un maximum de 100 actes par semaine, comportant désormais l'intégration du tiers payant, avec éventuellement **une journée par semaine vouée à une mise à jour continue de la formation médicale**. Il s'agit d'assurer au médecin une rémunération plus attractive, tout en lui donnant **la possibilité de se former et de prêter une attention plus grande à chacun de ses patients** ;

▶ dans ce contexte, **le montant perçu par patient** pourra varier selon la zone d'exercice du médecin. Je propose qu'il soit **plus élevé dans les zones les moins favorisées**, aujourd'hui médicalement abandonnées, incitant ainsi les médecins à se répartir plus équitablement sur l'ensemble du territoire. Par exemple, ceux s'installant en « zone déficitaire » bénéficieraient d'une augmentation de l'ordre de 20 % de leurs honoraires ;

▶ la contrepartie sera **l'obligation systématique de soigner tous les patients couverts par les dispositifs publics destinés aux plus précaires**.

■ FIXER LES HONORAIRES DES MÉDECINS GÉNÉRALISTES À 30 EUROS PAR CONSULTATION ET MAJORER LES VISITES À DOMICILE

Pour redonner sa dignité à la profession d'infirmier :

▶ accroître les salaires. Le niveau actuel, dans ce type de travail stressant par sa nature même et parce qu'on impose aux infirmiers de faire constamment des économies de matériel, est tout à fait insuffisant. **Une hausse progressive de 20 % est indispensable à court terme** ;

▶ **revaloriser les diplômes** : accorder aux étudiants, d'une part la possibilité de décrocher une licence en fin de cursus, d'autre part leur rattachement au ministère de l'Education nationale, outre celui de la Santé publique, ce qui leur permettra de bénéficier des mêmes droits que les autres étudiants en université ;

▶ **offrir des facilités de logement et rémunérer les études** en échange d'un engagement de dix ans dans la fonction publique, pour attirer davantage d'étudiants et d'un meilleur niveau ;

▶ **assurer un soutien psychologique digne de ce nom** dans chaque structure hospitalière, en coordination avec le corps médical.

Il faut, dans ce contexte, mettre fin à une situation où, trop souvent, les infirmiers remplissent des tâches de médecin et les aides-soignants celles d'infirmier. Bien entendu, ce retour à une juste répartition des compétences s'inscrit dans mes propositions pour redonner sa fonction légitime à l'hôpital public. **Le personnel soignant des hôpitaux doit être formé de manière réellement permanente, obligatoire et gratuite.** Ce qui suppose **un pôle de personnels de remplacement, intégré dans les activités de l'hôpital**. Il est inadmissible qu'aujourd'hui la direction des hôpitaux soit obligée de faire appel quasi quotidiennement à des intérimaires. Ma politique de santé publique est déterminée par la présence d'un personnel en nombre suffisant, ce qui assurera une rapide diminution des demandes de congé pour stress ou burn-out. Or, près de 90 000 postes ont disparu des hôpitaux publics entre 2008 et 2014, selon la Fédération hospitalière de France, plus environ 22 000 annoncés par Marisol Touraine entre 2015 et 2017, soit 112 000 emplois au total. Il faut stopper cette hémorragie. Il faudra également, dans le contexte que je définis d'une hausse des rémunérations et d'une fixation des effectifs en fonction des besoins de santé, et non d'une gestion étroitement comptable, revoir la question des 35 heures en milieu hospitalier, selon chaque cas examiné par les comités de santé organisés dans le cadre du pilotage de la Sécurité sociale, ou du moins réexaminer son aménagement en tant que de besoin.

IV. Coordonner les moyens et les fonctions pour mieux soigner partout

La France est aujourd'hui le pays développé qui dispose du plus grand nombre de lits d'hospitalisation par habitant. Malheureusement, la coordination entre lits d'aigu, lits de soins de suite, lits de long séjour et hospitalisation à domicile n'est pas assurée. Il n'y a pas assez de « lits d'aval » ni de liaisons hôpital-ville. La situation devient dramatique en milieu rural.

La coordination des moyens et des fonctions devra impliquer les mesures suivantes :

▶ les **lits d'aigu** devront désormais concentrer les moyens et les personnels dans des **pôles technologiques, tout en garantissant un accueil de proximité**. Chaque département français, en métropole comme dans les collectivités territoriales d'outre-mer, doit disposer d'un **établissement de référence**, doté des mêmes capacités, au centre d'un dispositif diversifié. S'il a fallu trente ans pour construire l'hôpital Pompidou, l'expérience acquise devrait permettre d'aller bien plus vite ailleurs, pourvu qu'on ne se livre pas à des expérimentations désastreuses avec des sociétés sans compétence, comme pour l'hôpital du Sud francilien à Evry ;

▶ les **lits de « soins de suite »**, après les séjours dans des lits d'aigu, doivent prendre le relais, à coût moindre et avec des soins appropriés de suivi. **Il n'y en a pas assez, il faut en créer** ;

▶ le nombre de **lits de moyen-long séjour doit être accru** pour accueillir les personnes âgées et les convalescents qui ne peuvent pas rentrer chez eux ;

▶ les médecins ne doivent plus passer leur temps à chercher des lits pour des patients âgés ; de petites structures bien organisées doivent les accueillir, lorsque le maintien à domicile, en principe souhaitable, devient impossible ;

▶ **le maintien à domicile, lorsque c'est possible, doit être promu et encouragé. C'est tout un système de santé équilibré entre grands centres hospitaliers, maisons de santé et de convalescence et médecins de ville qui est nécessaire et que je m'efforcerai de faire mettre en place.**

- CONCENTRER LES MOYENS ET LES PERSONNELS DES LITS D'AIGU DANS DES PÔLES TECHNOLOGIQUES, TOUT EN GARANTISSANT UN ACCUEIL DE PROXIMITÉ
- ACCROÎTRE LE NOMBRE DE LITS DE « SOINS DE SUITE » ET DE MOYEN-LONG SÉJOUR

Dans ce contexte, je propose **de renforcer les incitations à créer des maisons de santé et à développer des pôles et des maisons de santé interdisciplinaires.** C'est indispensable en milieu rural et périurbain pour améliorer la qualité et l'accès à la médecine de proximité et de premiers secours (généralistes, infirmiers, kinésithérapeutes, dentistes, etc.). Je préconise également **d'intégrer à ces maisons de santé des « maisons de garde »,** permettant de traiter les petites urgences, d'effectuer les diagnostics, en particulier de maladies chroniques, et d'organiser les soins « en première ligne ». En jugeant rapidement de la gravité de la maladie à tout moment, **elles permettront de désengorger les services d'urgence hospitaliers dans les cas les plus bénins, et d'y faire transférer rapidement les seuls cas qui l'exigent.** De plus, ces maisons de garde seront **accessibles en fin de semaine**, alors qu'aujourd'hui trop souvent, en milieu rural, les médecins ne répondent pas et doivent être remplacés par des pompiers, dont ce n'est pas le travail et qui ne peuvent traiter les patients sur place. Leur intervention devra bien entendu être coordonnée avec l'ouverture systématique de **pharmacies de garde** les moins éloignées possibles. Le médecin généraliste pourra ainsi retrouver sa place d'omnipraticien et sera plus disponible pour se déplacer si nécessaire au domicile des patients. Des logements bon marché devront, dans ce contexte, être proposés aux internes souhaitant faire leur stage en milieu rural.

Cette intégration transdisciplinaire permettra **une revalorisation et une meilleure intégration de la médecine de campagne dans notre système national de santé**. Outre la coordination médico-sociale et administrative, **elle permettra au corps médical d'intégrer et aux infirmiers de valoriser le travail de prévention et d'éducation thérapeutique au quotidien, en appui d'une mobilisation nationale sur ce sujet fondamental**.

Notons que les appels au « 15 » sont un recours trop peu utilisé actuellement, et que leur intérêt pourra être mieux compris, avec un meilleur service, dans la réforme que je préconise.

- RENFORCER LES INCITATIONS À CRÉER DES MAISONS DE SANTÉ ET À DÉVELOPPER DES PÔLES ET DES MAISONS DE SANTÉ INTERDISCIPLINAIRES
- INTÉGRER À CES MAISONS DE SANTÉ DES « MAISONS DE GARDE » PERMETTANT DE TRAITER LES PETITES URGENCES

V. Mener une politique réellement humaine en faveur des personnes âgées

La vieillesse ne doit pas être « un naufrage ». Toutes choses égales par ailleurs, sans guerre ni forte aggravation de la crise sociale, onze millions de Français devraient avoir plus de 75 ans en 2050. C'est une **excellente nouvelle** car elle reflète

un prolongement de l'espérance de vie. Mieux encore, ce chiffre devrait être dépassé en raison des progrès de la médecine à venir. En améliorant notre système de prévention et de soins, on peut faire bien mieux encore et augmenter notre durée d'existence jusqu'à une centaine d'années, dans des conditions beaucoup plus satisfaisantes que celles qui prévalaient après 65 ans il y a encore une cinquantaine d'années.

Je refuse donc que l'on pose la question de la vieillesse en termes quasi exclusifs du « coût de la dépendance ». Il s'agit d'une approche de comptabilité financière, correspondant à une conception de l'être humain qui attribue un prix à notre vie à un moment donné, sans prendre en compte ni l'aval ni l'amont. La véritable solution au problème de la dépendance est de la réduire au maximum, en améliorant les conditions de vie et de santé, ce qui est la logique d'ensemble de mon projet. C'est la première chose à dire pour commencer, afin de ne pas se laisser piéger par les comptables financiers de la vie, qui sont, consciemment ou non, les assistants de l'oligarchie prédatrice actuellement au pouvoir.

Aujourd'hui, cependant, on ne voit se manifester aucune volonté de mener une politique réellement humaine en faveur des personnes âgées. Nous souffrons d'une absence quasi totale de prise en compte de la nécessité de former nos élites de demain, qui auront la charge de gérer et d'encadrer les personnes du troisième âge. Aucune institution, université ni grande école n'a ouvert de cours de formation sur la gestion des seniors, à l'exception de l'université de gérontologie de Paris. Je propose que **cette formation, associée à une mise à jour constante des progrès de la médecine, soit étendue en milieu médical et fasse l'objet d'un enseignement pour les futurs administrateurs,** en particulier au sein de cette ENA refondée que je préconise. En même temps, il est nécessaire d'**organiser une**

filière gériatrique dans chaque territoire de santé, en multipliant le nombre d'appartements thérapeutiques intégrés dans lesquels les résidents puissent davantage assumer leur autonomie et conserver ou étendre leurs facultés cognitives par l'organisation systématique d'activités culturelles interactives. Il faut en même temps **encourager et financer, en amont, la préparation multidisciplinaire à la vieillesse.** Dès 50 ou 55 ans, nous devons nous préparer à bien vieillir. Il faut encourager **l'ouverture dans les hôpitaux de centres regroupant des nutritionnistes, des gériatres et des psychologues.** En même temps, l'intégration sociale que porte mon projet incitera les Français à participer, à mieux s'entretenir et se soigner. Une France qui ne comptera plus 130 000 SDF et 14 % de sa population vivant en dessous du seuil de pauvreté, sera un pays où les gens se soigneront mieux parce qu'on leur en donnera les moyens, et les dépenses de santé diminueront proportionnellement. Aujourd'hui, le pouvoir d'achat des retraites a baissé de 22 % en moyenne au cours des quinze dernières années et le déséquilibre financier lié au sexe ou à la profession est inadmissible : 1600 € pour les hommes et 960 € pour les femmes, alors que des agricultrices retraitées, qui ont travaillé de treize à quinze heures par jour durant toute leur vie, ne bénéficient que d'une retraite de 500 à 900 € ! Je m'engage à remettre progressivement à l'heure les compteurs de la justice sociale.

Si l'on parle chiffres, les actions financières en faveur du troisième âge ont aujourd'hui un coût total d'environ 25 milliards d'euros (soins à l'hôpital et en ville, allocation personnalisée d'autonomie, aide à l'hébergement, financement des établissements, réductions fiscales). On se sert de ce chiffre global pour impressionner.

La dépendance ne concerne en fait qu'environ 1,2 million de personnes, l'état de dépendance légère que 3 millions, et leur effectif n'augmentera que de 1 à 1,5 % par an d'ici 2040, avec une durée moyenne de dépendance de 3,7 ans pour les hommes et d'un an de plus pour les femmes. Son coût total ne représente que 1 % du produit intérieur brut (PIB) et n'augmentera vraisemblablement que de 4 % par an. Or, le total de nos dépenses de protection sociale avoisine 32,5 % de ce PIB (s'il est vrai que les dépenses de ce qu'on qualifie de « vieillesse survie » représentent, elles, 46 % des prestations sociales, ce n'est pas le sujet de la dépendance qui est en cause, mais celui du traitement légitimement humain de personnes âgées non dépendantes). **Il ne s'agit pas d'un coût insupportable, d'autant plus que le progrès technique promu par mon projet va réduire ces dépenses en promouvant la prévention, en améliorant généralement la qualité de la santé et en permettant autant que possible un maintien souhaitable à domicile.**

Face à cela, nous assistons à une situation intolérable :

► Dans les maisons de retraite, les EHPAD ou le service à domicile, **les services à la personne se dégradent à cause d'un manque d'effectifs, d'une absence de formation, de la non-reconnaissance sociale du travail effectué par ces personnels, de la pénibilité et d'un statut précaire sans perspectives de carrière.** Actuellement, beaucoup de dépôts de plaintes de famille sont en cours d'instruction pour maltraitance, même dans des établissements coûteux. Je pense à la « lessiveuse à vieux », machine mise en place pour faire la toilette aux personnes âgées, pour gagner du temps et réduire le personnel, mais en abolissant le rapport humain entre soignant et senior, moment essentiel du respect de la dignité humaine. **Je me battrai pour que cette situation inadmissible prenne fin, par un effort de formation des** personnels, la création d'un statut et un contrôle plus rigoureux des établissements. Je porte ainsi une attention particulière à la construction de **« résidences services seniors »**, suivant de nouvelles normes et reposant sur une intervention à tout moment à la demande des hébergés, qui ont conservé leurs capacités cognitives mais souffrent de certaines incapacités physiques ;

▶ Les services à la personne à domicile pour répondre à l'attente des personnes âgées sont plus qu'insuffisants. Le besoin en personnel est d'environ un million d'emplois, alors qu'en réalité, seuls 650 000 sont référencés, dont 150 000 non déclarés et 200 000 bénévoles non encadrés. **Je remettrai immédiatement en cause la politique fiscalement moins favorable décidée sous ce quinquennat, qui ne correspond en rien à la réalité économique de cette activité et aux dévouements qu'elle requiert, tout en faisant en sorte que l'APA (Allocation personnalisée d'autonomie) à domicile bénéficie réellement aux personnes vulnérables et sans ressources.** Là, des économies peuvent être effectuées, qui devront être en partie réaffectées à l'aide au tarif d'hébergement en maisons de retraite, aujourd'hui trop lourd pour les résidents, et surtout au Fonds de solidarité vieillesse, qui finance le minimum vieillesse (ASPA). De plus, pour éviter les désertions constantes de ce type d'activité auprès du troisième âge, engendrées par le stress et la pénibilité, outre sa revalorisation financière, je propose de créer des centres de formation, et plus généralement **la valorisation et la reconnaissance professionnelle de ces métiers** ;

▶ **L'accès aux maisons de retraite et aux EHPAD révèle un décalage énorme entre l'offre et la demande** : il y a 1,4 million de personnes âgées de plus de 85 ans et seulement 700 000 places dans des maisons de retraite généralement éloignées des centres urbains, ce qui provoque l'isolement des seniors et la perte de leurs repères sociaux. Le système des EPHAD est aujourd'hui financé par la « silver économie », qui ne pourra pas y suffire même avec le nombre actuel d'unités. **Je propose donc l'intégration des EPHAD dans le budget de l'Etat ;**

▶ Les interventions d'hospitalisation et les soins médicalisés sont surfacturés et grèvent le budget des seniors, tout comme les coûts exorbitants liés à l'équipement et l'adaptation du logement, ainsi que les équipements nécessaires (système respiratoire, matériel paramédical, fauteuils et lits adaptés...). **Je m'engage donc à combattre les commerçants qui abusent de la dépendance ;**

▶ Le grand âge venant, **le combat contre la grabatisation fait entièrement partie de mon projet.** Celle-ci n'est très souvent due ni au vieillissement ni à la maladie, mais est liée à une prise de soins inadéquate, faute de moyens ou de connaissances.

Je propose en outre les orientations suivantes :

▶ **Créer un « coordonnateur sanitaire et social »** auprès des personnes dépendantes à domicile, mesure souvent proposée mais jamais mise en place. Sa responsabilité sera d'épauler les aidants familiaux et de contribuer à définir un plan de prise en charge personnalisée pour chaque intervenant, qu'il sollicitera et guidera par la suite. Ainsi les aides et les soins pourront être intégrés sur mesure, en fonction de la situation correctement évaluée de chacun ;

▶ **Instaurer un accueil spécifique en hôpital des personnes âgées,** dans le contexte de la création des centres et des cours de gériatrie et de gérontologie que je préconise ;

▶ **Donner la priorité aux appartements thérapeutiques ou « appartements protégés ».** La perte d'autonomie des personnes âgées est bien moindre dans ces lieux, où elles peuvent conserver leur environnement quotidien de toute une vie, qu'en établissement où se produit fatalement une perte de repères ;

▶ **Développer des équipements mobiles de gériatrie** repérant et soignant. Il en faudrait 200 de plus en France ;

▶ **Les personnes âgées ne doivent plus être les seuls usagers d'équipements collectifs à payer, inclus dans le prix de leur séjour, les amortissements des investissements réalisés pour elles.** Il faut suivre ici les conclusions de la Mission d'évaluation et de contrôle de la Sécurité sociale (MECSS), qui propose de diminuer le coût d'hébergement en étendant la récupération de la TVA à tous les établissements. Je propose en outre d'augmenter l'aide sociale à l'hébergement, car la somme restant aujourd'hui à la charge du résident est en moyenne de 2200 € par mois dans le secteur lucratif et de 1450 € dans le secteur public, alors que le montant moyen d'une retraite est de 1200 € par mois. Une politique plus dynamique d'aide à la personne et de prise en charge des salaires de certains personnels (administration, animation, services) par l'assurance-maladie et/ou les conseils généraux (via l'APA), contribuerait à **faire baisser ce coût d'hébergement, ce qui permettrait d'obliger les directeurs des maisons de retraite à accorder plus d'attention à leurs résidents,** au cas par cas ;

▶ **Augmenter les moyens dévolus aux unités de soins palliatifs**, qui sont la meilleure protection contre l'euthanasie sans que médecins, infirmiers et aides-soignants se retrouvent en situation de violer le serment d'Hippocrate. S'il faut se féliciter des progrès accomplis depuis quelques années, il reste que certains départements ne disposent toujours pas d'unités et que presque partout, le manque d'effectif dans les structures entrave leur fonctionnement. Afin de faire procéder à l'embauche des effectifs nécessaires et d'étendre les unités à tous nos départements, je ferai évaluer les besoins par les équipes hospitalières, les professionnels de gériatrie et les associations de parents de personnes âgées, en vue d'augmenter le nombre d'unités de soins palliatifs, d'équipes mobiles et de personnels spécialisés dans les services nécessaires.

Je mènerai ainsi **un combat sans relâche pour une mobilisation nationale autour du vieillissement et une revalorisation du rôle des personnes âgées**. Ce combat est un des trois piliers sociaux de mon combat politique plus général, les autres étant **ceux pour la jeunesse et pour le droit au travail. Leur dénominateur commun est la priorité donnée à l'humain par rapport à une rentabilité financière qui, appliquée à la vie, reflète l'inhumanité de notre société.**

- CRÉER UN « COORDONNATEUR SANITAIRE ET SOCIAL » AUPRÈS DES PERSONNES DÉPENDANTES À DOMICILE
- INSTAURER UN ACCUEIL SPÉCIFIQUE DES PERSONNES ÂGÉES EN HÔPITAL
- DONNER LA PRIORITÉ AUX APPARTEMENTS THÉRAPEUTIQUES OU « APPARTEMENTS PROTÉGÉS »
- DÉVELOPPER DES ÉQUIPEMENTS MOBILES DE GÉRIATRIE REPÉRANT ET SOIGNANT
- AUGMENTER L'AIDE SOCIALE À L'HÉBERGEMENT
- AUGMENTER LES MOYENS DÉVOLUS AUX SOINS PALLIATIFS

VI. Conclusion : revenir à l'esprit social du Préambule de notre Constitution

Je me battrai pour arrêter le triage des soins en matière de santé publique et le harcèlement dont sont victimes les médecins et les soignants dans les hôpitaux publics (réduction des moyens, malades traités à flux tendus, chaque fois plus de gestion et dépréciation constante du travail humain, comme partout).

Si nous ne sauvons pas la santé publique, la Sécurité sociale et l'hôpital public « par le haut », c'est toute notre société qui se disloquera et avec elle, tout sens de solidarité et de progrès, dans une forme de rapports sociaux qu'il faut bien appeler une « culture de la mort ».

Une terrible manifestation de la voie destructrice vers laquelle s'achemine ce qui est encore un des meilleurs systèmes de santé au monde, est la manière dont ont été pendant longtemps autorisés des médicaments dont on savait les effets néfastes et la façon scandaleuse dont a été traitée la maladie de Lyme, en l'absence de tests adéquats pour des raisons de coût, ce qui, sans même parler en termes humains, a coûté à moyen et long terme bien plus cher que si on avait reconverti plus tôt les protocoles de diagnostic.

La mise en garde que je fais ici n'a rien d'excessive :

la santé, comme le travail, n'est pas une marchandise.

Logement : une mobilisation massive

En janvier 1995, « la possibilité pour toute personne de disposer d'un logement décent » a été reconnue comme « un principe de valeur constitutionnelle ».

Au regard de ce principe, **la situation du logement en France est socialement inadmissible et économiquement ségrégationniste.**

L'état des lieux

▶ 3,8 millions de Français sont mal logés ou n'ont pas de logement, 3,5 millions n'arrivent pas se chauffer correctement et près de trois millions vivent dans des conditions de logement très difficiles (taudis ou surpeuplement) ;
▶ au total, selon la Fondation Abbé-Pierre, plus de 12 millions d'êtres humains sont ainsi fragilisés ;
▶ le nombre de sans domicile fixe (SDF) est d'environ 130 000 ;
▶ il reste un grand nombre de communes riches qui ne tiennent pas leurs engagements sur le taux légal de 25 % de logements sociaux (loi SRN) ;
▶ le droit au logement opposable s'est avéré être une promesse illusoire, car il ne peut être effectif que s'il y a suffisamment de logements disponibles ;
▶ le fonctionnement des quartiers prioritaires et la vie quotidienne de leur habitants sont en voie de dégradation ;

▶ un processus de gentrification ou d'embourgeoisement s'est installé dans la plupart des centres de nos agglomérations, qui s'étend même rapidement au delà. Il y a donc un défi géographique qui se conjugue au défi social ;
▶ En trente ans, les prix immobiliers ont en moyenne quadruplé et la situation des classes moyennes et des nouveaux arrivants s'est précarisée.

Ainsi, une mobilisation massive s'impose, que j'engagerai avec tous les moyens disponibles et tous les acteurs de cette politique. Tout doit être fait pour que **le droit à un toit** soit respecté.

Les mesures à prendre

1. **L'Etat doit préparer un plan d'action** en procédant, pour chaque territoire, à une analyse à la fois de l'offre de logements (taille, localisation, nombre) et de la population concernée (âge, revenus). Cela permettra de lancer, en liaison avec les régions, **une stratégie en fonction des besoins réels et à des prix abordables**, là où il faut et pour qui il faut. Cette stratégie s'inscrira dans la réalisation de la planification indicative animant toute l'économie.

2. Il faut d'urgence **réhabiliter 500 000 logements et en construire 500 000** de plus par an (le niveau actuel varie entre 440 000 selon la ministre Emmanuelle Cosse et 376 500 selon la Fondation Abbé-Pierre). Sur ce total de logements construits, **150 000 doivent être dans l'immédiat des logements sociaux** (le niveau actuel est de 120 000 à 130 000 selon les deux sources précédentes), pour atteindre le chiffre de 200 000 avant 2020. Il y a actuellement plus d'un million de ménages en attente d'un logement social. Des quotas devront être imposés pour les demandeurs prioritaires, en attendant de pouvoir les satisfaire tous. Les aides publiques doivent être en même temps simplifiées, sécurisées et accrues.

- RÉHABILITER 500 000 LOGEMENTS ET EN CONSTRUIRE 500 000 DE PLUS PAR AN, DONT 150 000 LOGEMENTS SOCIAUX, POUR ATTEINDRE 200 000 AVANT 2020

3. **Sur l'ensemble des logements sociaux, 5000 sont réservés aux très pauvres. Ce chiffre de logements « très sociaux » doit être rapidement doublé.** Plus généralement, environ 20 % des locataires de logements sociaux auraient des revenus trop importants. Un examen de leur situation s'impose, en y associant bien entendu les municipalités.

- DOUBLER LE CHIFFRE DE LOGEMENTS « TRÈS SOCIAUX », SOIT 10 000

4. La Caisse des dépôts a débloqué une enveloppe, à la disposition des organismes HLM, de trois milliards d'euros. Bien qu'en augmentation**, cette enveloppe est manifestement insuffisante et devrait être portée à quatre milliards.**

- PORTER À QUATRE MILLIARDS D'EUROS L'ENVELOPPE EN FAVEUR DES HLM

5. **La baisse de la commission des banques pour la gestion du livret A de la Caisse des dépôts, qui est passée de 0,4 à 0,3 %, devrait être ramenée à 0,2 % compte tenu de la déflation actuelle. Les sommes ainsi dégagées devraient permettre de baisser les loyers dans les immeubles** HLM des grandes villes et de leurs banlieues, pour y installer les locataires les plus modestes. « Casser les ghettos » ne doit pas rester une promesse, mais déboucher sur un engagement appuyé sur des moyens. Dégager du foncier disponible dans les zones les plus tendues, en réduisant les servitudes *non aedificandi* et en étendant les zones constructibles, permettra de créer un « choc d'offre » bénéfique.

6. **La situation des communes aisées ou riches qui ne tiennent pas leurs engagements légaux sur la part de 25 % de logements sociaux doit être examinée** au cas par cas, avec possibilité pour le préfet de disposer d'un pouvoir de substitution pour imposer la loi, les subventions publiques étant diminuées ou coupées à l'encontre des contrevenants. **J'irai jusqu'**à faire destituer du **permis de construire les communes se trouvant en dessous du seuil de 15 % et s'obstinant dans leur politique de ségrégation.** A l'inverse, je fixerai un objectif-plafond de 35 % de logements sociaux par commune, afin d'échapper à la fois à un clientélisme et à un apartheid social.

■ DESTITUER DU PERMIS DE CONSTRUIRE LES COMMUNES EN DESSOUS DE 15 % DE LOGEMENTS SOCIAUX

7. Pour les loyers supérieurs à un certain montant à fixer par ville et par région, je donnerai de l'oxygène (cette fois par le bas) au marché du logement en supprimant l'encadrement des loyers pour le remplacer par un bail homologué. Ce bail accordera des avantages fiscaux complémentaires au propriétaire-bailleur, ce qui encouragera la construction moyen et haut de gamme.

■ POUR ENCOURAGER LA CONSTRUCTION MOYEN ET HAUT DE GAMME, REMPLACER L'ENCADREMENT DES LOYERS PAR UN BAIL HOMOLOGUÉ QUI ACCORDERA DES AVANTAGES AU PROPRIÉTAIRE BAILLEUR

8. **Plus de 14 000 expulsions ont été effectuées en 2015, le plus souvent sans recherche de solution de relogement. Il faut arrêter ces expulsions « sèches »** et au besoin réquisitionner pour reloger les expulsés dans des logements non occupés depuis plus de cinq ans, au moins dans les départements affectés par une situation exceptionnelle.

- ARRÊTER LES EXPULSIONS « SÈCHES » ET RÉQUISITIONNER LES LOGEMENTS NON OCCUPÉS DEPUIS PLUS DE CINQ ANS

9. **Les 20 000 logements sociaux vacants en France** (zones géographiques défavorisées, gestion bureaucratique de certains organismes, parc trop vétuste ou inadapté) **doivent être mis à disposition.** A court terme, les pouvoirs publics doivent donner six mois aux bailleurs ayant plus de 3 % de vacance pour régler le problème. Au-delà, si rien ne change, l'Etat doit pouvoir réquisitionner les logements vides.

- L'ETAT DOIT POUVOIR RÉQUISITIONNER LES 20 000 LOGMENTS VIDES, EN DONNANT SIX MOIS AUX BAILLEURS POUR RÉGLER LE PROBLÈME

10. **Un effort supplémentaire doit être effectué en faveur du logement des étudiants et des apprentis.** Pour les étudiants, avec l'allocation d'études que je propose, sous conditions de ressources, et le système prêt, il leur sera plus facile de gérer leur vie. **Pour les apprentis, la réforme de la scolarité, le dispositif « garantie jeunes » amélioré et l'ouverture du RSA aux 18-25 ans permettront une insertion mieux réussie.**

Une grande politique du logement est à créer. Elle s'inscrit dans le décalage entre le repli de l'activité économique européenne et l'envolée des prix de l'immobilier. Cependant, cet écart précède et annonce toujours une grande crise. La situation est plus grave chez nous que dans la plupart des autres pays au développement similaire, comme l'Allemagne, en partie à cause d'une natalité plus élevée créatrice de besoins. Le défi n'en est que plus grand. Je suis prêt à le relever.

Retraites
Justice face aux vrais sujets

Le débat se focalise le plus souvent sur l'âge légal de départ à taux plein acquis, fixé à 62 ans pour les personnes nées en 1955 et au delà. Les vrais sujets se trouvent ainsi masqués par des chiffres lancés sans réflexion dans un contexte de contre-vérités et d'approximations. Il est donc nécessaire de remettre ce débat sur les rails de la justice sociale, en fonction du type de société vers lequel nous devons aller.

I. Les vrais sujets

1. **Ce sont le dynamisme et la productivité d'une société qui sont déterminants pour le niveau des retraites et non le seul rapport entre actifs et retraités.** L'on invoque l'argument du vieillissement démographique et de l'augmentation de la proportion de retraités par rapport à celui des actifs pour en conclure qu'il faut fatalement allonger l'âge du départ légal et accroître le montant des cotisations. Il est vrai qu'**il y avait en 1960 quatre cotisants actifs pour un retraité, qu'il y en a aujourd'hui un peu moins de deux et qu'il devrait y en avoir un seul en 2050**. Ce raisonnement arithmétique repose sur une conception statique de l'économie et de la société. Il ne tient pas compte de deux éléments fondamentaux :

▶ d'une part, **les retraités ne sont pas une « charge ».** En consommant et en épargnant, ils contribuent à la croissance et au financement de l'économie, et en soutenant leurs enfants, ils infusent un pouvoir d'achat supplémentaire. De plus en plus, ils participent à des activités associatives ou de bénévolat, qui sont un apport important à l'économie sociale et solidaire ;

▶ d'autre part, **les découvertes et les innovations technologiques,** en particulier l'automatisation des tâches et les applications du numérique, **permettront d'accroître la productivité du travail** et donc de rendre un actif capable de financer beaucoup plus de retraités qu'il ne parvenait à le faire auparavant.

Le vrai problème est que, depuis une quarantaine d'années, la France s'est désindustrialisée au sein d'une Europe statique, et que la productivité dans les services ne peut croître au même rythme que dans la production de biens ;

2. **C'est le partage inégal des richesses qui pèse sur le niveau des retraites.** Depuis une quarantaine d'années, **les gains de productivité réalisés par le travail ont été progressivement accaparés par le capital** dans un système de priorité financière et de passage à une économie de services. C'est dans ce cadre que s'inscrit la question des retraites et non dans leur examen comptable hors sol politique, comme s'il s'agissait d'une chose en soi. Les salariés subissent ainsi une discrimination négative qui profite aux revenus les plus aisés dans les secteurs des services financiers et commerciaux, du tourisme et de la « nouvelle économie ».

▶ **C'est la souffrance au travail qui est le vrai sujet devant déterminer l'âge du départ à la retraite. Les ouvriers victimes de la pénibilité physique restent les premiers touchés.** A trente-cinq ans, leur espérance de vie est inférieure d'environ six ans à celle des cadres et même de dix ans si l'on se base sur l'espérance de vie sans handicap majeur. **Dans le secteur tertiaire, la pénibilité psychologique s'est fortement accrue** avec le règne du juste-àtemps, des cadences de plus en plus infernales et du contrôle individuel de plus en plus constant rendu possible par le développement de l'informatique. Un véritable harcèlement au travail s'est ainsi mis en place, sous la contrainte du « chiffre ». Les méthodes du management moderne, mal ou trop bien maîtrisées, aggravent la situation. L'on comprend donc que tous ceux qui se trouvent soumis à ce régime de travail veuillent partir dès que possible à la retraite.

La réalité est que **si l'on veut allonger la vie au travail compte-tenu de l'accroissement de l'espérance de vie, il faudra fondamentalement améliorer les conditions de travail,** ce qui suppose un changement des priorités économiques et sociales de toute la société, comme mon projet le préconise ;

▶ Ce sont souvent les inégalités les plus choquantes qui sont le moins remises en cause :

- les privilèges relatifs des salariés d'EDF, de la SNCF, des douaniers ou des aiguilleurs du ciel sont de l'aveu général excessifs, en raison de l'évolution historique des tâches, **mais ils sont trop souvent dénoncés pour remettre cyniquement en cause les acquis sociaux des travailleurs.** Je suis convaincu qu'on pourra parvenir à une juste réforme dans une société où la justice sociale et un enthousiasme de mieux faire seront enfin rétablis ;

- bien plus graves sont les niveaux demeurant scandaleusement faibles des retraites des agriculteurs, commerçants et artisans et la situation de leurs conjoints ;

- bien plus graves sont **les inégalités homme/femme.** Aujourd'hui, les femmes qui partent à la retraite touchent une pension **inférieure en moyenne de 40 % à celle des hommes.** Les pensions de réversion sont par ailleurs tout à fait insuffisantes ;

- bien plus graves sont encore l**es inégalités suivant l'âge d'entrée dans la vie active.**

II. Mes propositions

1. **Priorité au travail humain. Substituer la priorité sociale du travail humain**, avec un horizon à long et moyen terme, à **celle du gain financier à court terme**, permettra de poser la question des retraites dans un contexte totalement différent. L'on ne cherchera plus alors à quitter une activité subie, dégradante ou peu gratifiante, mais on y sera au contraire attaché dans un environnement coopératif et solidaire, autour de projets communs, et non dans une guerre sociale de tous contre tous sous la menace constante d'une exclusion.

2. **Revalorisation de toutes les retraites et pensions**. Le niveau minimum de toutes les retraites doit être rapidement revalorisé au niveau du SMIC et celui des pensions de réversion relevé à 75 %. Dans l'immédiat, les retraites les plus modestes doivent être accrues de 200 euros. Cela doit valoir pour les retraites et les réversions des agriculteurs, des artisans et commerçants et leurs conjoints. La justice sociale la plus élémentaire exige que l'on rétablisse l'égalité sociale en améliorant la situation des plus défavorisés et non en rabotant les avantages relatifs de certains métiers mieux lotis.

■ ACCROÎTRE DE 200 EUROS LES RETRAITES LES PLUS MODESTES ET REVALORISER LE NIVEAU MINIMUM DE TOUTES LES RETRAITES AU NIVEAU DU SMIC ET CELUI DES PENSIONS DE RÉVERSION À 75 %

3. Plus généralement, il faudra **réindexer le niveau de toutes les retraites sur celui des salaires ou, s'ils sont bloqués, sur l'inflation**, en se basant sur un indice des prix traduisant plus fidèlement la réalité que l'actuel, dont la sous-évaluation est incontestable par rapport aux besoins réels d'un ménage moyen.

- RÉINDEXER LE NIVEAU DE TOUTES LES RETRAITES SUR CELUI DES SALAIRES OU, S'ILS SONT BLOQUÉS, SUR L'INFLATION

4. L'allocation de solidarité aux personnes âgées (**ASPA**, auparavant appelée minimum vieillesse) est de 801 euros pour une personne seule et sans ressources, soit une somme nettement en deçà du seuil de pauvreté ! Je propose de **l'augmenter tout de suite de 100 euros par mois, pour lui faire atteindre progressivement le niveau du seuil de pauvreté, soit actuellement 1008 euros par mois.**

- AUGMENTATION IMMÉDIATE DE À L'ASPA DE 100 EUROS PAR MOIS, PUIS PROGRESSIVE JUSQU'À 1008 EUROS PAR MOIS

5. **Un système de bonus-malus sera mis en place pour susciter le relèvement des salaires féminins,** conduisant progressivement au niveau de ceux de leurs collègues masculins. Les périodes d'inactivité forcée, même sans perception d'allocations chômage, devront être prises en compte.

6. **La hausse des retraites les plus modestes doit avoir pour contrepartie le plafonnement des retraites les plus élevées. Je propose un plafonnement de ces retraites à 10 fois le SMIC,** l'écart le plus grand ne pouvant dès lors dépasser un rapport de un à 10. Les riches, qui ont déjà accumulé un patrimoine dont ils peuvent par ailleurs jouir, ne seront pas en mesure de protester de bonne foi contre une telle limite.

7. **La retraite anticipée pour cause de pénibilité** peut maintenant être exigée en fonction des points disponibles sur le compte personnel de prévention de la pénibilité ou d'une incapacité permanente d'origine professionnelle. Il

s'agit sans aucun doute d'un progrès. Cependant, la difficulté pour les entreprises de procéder à un décompte détaillé pour chaque cas entraîne des protestations et conduit à des difficultés. Je proposerai que **les médecins du travail, assistés par les inspecteurs, établissent eux-mêmes et de façon incontestable, au cas par cas et sur la base de leur expérience, les situations de pénibilité sans une surcharge de critères qui entraîne les contestations.**

Ceci étant établi, **la question de l'âge de départ à la retraite à taux plein à 62 ans, sous condition de durée d'assurance correspondant à la date de naissance, se trouve déminée.** Le principe doit en être légitimement maintenu, compte-tenu de l'ensemble d'améliorations que je propose en fonction des situations individuelles et non de façon rigide. Cependant, l'exigence de plus de 42 ans et six mois de cotisations pour les dates de naissance au delà de 1969 me paraît excessive. Le maximum pour pouvoir partir à taux plein à 62 ans devrait donc être de **42 ans et six mois pour tous ceux nés après 1969.** Enfin, pour clarifier les choses, une commission tripartite Etat/salariés/employeurs devra examiner métier par métier ceux qui justifient, notamment en fonction de l'espérance de vie qui leur est attachée, un départ anticipé. Les médecins du travail examineront le cas de chaque salarié dans ce cadre.

La solution de la capitalisation doit être dans ce contexte rejetée une fois pour toutes. La désintégration financière qui vient plaide contre elle.

Une économie organisée de plein emploi qualifié est le but de mon projet et c'est elle, en étant plus productive, qui permettra de servir des retraites dignes. Bien entendu, l'espérance sociale qu'elle fera naître et une politique soutenue d'allocations familiales, de financement de crèches et de mesures d'intégration en faveur des défavorisés créeront les conditions pour une hausse des naissances, impossible sous la dictature financière actuelle qui entretient le pessimisme et un hédonisme à courte vue. Ces nouvelles générations seront le soutien des anciennes, en disposant de technologies bien plus productives et socialement partagées.

En même temps que les générations vieillissantes, la question des retraites concerne donc **tout l'avenir de notre société. Il faut y répondre** sans défendre des positions indûment acquises et **conscients qu'il y a un intérêt commun entre classes d'âge, avec les yeux du futur et non ceux d'un passé figé ou d'un présent devenu destructeur.**

Collectivités territoriales
Arrêter le démantèlement de la démocratie participative, revitaliser nos territoires

« C'est dans les communes qu'est la force des peuples libres. »
Alexis de Tocqueville

« L'Etat doit respecter la liberté des communes : c'est qu'en matière d'enseignement philosophique et moral, l'Etat ne peut approprier son enseignement à la diversité de tous les esprits et de tous les milieux. »
Jean Jaurès
(à l'Assemblée nationale)

Depuis 10 ans, les réformes concernant les collectivités territoriales se multiplient, mais aucune ne répond aux attentes des territoires ruraux et toutes, pour l'essentiel, sont déterminées par des priorités financières et non par l'intérêt de leurs habitants. Les lois ont eu pour intention de supprimer notre triple identification à la commune, au département et à la patrie en lui substituant un triptyque intercommunalités/régions-métropoles/Union européenne.

Je ne conteste pas la nécessité de régions et d'intercommunalités, ce qui serait absurde et démagogique. **Je conteste leur dévoiement**. Les schémas d'intercommunalité sont élaborés d'en haut par la bureaucratie d'Etat, sans mesurer sur le terrain si ces schémas améliorent ou pas les solidarités économiques et humaines. Les régions restent dépendantes pour leurs ressources et les métropoles deviennent, dans ce contexte, des pompes aspirantes de compétences. Fortes de leurs ressources, elles empêchent les départements de jouer leur rôle de redistribution en faveur des territoires ruraux et empiètent progressivement sur la souveraineté nationale au sein d'une réorganisation du territoire en « taches de léopard », autour de nouveaux barons étendant leur activité à l'international. L'absence de coordination entre métropoles, départements et régions incite à se demander si cette usine à gaz a été créée pour ne pas fonctionner.

L'Union européenne, enfin, telle qu'elle est, joue le rôle de cet *« empire non impérial »* et non démocratique évoqué il y a quelques années par José Manuel Barroso, coiffant le tout et basé sur la servitude volontaire des « élites politiques ». **Cela ne signifie pas que les intercommunalités, les régions, les métropoles et une Europe des patries soient en elles-mêmes à rejeter mais que, dans la logique financière dominante, ces quatre échelons sont utilisés pour étrangler l'exercice de la démocratie de base et de la citoyenneté nationale.** Je dénonce absolument cet étranglement voulu. Non par chauvinisme, mais parce que cet étranglement est voulu par les marchés financiers. Je partage la colère et le désarroi de ceux qui subissent ce traitement.

Pour un Etat stratège du territoire

L'Etat, pour commencer, ne doit plus se soumettre à une vision comptable de l'organisation du territoire, mais redevenir stratège de son aménagement harmonieux.

Pour cela, je défendrai les principes suivants :

▶ Remettre tout à plat en revenant à une concertation véritable entre l'Etat, les collectivités territoriales et leurs citoyens dans le cadre d'une France libérée de son occupation financière. Sans cette libération, la concertation n'aurait aucun sens ;

▶ Introduire à chaque niveau de responsabilité territoriale, et sans dilution excessive dans les entités nouvelles, une spécialité, un financement et une direction. J'entends ainsi organiser un enchaînement clair de responsabilités :

– **Spécialité : les services de proximité pour la commune, le social pour le département et l'économique pour la région.** Les administrés doivent savoir clairement qui est responsable de quoi. C'est dans ce contexte que l'intercommunalité pourra jouer un rôle de coordinateur et non devenir une source d'abus et de doublons dans le millefeuille. **La région ne doit pas être « un contre-pouvoir face à l'Etat central »** mais un échelon indispensable dans les domaines du développement économique (cf. ma proposition d'un crédit d'impôt industries-région), notamment en animant des conférences territoriales de l'action publique, et de la formation professionnelle.

– **Financement : une même ressource par type de collectivité,** afin que soit clarifié le rôle de chacune dans la pression fiscale. Les administrés doivent savoir qui leur fait payer quoi et pour faire quoi.

– **Direction : tout élu doit détenir un seul mandat, sauf en ce qui concerne sa participation au Sénat,** qui doit représenter les territoires. La conduite de la collectivité doit en effet pouvoir être identifiée à une personne et une équipe.

Dans ce contexte, **un statut harmonisé de l'élu local doit être enfin mis en place,** en même temps que **l'interdiction du cumul des mandats,** qui permet aujourd'hui de verrouiller l'accès aux postes de pouvoir, notamment à l'encontre des jeunes et des femmes. **Tout mandat nécessitant une activité à temps complet doit être exclusif.**

▶ **Revenir à des régions ayant un sens économique,** en fonction des souhaits de leurs citoyens et des nécessités de l'aménagement du territoire. Les régions actuelles sont une aberration conçue dans des bureaux pour des raisons essentiellement politiques. Il faut redessiner une carte des régions en tenant compte de la mise à disposition des services, non pas mesurée en distances kilométriques mais en temps de déplacement requis.

- REDESSINER UNE CARTE DES RÉGIONS NON PAS MESURÉE EN DISTANCES MAIS EN TEMPS DE DÉPLACEMENT REQUIS

▶ Imposer le respect de chaque échelon : les seize métropoles régionales qui existeront en 2017 ne doivent en aucun cas s'emparer des compétences des départements (action sociale, tourisme, collèges et culture, logement...) sans leur accord. Il faut bloquer la pompe aspirante légalement autorisée. La métropolisation va de pair avec une mondialisation financière aux antipodes du nouvel ordre mondial que je défends, fondé sur le développement mutuel. **La clause de compétence générale doit être rétablie** pour que les départements puissent intervenir dans tous les domaines présentant un intérêt public sur leur territoire. C'est un moyen de faire respecter le principe de proximité ;

- LES 16 MÉTROPOLES RÉGIONALES NE DOIVENT EN AUCUN CAS S'EMPARER DES COMPÉTENCES DES DÉPARTEMENTS SANS LEUR ACCORD
- LA CLAUSE DE COMPÉTENCE GÉNÉRALE DOIT ÊTRE RÉTABLIE

▶ **Mettre en place un solide dispositif de péréquation** combinant le vertical (attribution globale de plus de moyens financiers aux collectivités les plus pauvres) et horizontal (accroître le reversement des ressources des collectivités les plus riches aux plus pauvres**). Ces péréquations existent, mais elles sont notoirement insuffisantes.** Je lancerai une réflexion d'ensemble sur leur application, pour rendre concret le principe de solidarité ;

▶ **Arrêter de réduire les dotations aux collectivités tout en augmentant leurs responsabilités,** pour ensuite se permettre des « cadeaux », comme François Hollande l'a fait en juin 2016 en réduisant l'effort des communes et des intercommunalités. Se livrer à ces jeux d'influence n'est pas le rôle d'un chef d'Etat ;

▶ **Encourager les démarches participatives,** en prenant exemple sur ceux qui en ont fait l'expérience : budgets participatifs, participation des jeunes à la vie municipale, référendums d'initiative citoyenne (prévus par la loi depuis 2003), engagement dans la gestion des régies publiques, organisation d'une gratuité responsable dans les réseaux publics de transport, etc. ;

▶ **Multiplier les maisons de service public en milieu rural,** à la charge de l'Etat, en se fixant un objectif de 1000 avant 2018. **Dans les banlieues, multiplier les « maisons du citoyen »,** rassemblant elles aussi en un même lieu les principaux services, avec un soutien à l'enseignement du français pour les familles et un service d'interprétariat en phase de transition.

En fonction de ma démarche, je ferai entreprendre par le **Parlement l'abrogation des lois NOTRe et MAPTAM, de 2014,** afin de mettre en œuvre un principe d'aménagement du territoire harmonieux, démocratique et cohérent.

Défendre la commune, lieu de résistance à l'austérité financière

Les ruralités ne sont pas les terrains vagues de la France en voie de métropolisation, mais représentent près de 44 % de notre population totale. Leurs élus remplissent une fonction de proximité essentielle, dans un territoire qui autrement se décomposerait. Ils ont besoin de disposer des moyens humains et financiers leur permettant de remplir correctement leurs fonctions. Ils entendent légitimement que leurs administrés disposent de services publics équivalant à ceux des zones urbaines et veulent conserver la maîtrise du développement économique de leurs communes. Porter atteinte à cela reviendrait à détruire le fondement sur lequel repose notre République.

Aussi prendrai-je les initiatives suivantes pour arrêter cette destruction :

▶ Ne plus marginaliser les territoires ruraux en créant des régions trop vastes (cf. ci-dessus) ;

▶ Renoncer à constituer des intercommunalités aussi étendues que possible, absorbant les compétences essentielles et les ressources des communes. **Il ne s'agit pas de supprimer les intercommunalités mais de les composer en fonction des bassins de vie, par décision commune et non par injonctions venues d'en haut,** sans réelle réflexion ni consultation démocratique sur le terrain. L'intercommunalité ne doit pas être une antichambre à la disparition des communes, précédée par l'abandon du principe d'égalité entre leurs maires, mais une opportunité de mettre des moyens en commun entre égaux. **Elle ne doit pas pouvoir siphonner les compétences des communes** à la majorité simple de leur population. Par ailleurs, **l'élection des conseillers des intercommunalités au suffrage universel direct ne doit pas se faire** (la loi prévoit en effet que l'échelon intercommunal se verra conférer « *le moment venu, toute légitimité démocratique »).* Les petites communes se verraient alors étouffées, entérinant l'abolition de « l'exception communale française » voulue par Bruxelles. Il faut arrêter cette dérive. Ajoutons qu'en tout état de cause, une commune estimant que ses intérêts vitaux sont lésés doit pouvoir exercer son droit de retrait.

- L'INTERCOMMUNALITÉ NE DOIT PAS POUVOIR SIPHONNER LES COMPÉTENCES DES COMMUNES À LA MAJORITÉ SIMPLE DE LEUR POPULATION
- PAS D'ÉLECTION DES CONSEILLERS DES INTERCOMMUNALITÉS AU SUFFRAGE UNIVERSEL DIRECT
- TOUTE COMMUNE ESTIMANT QUE SES INTÉRÊTS VITAUX SONT LÉSÉS DOIT POUVOIR EXERCER SON DROIT DE RETRAIT

▶ **La politique de « compétitivité urbaine » poursuivie par l'Etat en faveur de la constitution de grandes métropoles, susceptibles de rivaliser avec les autres métropoles européennes ou mondiales, doit laisser place** à **une politique de développement harmonieux des territoires.** J'y veillerai, car la métropolisation accompagne une mondialisation financière aux antipodes d'un ordre mondial fondé sur le développement mutuel ;

▶ Décentralisation et déconcentration devront avoir pour contrepartie une transparence accrue des budgets, permettant leur discussion citoyenne. Cela renforcera l'attachement des citoyens à leur commune ;

▶ **La couverture internet à haut débit doit être financée par l'Etat ainsi que le déploiement du très haut débit** (cf. en annexe, ma proposition de création d'un service public). Le désenclavement des communes rurales est à ce prix.

- FINANCEMENT PAR L'ETAT DE LA COUVERTURE INTERNET À HAUT ET TRÈS HAUT DÉBIT

► La réforme de la dotation globale de fonctionnement (DGF) doit se faire au plus vite **afin que le citoyen d'une commune rurale pèse autant que celui d'une commune de 300 000 habitants.** En même temps, les « contrats de ruralité » ne doivent pas servir à financer les politiques d'un Etat défaillant (accessibilité, implantation de gendarmeries, contribution excessive des communes aux centres de secours et de lutte contre l'incendie) ;

■ LA RÉFORME DE LA DOTATION GLOBALE DE FONCTIONNEMENT (DGF) DOIT SE FAIRE AU PLUS VITE

► **Les indemnités que perçoit l'élu municipal ne doivent pas être intégrées dans la base imposable de l'impôt sur le revenu.** Les indemnités des maires des communes de moins de 1000 habitants ne doivent pas être corsetées, au risque d'écarter encore davantage les vocations à exercer cette fonction. La tendance à remplacer insidieusement tout salaire ou indemnisation par un bénévolat total, alors que par ailleurs les inégalités sociales augmentent en faveur des privilégiés urbains, est scandaleuse. C'est la politique officiellement poursuivie en Grande-Bretagne par les gouvernements conservateurs, sous des prétextes hypocrites.

Je me battrai donc pour qu'une logique de développement, mobilisant les acteurs locaux sur des *« périmètres de projet »*, prévale sur une logique d'administration de circonscriptions aussi étendues que possible. Celles-ci ont été conçues afin de suppléer à la disparition des services publics de l'Etat et d'imposer une austérité sociale destructrice. C'est pour moi inacceptable.

Continuer une réforme territoriale dans une logique d'austérité en éliminant les points de résistance est inadmissible.

Disons-le franchement : le vrai problème est la domination des grands partis politiques, gavés d'argent public et de sources souvent plus douteuses, sur les villes de plus de 50 000 habitants. Plus du quart de leurs maires sont des salariés de partis politiques, alors qu'en 1983 ils n'étaient que 0,8 %. Les « catégories populaires », comme disent les experts, ne sont pratiquement plus représentées parmi les maires LR et socialistes des grandes villes. C'est là que se trouve le nœud gordien à trancher et non dans une réforme territoriale dévoyée, qui est à la fois une diversion et une soumission au système oligarchique d'une Union européenne qui n'est plus l'Europe mais un relais du mondialisme financier.

> **« Le vrai problème est la domination des grands partis politiques, gavés d'argent public, sur les villes de plus de 50 000 habitants. »**

ANNEXE

Faire de l'accès au numérique un service public

Sans un accès universel au numérique digne de ce nom et couvrant l'ensemble du territoire, l'économie du futur aboutira à une multiplication des irrégularités et à un démaillage territorial. Rappelons que pour un nombre grandissant de nos PME comme de nos agriculteurs, qui se couvrent sur les marchés, utilisent des images satellitaires et déploient leurs drones pour optimiser leurs récoltes, l'accès au numérique est déjà un enjeu tout aussi existentiel que l'accès à l'électricité, au gaz ou à l'eau potable. Chez les jeunes ménages, cet accès au numérique est un élément à la fois de leur mode de vie et de leur travail.

En France, plus de 300 communes restent des « zones blanches » ne disposant toujours pas de la téléphonie mobile la plus élémentaire (2G), et plus de 2200 communes n'ont pas accès à internet sur le téléphone portable (3G et 4G).

En clair, alors qu'on nous fait miroiter les progrès fantastiques du tout numérique, en nous affirmant qu'on peut remplacer les médecins généralistes par des centres de télémédecine, et que l'on préconise la dématérialisation d'à peu près tous les services et formalités administratives, **en pratique, on ne peut même pas téléphoner à partir d'un mobile ou envoyer un SMS depuis le bourg de 309 de nos communes** ! Pour se dédouaner, on nous précise que les 3800 plus petites communes de notre pays accueillent à peine 1 % de la population, alors qu'il s'agit tout de même de 666 000 citoyens qui se battent pour faire exister ces territoires.

Bien que cette situation soit totalement inacceptable, les opérateurs privés qui se concentrent avant tout sur les zones que leurs actionnaires estiment rentables (grandes agglomérations densément peuplées) se moquent bien de l'aménagement numérique du territoire.

Alors que l'on compte toujours d'innombrables « zones blanches » (zéro opérateur) et encore davantage de « zones grises » (un seul opérateur), les opérateurs ont traîné les pieds pour couvrir en 2G avant fin 2016, même pas l'ensemble des communes, mais l'ensemble des centres-bourgs (périmètre de 500 mètres autour de l'église…).

« *Le mobile n'est pas un service public* », a asséné Stéphane Richard, le PDG d'Orange. « *Les zones blanches marquent les limites de l'économie de marché…* » En attendant, ce sont les contribuables, via l'Etat et les collectivités territoriales, qui sont appelés à mettre la main à la poche.

Le 25 novembre, l'Autorité de régulation des communications électroniques et des postes (Arcep) a sommé les opérateurs de respecter leurs obligations de déploiement mobile en zones rurales. *« La connectivité de tous les territoires, en particulier en mobile dans les zones les moins denses, »* reste une priorité, martèle le régulateur.

Haut débit

S'agissant du haut débit (3G et 4G, requis pour internet), la situation est bien pire. L'Arcep précise :

« Les autorisations d'utilisation de fréquences contiennent des obligations spécifiques de couverture de la zone peu dense, constituée de plus de 22 500 communes rurales, représentant 18 % de la population mais 63 % du territoire. Les opérateurs titulaires de fréquences 4G en bande 800 MHz (Bouygues Telecom, Orange et SFR) sont tenus de couvrir, d'ici le 17 janvier 2017, avec la bande 800 MHz, 40 % de la population de cette zone peu dense. »

Quant aux 60 % restants (c'est-à-dire environ 13 500 communes), ils le seront à 90 % d'ici cinq ans et à 97,7 % d'ici au 17 janvier... 2027 !

Rappelons que pour un nombre grandissant de nos PME comme de nos agriculteurs, qui se couvrent sur les marchés, utilisent des images satellitaires et déploient leurs drones pour optimiser leurs récoltes, l'accès au numérique est déjà un enjeu tout aussi existentiel que l'accès à l'électricité, au gaz ou à l'eau potable. Chez les jeunes ménages, cet accès au numérique est un élément à la fois de leur mode de vie et de leur travail.

Et on ne parle même pas du « très haut débit » qu'apporte la fibre optique et qui devient incontournable pour la révolution numérique de demain.

Service public

Le moment est donc venu pour l'Etat français de reprendre les choses en main en créant sans attendre un grand service public du numérique. Rappelons qu'en France, par service public, on entend une « activité d'intérêt général prise en charge par une personne publique ou par une personne privée mais sous le contrôle d'une personne publique ».

Cette nouvelle institution fournira, à des tarifs réglementés, un accès universel au numérique haut de gamme sur l'ensemble du territoire. Comme pour la fourniture d'électricité, l'accès au numérique concourt à la cohésion sociale, au moyen de la péréquation nationale des tarifs. **Notre Banque publique d'investissement, renforcée et pourvue de nouveaux moyens, sera missionnée pour créer un effet boule de neige dans cet effort d'équipement.**

S'inspirant de ce qui fut fait pour l'électricité depuis 1946, la loi créant ce service devra donc s'écrire ainsi : *« Matérialisant le droit de tous au numérique haut de gamme, un service de première nécessité, le service public du numérique est géré dans le respect des principes d'égalité, de continuité et d'adaptabilité et dans les meilleures conditions de sécurité, de qualité, de coûts, de prix et d'efficacité économique et sociale. »*

Il ne s'agit pas d'imposer d'en haut des solutions toutes faites mais de **travailler avec les collectivités territoriales pour mettre au point, en fonction des besoins et des territoires, la panoplie des meilleures solutions techniques** (ADSL, fibre optique, satellite, etc.) capables de garantir cette offre au plus vite. Si les abus des opérateurs privés sont sévèrement sanctionnés, ils restent évidemment des partenaires majeurs de l'Etat.

Il y a déjà quelques années, le Japon et la Corée, où plus de 90 % de la population profite d'un accès à un numérique de bonne qualité, ont réussi à éradiquer les « zones blanches ». Rien n'empêche la France d'en faire autant.

- CRÉER UN GRAND SERVICE PUBLIC DU NUMÉRIQUE OFFRANT UN ACCÈS UNIVERSEL HAUT DE GAMME SUR L'ENSEMBLE DU TERRITOIRE
- LA BANQUE PUBLIQUE D'INVESTISSEMENT SERA MISSIONNÉE POUR CRÉER UN EFFET BOULE DE NEIGE DANS CET EFFORT D'ÉQUIPEMENT

Outre-mer
Une France archipel, l'inédit créole : arrêter partout la pwofitasyon comprador

« Unissez-vous, frères, et combattez avec moi pour la même cause. Déracinez avec moi l'arbre de l'esclavage. »

Cet appel à l'humanité, que lançait Toussaint Louverture à Saint-Domingue le 29 août 1793, inspire le combat que je mène depuis 30 ans avec mes amis dans le monde pour la paix par le développement mutuel.

Car libérer, comme je m'y suis engagé, la France de l'occupation financière et culturelle, n'aurait aucun sens si l'on maintenait par ailleurs, auprès de trois millions de personnes, un système inégalitaire à caractère colonial – fondé sur le déni du passé et le leurre de la dépendance. Comme le disait Aimé Césaire : *« Une civilisation qui ruse avec ses principes est une civilisation moribonde. »*

Alors ayons l'audace de voir avec les yeux du futur et de **penser enfin « gagnant-gagnant »**, pour reprendre les mots du président chinois XI Jinping. **Une chance s'offre à nous : celle du nouveau paradigme imposé par les pays émergents (BRICS)**, héritiers des non-alignés, qui, via leurs nouvelles banques de développement et le projet chinois de Nouvelles Routes de la soie, ont déjà financé ces dernières années l'équivalent de plusieurs fois le plan Marshall en infrastructures sur presque tous les continents, dont ceux qui jouxtent nos Outre-mer. Travailler avec eux sur cette nouvelle donne pour le monde, c'est aussi se laisser en échange un levier pour négocier nos intérêts économiques, quand les leurs s'exercent sur nos territoires.

L'histoire est en marche, mais elle pourrait marcher sans nous. Elle nous met au défi de nous changer nous-mêmes. Rappelons-nous seulement la grève générale des Antilles en 2009, ou la situation migratoire explosive à Mayotte et en Guyane, pour comprendre qu'il n'est plus possible de faire autrement.

Voici six principes à partir desquels je proposerai à nos DROM-COM, dès les débuts de ma présidence, **un pacte de progrès et de solidarité** afin d'y balayer tout résidu de la République coloniale :

▶ combattre tous les retards dans les conditions d'existence et l'exercice des libertés publiques ;

▶ **en finir avec une économie comprador,** fondée sur les descendants d'anciens colonisateurs contrôlant la grande distribution, l'import-export, les transports, l'agroalimentaire, le foncier, le BTP ou les postes à responsabilité ;

▶ **mettre fin au système malsain de contrôle par l'assistanat,** par les transferts financiers, la corruption au sein des institutions et le clientélisme politique, tout en maintenant bien entendu les avantages sociaux réellement justifiés, en étendant la protection de l'emploi et en accélérant la réactivité de l'Etat en cas de calamités ;

▶ **promouvoir une politique de réel développement économique, agricole, industriel** (et touristique) échappant à l'emprise de la bourgeoisie comprador, afin d'enrayer ce scandale oublié que sont un chômage équivalant à près de trois fois la moyenne nationale, ne serait-ce que dans les DOM, et atteignant plus de 50 % chez les jeunes, avec plus de 80 % de la population mahoraise vivant sous le seuil de pauvreté ; le tout dans un contexte où fracture sociale et fracture ethnique vont trop souvent de pair ;

▶ **créer les conditions dans lesquelles nos DROM-COM seront progressivement intégrés dans les régions qui les environnent**, en organisant les échanges agricoles, industriels et commerciaux qui le permettront. S'appuyer sur les BRICS pour créer les conditions du décollage de ces régions voisines ;

▶ promouvoir ce que la République a toujours eu de meilleur, **l'affranchissement par la connaissance,** c'est-à-dire l'école et une formation professionnelle digne de ce nom, en corrigeant l'ignorance ou le mépris dans lesquels ont été trop souvent tenues les cultures et les langues locales ainsi que leur histoire.

Cela suppose bien entendu une **révolution politique** ; ne pas le dire serait continuer à tricher. Plus vite elle sera faite, et en écoutant le plus possible le choix des populations, mieux nous pourrons éviter ensemble les transitions violentes autrement inévitables.

Pour arrêter la pwofitasyon et faire naître un inédit créole en rétablissant les mémoires historiques partagées et raturées, je propose les mesures suivantes :

I. Dans le domaine de la production

1. Agriculture

▶ **entreprendre une réforme agraire digne de ce nom** pour corriger progressivement une situation où par exemple 1 % de Békés détiennent plus de 50 % des terres en Martinique ;

▶ mettre en place une agriculture vivrière tendant, là où c'est possible, **vers l'autosuffisance alimentaire** pour mettre fin au scandale néocolonial de la monoculture, qui maintient nos Outre-mer dans une dépendance envers la métropole, tout en les soumettant à la vie chère, à la pwofitasyon et aux fluctuations des marchés. **Créer des pépinières agricoles pour promouvoir les produits locaux ; valoriser tous les co-produits issus de l'agriculture ;**

▶ **couper l'herbe sous le pied aux spéculateurs,** notamment sur la vanille, la banane (ou par ailleurs le nickel), en séparant les banques de dépôt et les banques d'affaire et rétablir librement une **politique de quotas et de protection douanière** pour les produits locaux, en se libérant de la tutelle de Bruxelles (cf. la section de mon projet *« Une audace patriotique contre la mondialisation financière »*) ;

▶ favoriser l'installation des jeunes diplômés agricoles sur des exploitations viabilisées ;

▶ développer les lycées agricoles et le statut d'agriculteur là où ce dernier n'est pas reconnu ;

▶ supprimer les taxes sur les engrais, désherbants, semences, aliments pour bétail et gasoil destiné à l'agriculture, tout en égalisant les normes avec celles de la métropole concernant les pesticides reconnus comme dangereux ;

▶ protéger les milieux de vie, comme les mangroves ou les zones de montagne de la Réunion.

2. Pêche et économie de la mer

(cf. ma section *« L'économie bleue : aménager l'océan »*)

▶ supprimer les taxes perçues sur les matériels de pêche ;

▶ mettre en œuvre **un plan de formation** des jeunes et des professionnels aux différentes techniques de pêche moderne, de conservation et de vente ;

▶ alors qu'en 2012, 37 % des espèces étaient surexploitées et 50 % atteignaient les limites au niveau mondial, **promou-**

voir et soutenir sérieusement le secteur de l'aquaculture (pisciculture et fermes marines) et subventionner les cultures de poissons herbivores et les techniques de pêche ciblée ;

▶ engager une dynamique de discussion avec les pêcheurs des régions et pays environnants (Caraïbes, archipel des Comores, Canada, etc.) ;

▶ **se concerter avec les BRICS** pour lancer **un grand plan d'extraction minière sous-marine raisonnée au profit de tous**, en évaluant le potentiel scientifique, environnemental et industriel de chaque zone ;

▶ débloquer les fonds pour l'IFREMER afin de développer le secteur halieutique et **l'exploration scientifique de la faune et de la flore sous-marine**. Installer des laboratoires de recherche scientifique pour ses applications notamment pharmaceutiques et développer les centres universitaires dédiés afin de **recruter sur place les chercheurs de demain** ;

▶ entamer un programme de **dépollution de certains lagons** ;

▶ A plus long terme, lancer des études pour la construction de futures « villes flottantes » (**« aquaplex »**), intégrant recherche, formation, production et dépollution, y compris au large de Clipperton, qui recueille beaucoup de déchets et où se produit le upwelling, un phénomène marin à étudier (à ne pas confondre avec l'utopie ultralibérale du Floating Island Project de Peter Thiel, dont un prototype est prévu pour l'horizon 2020 au large de la Polynésie). Ce sont les autorités publiques et régionales qui devront en prendre la responsabilité.

3. Industrie

▶ **protéger les industries naissantes,** en particulier agroalimentaires et conserveries ;

▶ implanter des usines de **transformation de la métallurgie** là où l'on extrait du minerai ;

▶ développer le **secteur du numérique** ;

▶ compléter les projets à basse densité énergétique tels que NEMO (New Energies for Martinique and Overseas), utilisant le différentiel de température entre eau de surface et eaux profondes, par des **mini-centrales nucléaires sous-marines de type Flex-Blue** (dont l'immersion protège des aléas tels que tsunamis, tremblements de terre, etc.), développées par DCNS en coopération avec EDF, afin d'alimenter sérieusement ce renouveau industriel ;

▶ organiser un système durable de soutien aux investissements, **en mobilisant un secteur PME-PMI DROM-COM au sein de la Banque nationale d'investissement public** que je créerai ;

▶ donner aux entreprises locales priorité d'accès aux aides publiques et aux marchés.

4. Commerce

▶ **coordonner nos politiques d'octrois de mer et d'octrois de mer régionaux (OMR)**, en jouant intelligemment sur les taux, à la fois pour défendre nos productions et exonérer les biens (d'équipement, entre autres) nécessaires au démarrage des nouvelles industries ;

▶ **combattre**, éventuellement en les taxant, **les monopoles de la grande distribution et d'importation de produits pétroliers**, qui sont affiliés ou associés aux grandes centrales d'achat et aux compagnies pétrolières hexagonales, et ont ainsi intérêt à maintenir une situation de dépendance pour faire de gros profits ;

▶ **engager des poursuites pénales pour les infractions relevant d'abus de position dominante**, de publicité mensongère et d'entente illicite ;

▶ **en venir**, si ces entreprises tentent de répercuter ces mesures sur la population, **à une politique de blocage**

des prix pendant les six mois autorisés par les textes, notamment pour empêcher les abus sur les produits de base ;

▶ supprimer les taxations sur les produits locaux.

II. Dans le domaine social

1. Emploi, salaires et conditions de vie

Il est temps de mettre fin à deux injustices coloniales : la vie chère d'une part, la prime de vie chère d'autre part, réservée aux seuls Français issus de la métropole, **ainsi que le scandale de leur traitement particulier quand il s'agit des fonctionnaires.** Je propose donc de toute urgence de :

▶ maintenir le pouvoir d'achat avec la hausse de 200 euros sur les bas salaires, les retraites et les minima sociaux obtenue en 2009 ;

▶ mettre en place un institut évaluant le prix réel des biens de consommation payés sur place ;

▶ fixer un SMIC dans chacun des DROM-COM en fonction du coût réel de la vie ;

▶ étudier les possibilités juridiques d'introduire dans les marchés publics et les entreprises bénéficiant d'aides publiques, des clauses en faveur de l'emploi local.

2. Services publics et infrastructures

▶ dresser pour chaque région et territoire **un état des lieux sur les besoins en équipement et en personnel dans le domaine social** (pôles emplois, centres sociaux, prisons, prévention et sécurité civile, etc.) ;

▶ **permettre aux étudiants ou diplômés en médecine émigrés de revenir sur leur territoire d'origine** en développant le tutorat, en accélérant les procédures d'octroi de bourses et en développant les aides à la réinstallation ; lancer une politique d'urgence de formation et de recrutement des médecins et personnels soignants sur place, en dehors du numerus clausus français ; multiplier les aides aux soins hospitaliers pour les non assurés ;

▶ dresser un état des retards à combler pour **lancer rapidement un plan de mise à niveau des infrastructures :** écoles, hôpitaux, prisons, eau (barrages, retenues collinaires et assainissement), traitement des déchets, voirie, fourniture électrique, couverture numérique, transports du futur maritimes et terrestres (notamment pour pallier le problème des embouteillages), aménagements portuaires et aéroportuaires (notamment dans la perspective du doublement des capacités du canal de Panama), etc. ;

▶ **inclure au sein des directions de ces services des représentants des salariés et des usagers** ;

▶ assurer la transparence sur la fixation des prix de ces services et encourager la municipalisation des services des eaux.

3. Logement et foncier

▶ **lancer une politique audacieuse de rachat public des terres au profit des descendants d'esclaves, sans compromission ni animosité** ;

▶ faire du nouveau Tribunal foncier polynésien une institution réelle, élargie aux DROM-COM ;

▶ lutter contre la spéculation foncière et la discrimination financière ;

▶ **établir un état des besoins en matière de logements,** en tenant compte du type d'habitation désirée par les dépourvus ;

▶ entreprendre, comme dans l'Hexagone, de **vastes programmes de logements sociaux et intermédiaires** ;

▶ mettre en œuvre dans ce contexte un plan d'urgence pour résorber le logement insalubre.

4. Liaisons avec la France et l'Europe

   ▶ établir un système de transports réguliers à coût modéré vers l'Europe et l'Hexagone pour toutes les familles séparées ;
   ▶ développer les transports aériens au sein des régions environnantes pour désenclaver ;
   ▶ maintenir le régime de congés bonifiés permettant aux fonctionnaires originaires d'Outre-mer de repartir tous les trois ans avec leur famille dans leur région d'origine.

III. Dans le domaine culturel

1. Education

   ▶ **combattre le taux relativement élevé d'analphabétisme et d'illettrisme en assurant un suivi et un tutorat personnalisés de chaque élève pour une remise à niveau d'urgence** (cf. ma section sur la culture) ;
   ▶ prévoir un plan de titularisation des contractuels pour pallier les besoins de recrutement ;
   ▶ faire en sorte que les manuels et autres documents pédagogiques ne soient plus de simples suppléments à ceux édités en métropole, mais prennent en compte l'histoire et les particularités de chaque Outre-mer ;
   ▶ mettre à profit la possibilité offerte par l'article 21 de la loi du 2 août 1984 relative aux compétences des régions de Guadeloupe, Martinique, Guyane et Réunion, pour organiser des activités éducatives et culturelles complémentaires sur la région ou collectivité concernée ;

▶ **organiser un enseignement obligatoire de deux heures par semaine sur les humanités kanak, créoles et polynésiennes et en langue régionale,** pour leur intérêt propre et pour donner aux élèves un sens de leur dignité dans leur rapport entre la maison et l'école. Faciliter la création de **classes bilingues** dans les maternelles et le primaire là où il est prouvé que le taux de décrochage scolaire le nécessite.

2. Formation professionnelle

▶ **créer un véritable service public de la formation professionnelle à la hauteur des enjeux dans chaque Outre-mer,** en organisant des filières de formation pour tous les secteurs stratégiques prévus dans chacun des pactes de progrès et de solidarité ;

▶ augmenter les fonds alloués en fonction des nécessités détectées ;

▶ ouvrir des financements de la formation à tous les chômeurs et non plus uniquement à ceux indemnisés au titre de l'Allocation de retour à l'emploi.

3. Culture

▶ **mettre en œuvre des plans de valorisation des patrimoines culturels des Outre-mer ;**

▶ lancer des projets sur la vie et l'histoire de chacun des territoires et valoriser leurs apports culturels, à l'exemple du centre Tjibaou en Nouvelle Calédonie. Certes, un DOM comme la Martinique dispose d'un musée départemental de l'Archéologie et de la Préhistoire, d'une Maison de la canne, d'un Musée de la banane et d'une reconstitution de l'habitat et du mode de vie des Neg Marrons aux Trois-Ilets, mais cette dispersion ne facilite pas l'accessibilité et la prise de conscience. L'idéal est de « brancher » l'enseignement des humanités créoles à l'école sur un centre d'histoire situant le territoire dans son ensemble régional et mondial ;

▶ si les habitants d'Outre-mer ont été privés de leur culture originelle, ils l'ont aussi été, comme nous autres en métropole, de ce que la pensée universelle a pu engendrer de meilleur en science, art ou philosophie. Il faut le rendre à tous (cf. ma section « *L'éducation, une nouvelle frontière pour la France* ») ;

Je suis convaincu que ce sincère apport mutuel rapprochera les Outre-mer de ce qu'est vraiment la France, qu'elle soit celle des Abbé Grégoire, des Victor Hugo, des Marie Curie ou des Maxime Destremau, ou celle des Aimé Césaire, des Victor Schœlcher, des Louis Delgrès ou des Raoul Georges Nicolo.

IV. Sur des points plus spécifiques concernant chaque DROM-COM

1. Nouvelle Calédonie

Nous devons préparer la **mise en œuvre des mesures prévues par l'accord de Nouméa** : transferts de compétences, rééquilibrage des moyens, de la formation, des équipements et des services publics au profit des populations fragiles, réduction des échanges directs avec la France pour abaisser le coût de la vie sur place, **reconnaissance réelle de l'identité kanak**. La France doit aider, si la Nouvelle-Calédonie le demande, à y développer un schéma industriel d'ensemble.

Dans le secteur du nickel, elle doit pouvoir aider à imposer un quota voire une interdiction, comme en Indonésie, d'exportation du minerai brut, au profit de sa transformation sur place, notamment auprès des acteurs chinois de plus en plus impliqués dans le capital des sociétés d'extraction. Dans le domaine de la santé, nous devons aider à la prévention et au traitement des épidémies de dengue.

2. Wallis-et-Futuna

La modernisation de son statut est rapidement nécessaire ainsi que le **développement économique** défendu ci-dessus **pour contrer l'exode de sa population.**

3. Polynésie française

Les investissements actuellement proposés par la Chine doivent être réellement orientés vers les infrastructures de base, au profit de l'emploi et de la formation sur place, et en vue de nouveaux marchés pour les produits locaux.

Classer les atolls de Mururoa et de Fangatofa comme sites de stockage radioactifs pour les inscrire à l'inventaire des sites contaminés, comme le préconisait la CRIIRAD en 1999, en améliorant la loi du 13 juin 2006 sur la transparence et la sûreté nucléaire. Permettre ainsi une signalisation des risques, un contrôle d'accès des zones et surtout une décontamination. **Elargir les critères pour rendre effective la loi Morin de 2010** d'indemnisation des victimes (dont le retrait de la notion de « risque négligeable » doit être le point de départ) et lancer une étude sérieuse sur les maladies transgénérationnelles touchant les Polynésiens et les anciens travailleurs du CEP, **tout en multipliant les capacités sanitaires de traitement des cancers sur place.**

4. Saint-Pierre-et-Miquelon

L'extension du plateau continental est vitale, nous devons la défendre, **ainsi que le désencla-**

vement de l'économie, artificiellement soutenue par l'Etat et l'Europe depuis la limitation de la zone économique exclusive et la « crise des quotas ». Il faut sortir l'île de son « corset » tertiaire en poussant la diversification de la pêche, l'aquaculture, le futur hub portuaire, une meilleure desserte maritime et aérienne, l'exploration minière sous-marine, le développement de nouvelles technologies, etc., tout en refusant le CETA.

5. Mayotte

Il faut des mesures d'urgence pour enrayer la crise migratoire explosive qui commence à impacter la Réunion elle-même, et pallier le déficit en infrastructures d'eau, de santé et d'éducation. (Voir sur mon site : *« Mayotte, transformer une cocotte minute en île où il fait bon vivre »*.)

6. La Réunion

Il faut mettre fin à la « crise requin » qui tue, met en péril l'économie touristique et les fermes marines. Il est nécessaire pour cela d'empêcher les ONG de financer les associations promouvant une fausse notion de l'écologie et de réguler dans la durée, notamment par la pêche voire sa commercialisation, les requins tigre et bouledogue en surpopulation dans nos eaux (dans la continuité du plan ciguareta, mais l'étendant).

Notre plan de développement de Madagascar (voir sur mon site « *Madagascar, une île sur la Nouvelle Route de la soie* ») **devrait permettre à la Réunion de rendre possible son intégration économique régionale.**

7. Guadeloupe et Martinique

Relancer un véritable comité de pilotage « chloredécone », en incluant les représentants des populations locales pour entreprendre une réelle prise en charge sanitaire des populations impactées et un plan d'urgence de décontamination des sols.

La lutte contre la drogue et la délinquance nécessite un nouveau pacte de confiance : police de proximité, nouvelles prisons avec de véritables programmes de réinsertion, lutte contre le phénomène de blanchiment des armes et de la drogue par le système bancaire international sont absolument nécessaires, mais c'est surtout le nouvel environnement de développement économique et culturel que j'entends créer qui pourra redonner à nos jeunes un sens à leur vie et donc éviter leurs dérives.

8. Guyane

Intégrer l'économie de l'aérospatial dans un développement intérieur du département via l'infrastructure, en lien avec celui plus large du continent sud-américain et de l'espace caraïbe, en s'appuyant là encore sur les BRICS (voir sur mon site *« Pour une nouvelle vision de la Guyane française »*).

Personnellement, j'ai toujours deux images présentes à l'esprit : Marie-Sophie Laborieux, avec son Esternome, et Monsieur Roc, avec M'man Tine et le jeune José. Ils donnent la mesure d'un superbe entêtement de vivre et de savoir qui interpelle, en nous autres Hexagonaux, ce que beaucoup trop d'entre nous sommes en train de perdre. Puissions-nous ne pas être trop sourds, je serais tenté de dire trop « zoreilles ».

Transports
Un nouveau
plan Freycinet

I. Dynamiser nos ports

« *La bataille des ports se gagne sur terre ferme.* » C'est l'ingénieur Charles de Freycinet qui semble avoir le mieux compris cet adage populaire. **Car son plan, mis en œuvre entre 1878 et 1914, a permis de relancer les activités portuaires en construisant dans leur hinterland (arrière-pays) un maillage dense d'infrastructures de transport (fluvial et ferroviaire**). Cependant, **depuis trente ans, la France a délaissé la mise à niveau de la voie fluviale et abandonné le fret ferroviaire** : alors que près de 66 % des marchandises voyageaient par rail dans les années 1950, cette part a chuté à 9,5 % en 2015. En Allemagne, à ce jour, il circule trois fois plus de trains de marchandises qu'en France. Et si les ports du nord de l'Europe triomphent, c'est précisément parce qu'ils disposent d'un hinterland riche en infrastructures de ce type et d'autoroutes gratuites.
▶ **Créer un ministère à part entière de l'Aménagement du territoire et du Transport** (maritime, fluvial, ferroviaire, aéroportuaire et terrestre) pour impulser et coordonner les transports dans notre pays. Ce ministère opérerait comme une administration « transversale », motivant les compétences dans les autres ministères sans en bouleverser l'organisation.

Au niveau portuaire

▶ Rétablir la prise en charge par l'Etat de 100 % des coûts de dragage (tombée entre 50 et 70 %) et des investissements lourds pour l'ensemble des ports français, comme le stipule l'article R.531369 du code des transports : *« L'Etat supporte les frais de l'entretien et de l'exploitation des écluses d'accès, de l'entretien des chenaux d'accès maritimes, de la profondeur des avant-ports et des ouvrages de protection contre la mer. Pour l'exécution de ces travaux, il supporte dans les mêmes conditions les dépenses relatives aux engins de dragage. »*

▶ Plan d'urgence pour le port du Havre : écluse permettant aux barges fluviales de passer directement du Port 2000 à la Seine ; électrification de la ligne Serqueux-Gisors, boucle reliant le « Grand canal » avec le canal de Tancarville ;

▶ Mise en place d'un CCS (Cargo Community System) commun à tous les ports français, c'est-à-dire un système informatique de communication performant avec une seule base de données (hébergée en France) intégrant toutes les problématiques logistiques, portuaires et maritimes ainsi que les évolutions réglementaires européennes et internationales (notamment douanières).

II. Promouvoir le fluvial

Pour que les convois ferroviaires arrivant à Lyon en provenance de Chine ne repartent pas à vide, la France devrait s'engager à construire au plus vite la fameuse « patte d'oie », afin de transformer en canaux grand gabarit les artères reliant la Saône aussi bien au Rhin (Bâle, Strasbourg, Mayence, Cologne, Rotterdam) qu'à la Moselle (Nancy, Metz), à la Marne (Reims) et à la Seine (Paris). Ce grand projet positionnera instantanément **l'axe Rhône-Saône comme la voie de transport la plus efficiente entre le canal de Suez et la Ruhr, faisant de Lyon un « Duisbourg français »**, c'est-à-dire un grand port intérieur.

▶ Répondre à l'offre chinoise de Nouvelle Route de la soie ferroviaire en lançant le grand chantier de la « patte d'oie » permettant de connecter, par des liaisons grand gabarit, l'axe Rhône-Saône et les grands réseaux fluviaux du nord de l'Europe et d'Allemagne.

III. Rattraper notre retard tragique dans le domaine ferroviaire

Avec une dette de plus de 44 milliards d'euros, la SNCF se retrouve dans l'incapacité de jouer pleinement son rôle de service public offrant des services de transport de qualité sur l'ensemble du territoire. **Après avoir délaissé le fret ferroviaire, c'est maintenant la grande vitesse, les trains de nuit, les lignes secondaires et les TERs qui se retrouvent sacrifiés.**

▶ Comme en Allemagne, la dette de la SNCF devrait être requalifiée en dette d'Etat pour permettre un investissement massif, notamment dans le fret ferroviaire ;
▶ Etudier la construction de lignes d'aérotrains nouvelle génération pour voyageurs, notamment sur le tronçon Paris-Rouen-Le Havre, afin de libérer le réseau ferroviaire classique au fret.

IV. Plan de relance routier et autoroutier

Entre 2009 et 2015, les budgets pour la maintenance des routes départementales ont baissé de 33 %. Les couches de surface des routes ont une durée de vie optimale de huit à 15 ans. Or, leur taux de renouvellement annuel actuel est de 20 à 25 ans ! A moins de rattraper le retard, la facture sera terriblement lourde. Au niveau autoroutier, il faut débloquer la situation. Après que Lionel Jospin et Laurent Fabius eurent ouvert le bal, c'est sous le gouvernement de Dominique de Villepin que les autoroutes ont été privatisées. Alors que la Cour des comptes estimait leur valeur à 25 milliards d'euros, elles furent vendues pour 14,8 milliards à sept sociétés concessionnaires d'autoroutes (SCA) : Asf/Escota et Cofiroute pour Vinci, APRR/AREA pour Eiffage et Sanef/SAPN pour Abertis. **Si leur chiffre d'affaires a bondi de 26 % depuis, c'est essentiellement grâce aux péages, en hausse de 20 % depuis 10 ans.** Or, force est de constater que les **profits n'ont pas été réinvestis dans le développement du réseau mais sont allés engraisser les actionnaires.** Tout en contractant une dette de 31 milliards d'euros, **le taux moyen de distribution annuelle des dividendes de ces sociétés depuis 2006 a atteint 136 % !** Or, à chaque fois, le gouvernement, cédant au chantage d'amis bien placés (notamment Alain Minc chez Vinci), a accepté de prolonger la durée des concessions (1,5 milliard d'euros payés en dividendes en 2013) en échange de quelques maigres investissements de leur part.

▶ Rétablir les dotations aux collectivités territoriales permettant la maintenance indispensable des routes départementales ;

▶ Gel immédiat du tarif des péages ;

▶ Résiliation des concessions autoroutières, c'est-à-dire une renationalisation dont le coût (15 à 20 milliards d'euros) sera amorti en moins de 10 ans de fonctionnement au tarif en cours et sous condition d'un aménagement de leur dette.

L'économie bleue
Aménager l'océan

> *« Homme libre, toujours tu chériras la mer !*
> *La mer est ton miroir ; tu contemples ton âme*
> *Dans le déroulement infini de sa lame… »*
>
> Charles Baudelaire

Source majeure de protéines et de matières premières, la mer a permis la naissance de l'homme sur terre et représente un enjeu majeur pour son avenir. Malheureusement, nos gouvernements n'ont cessé de la livrer à une finance prédatrice qui pille, pollue, détruit et tue.

Or, **la France n'est pas seulement une puissance nucléaire et spatiale, elle est aussi,** avec ses 11 millions de kilomètres carrés de zones économiques exclusives (ZEE), **une puissance maritime en sommeil.** Pionniers de l'océanographie, avec l'Institut français du développement de la mer (Ifremer), nous disposons pourtant de formidables atouts pour changer la donne. **Le chemin de la paix passe aussi par la mer** : ainsi, la dispute territoriale entre la Russie et le Japon vient de se résoudre dans le cadre d'un grand projet commun pour développer l'aquaculture.

■ CRÉER UN MINISTÈRE DE LA MER ET DE L'ÉCONOMIE BLEUE POUR EN FAIRE UNE PRIORITÉ NATIONALE À PART ENTIÈRE

I. Un chèque pour la recherche

La mer est le berceau historique du vivant. Bien qu'elle recèle la plus large diversité et la plus forte densité du vivant, **à peine 1 % de sa faune et de sa flore nous est connu !** Cette biodiversité est un trésor pour la santé. **Dans la lutte contre le cancer, les scientifiques travaillent aujourd'hui sur 66 molécules d'origine marine** et le premier traitement de lutte contre le sida, l'AZT, dérive du hareng. Les microalgues, telle que la spiruline, en réalité une cyanobactérie dont l'un des pigments est la chlorophylle et qui se développe dans des lacs d'eau douce tel que le lac Tchad, nous offrent des compléments alimentaires, des engrais et des médicaments, utilisés aussi dans le domaine spatial. C'est tout cela, l'horizon d'une « économie bleue », vue avec les yeux du futur.

- ACCROÎTRE IMMÉDIATEMENT ET DE FAÇON SUBSTANTIELLE LES MOYENS DE L'IFREMER

II. Sauver les pêcheurs en sauvant les poissons

Si elle ne change pas d'approche, la pêche est condamnée. D'où l'urgence d'éradiquer le mythe d'une corne d'abondance inépuisable, laissant croire qu'on puisse, sans le moindre effort d'investissement, continuer à vivre de la chasse et de la cueillette maritime ! Bien que **les quantités de poissons produites par l'aquaculture commencent à dépasser les quantités pêchées, on doit faire plus et mieux.** D'abord en développant des techniques de pêche ciblée, en développant des fermes d'élevage en pleine mer ou dans les rizières (rizipisciculture) ou encore en nourrissant nos poissons d'élevage avec des insectes ou des asticots produits à cet effet. L'élevage de poissons herbivores est également une piste prometteuse. Ensuite, au lieu d'attendre que la nature reconstitue gratuitement la ressource, la France, avec les pays du nord de l'Europe, pourrait par exemple produire en pisciculture des jeunes harengs. En les relâchant dans la nature au bon moment, après avoir sérieusement étudié les conditions de leur réimplantation, on pourra renforcer la présence en mer du Nord de cette espèce en difficulté. En attendant, faisons comme l'Afrique du Sud ou la Nouvelle Zélande. Là-bas, on écoute les scientifiques qui, à partir d'une évaluation bio-systémique et non d'une seule espèce, préconisent quoi pêcher et en quelle quantité ! Cette pêche du futur nécessitera de moderniser les moteurs de la flotte de pêche. Cela veut dire dans l'immédiat des moteurs au gaz naturel liquéfié (GNL) et demain des moteurs hybrides. **Comme pour l'agriculture, une pêche de qualité exige d'augmenter les salaires de toute la population française** afin qu'elle puisse acheter au juste prix des produits alimentaires dont on a décidé d'augmenter la qualité, et donc les coûts de production.

- ABANDON DE TOUTE LOGIQUE DE PILLAGE
- PLAN DE MODERNISATION DE LA PÊCHE ET DE L'AQUACULTURE

III. Lutter contre la pollution

Autre défi à relever, ce septième continent formé de nos déchets plastiques, notamment dans le Pacifique et l'Atlantique, que nous avons laissé se constituer à la surface de plusieurs océans. En extrapolant l'évolution de cette couche de microparticules de plastique, les scientifiques estiment qu'en 2050, son poids dépassera celui des poissons ! Pour surmonter une catastrophe d'une telle ampleur, seule une approche bio-géo-chimique « vernadskienne » fera l'affaire, c'est-à-dire la mise en place d'une **dépollution à**

grande échelle, en recourant à des procédés biologiques et non mécaniques.** Au Japon, les chercheurs annoncent avoir découvert des bactéries friandes des plastiques les plus résistants.

- MISSION DE DÉPOLLUTION D'UNE DES CINQ « ÎLES » DU SEPTIÈME CONTINENT

IV. L'extraction minière, un enjeu stratégique

Croissance démographique et amélioration indispensable du niveau de vie de la population mondiale obligent l'humanité à trouver de nouvelles ressources. Or, **les océans recèlent 90 % des réserves d'hydrocarbures et 84 % des métaux rares.** Dans leurs profondeurs sommeillent des gisements de phosphate, des nodules polymétalliques (cuivre, cobalt, nickel), des croûtes de manganèse (cobalt, cuivre, platine) et des sulfures hydrothermaux (cuivre, zinc, argent, or, cobalt, plomb), utilisés dans d'innombrables réalisations technologiques : satellites, électronique, robots, smartphones, télévisions, avions, voitures, radars, etc. Or, à ce jour, 98 % de la production mondiale de terres rares provient de Chine, en situation de quasi-monopole. Si elle décide un jour de garder sa production pour ses propres besoins, le reste du monde se trouvera en très grande difficulté.

Préparer un grand programme d'extraction minière sous-marine raisonnée, tout en élaborant, en concertation avec nos partenaires des BRICS, un plan d'aménagement territorial des fonds marins afin de développer, au profit de tous, le potentiel scientifique, environnemental et industriel de chaque zone.

L'espace, impératif économique et culturel

> *« Le concept de voyage spatial comporte d'énormes répercussions, parce qu'il met l'homme au défi sur pratiquement tous les fronts de son existence physique et spirituelle. L'idée de voyager vers d'autres corps célestes incarne au niveau le plus élevé l'indépendance et la vivacité de l'esprit humain. Elle apporte la plus haute dignité aux efforts techniques et scientifiques de l'homme. Par dessus tout, elle touche à la philosophie de son existence même. Il en résulte que le concept de voyage spatial transcende les frontières nationales, fait abstraction des différences d'origine historique ou ethnique et modifie à une vitesse fulgurante les présupposés sociologiques et politiques. »*
>
> **Krafft Ehrike**
> L'anthropologie de l'astronautique, 1957

L'exploration spatiale est **l'alternative au monde fini** auquel nous soumet l'occupation financière et culturelle. Fil conducteur d'une coopération internationale pour le développement mutuel et la paix, elle est le stimulant le plus puissant de créativité et d'optimisme dans la recherche scientifique, l'éducation et la culture, et l'un des moteurs indispensables à l'agriculture, l'industrie et la médecine de demain. Ainsi, quoi qu'en disent les journalistes ignorants ou de mauvaise foi qui voudraient y voir un sujet loufoque et hors de propos dans le contexte d'une campagne présidentielle, l'espace est pour moi le fer de lance de mon engagement politique.

L'engouement du public suscité par les missions Curiosity, Rosetta, ExoMars et le programme Proxima, sur lequel travaille actuellement Thomas Pesquet, pour ne citer que ces quelques exemples, ainsi que l'élan porté par le programme d'exploration lunaire chinois, montrent à quel point il s'agit d'un sujet fondamental. **Ignorer l'importance de l'espace, c'est se condamner à voir avec les yeux du passé. Je suis déterminé à voir avec les yeux du futur, pour que mon pays devienne un éclaireur des objectifs communs de l'humanité.**

Anticiper et explorer

Explorer l'espace implique avant tout de mieux comprendre ce qui le constitue et d'**anticiper les dangers que l'homme pourrait encourir en y vivant et travaillant. Aussi, un vaste programme d'exploration robotisée, d'observation radio-astronomique et de veille spatiale depuis la Terre, s'impose avant d'en arriver à la présence permanente de l'homme** dans la banlieue lointaine de notre système solaire.

L'impact néfaste des radiations cosmiques et vents solaires sur les spationautes a notamment pu être démontré par les mesures de la sonde Curiosity lors de son voyage vers Mars. Etudier plus en profondeur l'environnement radiatif et électromagnétique en envoyant nos sondes sur les planètes du système solaire et leurs satellites, de même qu'explorer leur constitution chimique pour déterminer la possible présence de vie ou trace du vivant, doit continuer à faire l'objet de financements massifs.

Il nous faut ensuite traiter en priorité le problème de la pollution spatiale. La concentration de débris spatiaux en orbite terrestre, impliquant le risque de collision en chaîne, est une menace qui pèse sur toutes nos futures missions. Plusieurs solutions actuellement étudiées par le Centre national de recherche spatiale (CNES) telles que le recyclage en orbite de certains matériaux par procédés métallurgiques et imprimantes 3D, le réaménagement de débris de grande taille en habitacle temporaire et le recyclage de tôles en blindage pour satellite, ou encore la déviation par faisceau laser des petits objets, doivent être très vite évaluées et testées. Enfin, l'utilisation de lanceurs récupérables doit s'imposer pour ralentir considérablement l'accumulation de nouveaux débris générés par les lancements successifs.

En même temps, **une veille spatiale doit être mise en œuvre pour anticiper les risques à moyen et long terme d'impact sur la Terre d'astéroïdes géocroiseurs** (dont la trajectoire est proche de l'orbite terrestre). Si l'on pense en termes de générations à naître et non de sa propre vie, cette politique de veille se justifie pleinement. Elle doit cependant garantir la mise œuvre de solutions technologiques capables de dévier la trajectoire de ces géocroiseurs menaçants (par attraction gravitationnelle ou par impact), tout en tenant compte des risques encourus si une déviation devait être décidée. Il s'agit d'une décision à prendre à l'échelle internationale, mais dans laquelle nous devons avoir notre mot à dire. Dans ce contexte, la décision prise lors du dernier Conseil ministériel de l'Agence spatiale européenne (ESA) de ne pas financer la mission *Asteroid Impact* prévue pour 2020 est très déplorable. Cela pourrait en effet faire perdre à l'Europe toute l'expertise acquise avec la sonde Rosetta et serait très dommageable à moyen et long terme.

Notre veille spatiale doit aussi faire l'objet d'une mise en commun des données collectées par la communauté internationale, et ce sans se limiter au seul cas des astéroïdes et comètes, mais en l'élargissant à tous types de mesures relatives à l'activité solaire, à l'observation des phénomènes climatiques et géologiques terrestres, afin de mieux anticiper les catastrophes de grande ampleur susceptibles de survenir sur Terre. **Nous devrons pour cela**

renforcer les programmes Neo et Copernicus au sein du Système mondial des systèmes d'observation de la Terre (Geoss), et constituer, en partant des nombreux travaux déjà réalisés dans cette enceinte, **une Agence mondiale de décision et de service placée sous l'égide des Nations unies et dédiée à cette protection de l'environnement terrestre.** Nous avons pour la première fois dans l'histoire les moyens de le faire, se dérober à la tâche pour des raisons de rentabilité financière à court terme serait à la fois absurde et criminel.

Enfin, il nous faut continuer à sonder notre univers pour en percer les secrets ; observer les toutes premières galaxies jusqu'à plus de 13 milliards d'années en arrière, continuer à détecter de nouvelles exoplanètes, ou encore détecter les noyaux actifs des galaxies lointaines. Cela sera bientôt possible grâce, entre autres, au télescope spatial James Webb (successeur d'Hubble) et au radiotélescope à interférométrie Square Kilometer Array (champ d'un kilomètre carré) destiné à devenir le plus sensible jamais construit. Cependant, un défi reste à relever pour assurer les futures percées en astronomie et astrophysique : celui d'observer pour la première fois notre univers dans le spectre de basse fréquence compris entre 10 et 20 MHz. Ces signaux, impossibles à détecter depuis la Terre et sa banlieue proche sans subir les perturbations dues aux communications terrestres humaines, pourraient cependant être captés sur la face cachée de la Lune. Y installer un dispositif de détection par radio-interférométrie dans ce spectre de fréquences précis nous ouvrirait donc une fenêtre encore inconnue de notre cosmos. La Chine s'y prépare. Nous devons y participer.

■ GRAND PROGRAMME D'EXPLORATION ROBOTISÉE D'OBSERVATION RADIO-ASTRONOMIQUE ET DE VEILLE SPATIALE

- VEILLE ACCRUE CONTRE LES MENACES SPATIALES, GÉOLOGIQUES ET CLIMATIQUES
- OUVERTURE D'UNE NOUVELLE FENÊTRE DU COSMOS EN PARTICIPANT AU PROJET CHINOIS D'INSTALLER UN OBSERVATOIRE RADIO-INTERFÉROMÉTRIQUE SUR LA FACE CACHÉE DE LA LUNE

La Lune, tremplin vers le système solaire

Bien évidemment, observer et sonder l'espace avec nos robots et satellites ne suffira pas. **Il nous faudra y aller nous-mêmes**, « aller y voir » de nos propres yeux, non pas comme une aventure hollywoodienne, mais en organisant une exploration scientifique de l'univers dont le XXe siècle nous a révélé l'existence. **C'est pourquoi il nous faut préparer dès aujourd'hui un vaste projet de reconnaissance et de mise en valeur de la Lune et envisager, d'ici deux générations, une quasi autonomie de l'être humain dans l'espace.**

Plusieurs raisons simples nous conduisent à revenir vers la Lune. La première est qu'il ne peut y avoir à long terme de programme sûr et cohérent d'exploration de Mars, et au-delà, qu'à partir d'une base lunaire, du fait que la faible attraction lunaire permet en effet un décollage vers Mars dans de bien meilleures conditions, avec moins de dépense d'énergie et la possibilité de transporter beaucoup de choses (notamment le carburant). La deuxième est l'immense réservoir de produits intéressants dont dispose la Lune (fer, titane, silicium, oxygène, de même que de l'eau). Tout particulièrement, l'on y trouve de l'hélium-3, qui pourra devenir, associé au deutérium, une base pour produire de l'énergie par la fusion thermonucléaire contrôlée, à bas coût, sans pollution et en quantités pratiquement illimitées (cf. la section de mon projet *« Le nucléaire que je défends »*).

Enfin, par les défis immenses qui la caractérisent, cette mission lunaire exigera une coopération interna-

tionale la plus large possible et garantira, dans sa mise en œuvre, les percées scientifiques et technologiques essentielles aux étapes ultérieures de la grande aventure spatiale. Aussi, pour la mener à bien, plusieurs conditions sont à réunir :

▶ **Construire tout d'abord de futures usines et stations spatiales scientifiques** qui permettront d'irriguer en matériel et personnel qualifié l'espace entre la Terre et la Lune, et qui constitueront, à terme, les têtes de pont vers la Lune et l'interplanétaire. Pour cela, bâtir une infrastructure à plusieurs niveaux, constituée de centres (hubs) en orbite terrestre, lunaire et à la surface de la Lune, centres qui devront être reliés entre eux par des navettes cargos transportant matériel et passagers. Equiper tout d'abord ces centres de mini stations orbitales automatiques et de modules dits visitables, premières plateformes pour les communications, puis des centres d'expérimentation et d'entraînement, auxquelles succéderont de nouvelles stations spatiales bien plus grandes et habitables, véritable centres polytechniques de recherche, formation et production industrielle permanents, envisagés pour le traitement des matériaux et des produits semi-finis lunaires. Enfin, garantir que les recherches effectuées dans ces dernières stations multifonctions nous amènent à l'étape ultérieure : la construction de grandes stations têtes de pont plus autonomes, censées préparer, à très long terme, les futurs voyages vers les grands espaces interplanétaires ;

▶ **Lancer une exploration robotique lunaire de grande ampleur** afin de mieux comprendre la géologie, l'histoire et l'environnement électromagnétique de notre astre satellite, en mettant un accent particulier sur l'étude de sa face cachée qui demeure, aujourd'hui encore, très peu connue ;

▶ **Enfin, implanter des centres industriels et scientifiques sur la Lune** en tenant compte des contraintes particulières que confèrent l'environnement lunaire et le caractère fortement abrasif du régolithe (couche de fine poussière recouvrant le sol). Dépourvue d'atmosphère et de champ magnétique, la Lune n'offre aucune protection contre le bombardement incessant de particules et rayonnements issus du Soleil et d'autres régions de notre galaxie. Aussi, étudier la possibilité d'enfouir dans un premier temps ces infrastructures habitées sous le régolithe (par solidification et impression 3D par exemple) ou dans les cavités présentes dans son sous-sol, s'avère primordial.

La proposition de « village lunaire » de l'actuel directeur de l'ESA, Johann-Dietrich Wörner, désirant reconduire l'extraordinaire expérience de la Station spatiale internationale dans le cadre d'une coopération internationale plus vaste et plus ambitieuse, va pleinement dans ce sens et je la soutiens totalement.

■ LANCER UN GRAND PROGRAMME D'EXPLORATION ROBOTIQUE LUNAIRE

Le défi du transport spatial futur

Autant le dire, un tel projet restera lettre morte si un effort considérable n'est pas fait pour améliorer les modes de propulsion spatiale. Qu'il s'agisse de nous affranchir de l'attraction terrestre ou de transporter de grandes quantités de matériel et des êtres humains en orbite ou à travers l'espace, plusieurs défis restent à relever :

▶ **D'une part, construire un véritable lanceur lourd européen capable de propulser 60 à 140 T en orbite basse.** Le lanceur Ariane 6, prévu pour des charges maximales de 10,5 T, permet certes de maintenir l'Europe dans le marché des lanceurs commerciaux, mais demeure totalement insuffisant pour les missions plus ambitieuses. Nous disposons de la technologie, il reste à susciter la volonté politique, ce à quoi je contribuerai. Aussi, notre actuelle coopération avec la Russie au centre spatial de Kourou en Guyane doit être un levier pour accélérer la mise en œuvre d'un tel lanceur, à l'heure où les Etats-Unis et la Chine envisagent clairement, chacun de leur côté, d'en posséder pour leurs futurs programmes ;

▶ Etudier ensuite la faisabilité et mise en œuvre de deux transporteurs spatiaux de troisième génération : l'un totalement récupérable, qui alimenterait depuis la Terre nos futures stations « polytechniques » en orbite. Le projet européen de véhicule réutilisable *Space Rider* va tout à fait dans ce sens mais un projet de navette spatiale habitée devra très vite lui succéder ; l'autre, à propulsion ionique pour les trajets inter-orbitaux, à vitesse relativement réduite mais capable de transporter de très lourdes charges entre les centres orbitaux terrestres et lunaires ;

▶ Enfin, se donner les moyens, à terme, de maîtriser les formes de propulsion thermonucléaire de haute densité (les formes nouvelles de la fusion thermonucléaire contrôlée), qui fourniront, avec peu de carburant et sur de très longues distances, la forte poussée nécessaire pour accélérer nos vaisseaux à de très grandes vitesses, réduisant ainsi fortement le temps des trajets interplanétaires et l'exposition des spationautes aux radiations cosmiques. C'est ce développement qui permettra aux êtres humains d'explorer l'espace sans pratiquement le polluer.

D'ailleurs, le problème de la source primaire d'énergie dans l'espace se pose de manière plus générale. On ne peut envisager des programmes aussi ambitieux sans une source d'énergie plus dense et compacte que les panneaux solaires ou les carburants classiques. Les solutions avec des réacteurs à fission utilisant l'effet thermoélectrique ou thermo-ionique sont tout à fait envisageables à court et moyen terme, avant la maîtrise des procédés par fusion. La fusion étant bien évidemment un défi technologique majeur, mais comme Kennedy l'affirmait lui-même, *« c'est parce que ces objectifs sont difficiles qu'ils nous permettront d'organiser et de mesurer le meilleur de nos énergies et de notre savoir-faire ».*

- AU-DELÀ D'ARIANE 6, DÉVELOPPER UN LANCEUR LOURD EUROPÉEN CAPABLE DE PROPULSER 60 À 140 T EN ORBITE BASSE
- DÉVELOPPER DE NOUVEAUX SYSTÈMES DE PROPULSION

Par delà l'austérité

Venons-en au financement. Si le budget de la France consacré aux activités spatiales civiles est le deuxième au monde, avec 35 euros par an et par habitant (derrière celui des Etats-Unis avec 50 euros), il n'en demeure pas moins insuffisant pour relever le défi d'une exploration robotisée et habitée de notre système solaire. A cet égard, il nous faut considérer les futures ressources à allouer au CNES, de même que sa participation au budget de l'ESA, en fonction du projet d'ensemble défini ci-dessus et en concertation avec les autres pays participants.

Cette approche part du principe que la grande aventure spatiale, source de progrès scientifiques et technologiques et pourvoyeuse d'emplois qualifiés, est le meilleur moyen pour insuffler une dynamique de croissance réelle, démultipliant les bénéfices humains et matériels dans l'économie et permettant largement, à terme, le remboursement des investissements initiaux. **Les retombées extraordinaires dans la médecine, l'agriculture, l'informatique avec ses futurs ordinateurs quantiques, et la science des matériaux et les nouveaux procédés industriels** ; les percées dans la miniaturisation des lasers de haute puissance, la nécessaire maîtrise des procédés de fusion thermonucléaire, qui apportera une solution révolutionnaire au problème énergétique sur Terre, de même que les nouvelles connaissances acquises sur le vivant et ses origines au sein du Système solaire, voire au-delà, ne doivent en aucun cas être sacrifiés sur l'autel de l'austérité actuelle.

Mon projet spatial se veut donc cohérent avec un changement complet du système et vise à en inverser la logique. Il ne peut faire l'objet de considérations comptables ni de décisions basées sur la compétitivité à court terme d'un Elon Musk ou d'un Jeff Bezos. Il n'est possible que dans le cadre d'une coopération internationale où les Etats, libérés du carcan de l'austérité budgétaire, tout en faisant appel au privé, seront à même de décider des moyens nécessaires à fournir.

- RENFORCER LE CONTRÔLE PUBLIC SUR L'INDUSTRIE SPATIALE, SANS EXCLURE UNE ÉTROITE COOPÉRATIONS AVEC LE SECTEUR PRIVÉ

Combat politique

Pour mettre ce projet en œuvre, il nous faut retrouver cet enthousiasme des années 50 et 60 du XXe siècle pour le spatial. Retrouver cet élan philosophique qui animait les grands pionniers du programme Apollo et de notre propre démarche. Car le sentiment d'impuissance, engendré par la réduction des nécessaires ambitions futures en fonction de contraintes financières immédiates, conduit à un véritable suicide collectif et à une démission de la volonté dans ce domaine. Aujourd'hui, il existe même un risque que le savoir-faire accumulé par la France et l'Europe dans certains secteurs liés au spatial se trouve irrémédiablement perdu, soit par la mutation des ingénieurs vers d'autres programmes, soit par les départs à la retraite sans remplacement ni formation des nouvelles générations. Pour inverser cette tendance et redonner un souffle nouveau à notre pays, **il nous faudra créer un ministère de l'Exploration et de la Recherche spatiale,** participer aussi à la fondation d'un nouvel Institut européen de recherche lunaire et spatiale, qui rassemblera les scientifiques, ingénieurs et techniciens capables d'évaluer les solutions prometteuses et de former les jeunes qui devront leur succéder ; s'inspirer enfin de ce qui se fait déjà avec les projets Perseus et Janus dans certaines de nos universités et **lancer un grand projet d'éducation scientifique et culturelle** dans nos lycées en y instituant des unités de valeur sur l'espace et l'astronomie. La France et l'Europe doivent redevenir ce qu'elles ont porté de meilleur dans leur histoire, en sortant de la prison de l'euro bâtie par l'oligarchie financière et en redevenant le champ de patriotes et citoyens du monde.

Car l'espace n'est pas, comme le croit malheureusement encore l'immense majorité des responsables du pays, un choix technologique parmi d'autres, politiquement, économiquement et socialement neutre, ou un sujet de gloriole. Il est l'expression la plus achevée de **la volonté d'opérer un changement politique** : arracher le pouvoir à une perspective financière malthusienne, et remettre à la barre des hommes et des femmes désirant le développement de leurs semblables, vivant de porter plus loin les limites de la vie. C'est pourquoi, pour les générations à naître, nous nous devons de le défendre car notre vie sur Terre en dépend.

- CRÉATION D'UN MINISTÈRE DE L'EXPLORATION ET DE LA RECHERCHE SPATIALE
- FONDATION D'UN NOUVEL INSTITUT EUROPÉEN DE LA RECHERCHE LUNAIRE ET SPATIALE

Le nucléaire que je défends

Pays de Marie et Pierre Curie, Paul Langevin et Henri Becquerel, la France est l'un des berceaux historiques de l'énergie nucléaire. Soyons donc fiers car, par sa supériorité en termes de densité d'énergie (capacité d'effectuer plus de travail avec moins de matière et moins de surface) par rapport aux autres procédés utilisés par l'homme, **l'atome et sa domestication seront au cœur des solutions optimales aux problèmes qui se posent au stade actuel de l'évolution humaine**.

Or, **avec la mode de l'écologisme**, l'illusion romantique d'une société à risque zéro et la course au profit financier à court terme, **l'optimisme philosophique de la Renaissance et des Lumières se trouve aujourd'hui gravement menacé par un obscurantisme infantilisant**.

Confisqué par les militaires d'abord et par les financiers ensuite, **le nucléaire doit être réinventé pour en faire un nucléaire citoyen du XXIe siècle**. Car si le fonctionnement de l'outil nucléaire d'aujourd'hui montre quelques défaillances, c'est surtout parce que depuis 40 ans, on a fait l'impasse sur les réacteurs de nouvelle génération plus sûrs.

Le contexte international

A cela s'ajoute le fait que vouloir faire entrer le nucléaire actuel dans le cadre concurrentiel « libre et non faussé » de l'économie de marché, conduit à des aberrations criminelles.

Engagés à payer toujours plus de dividendes aux actionnaires, les constructeurs de centrales nucléaires ont multiplié à l'infini les niveaux de sous-traitance au détriment de la sécurité des personnels et de la qualité du travail. La gestion calamiteuse de la centrale Fukushima-Daiichi par **une entreprise privée** en a été un exemple. Plus près de nous, la découverte récente dans les cuves de plusieurs centrales françaises d'anomalies imputables aux Forges du Creusot, rachetées en 2006 par AREVA à Michel-Yves Bolloré pour tenter d'y arrêter dérives et négligences, montre que l'Etat doit rester **le gérant suprême de l'ensemble de ce domaine** et refuser toute soumission à l'impératif de rentabilité financière à court terme.

Plus généralement, la **dérégulation des marchés de l'électricité** a provoqué un peu partout dans le monde des faillites retentissantes comme celle d'Enron aux Etats-Unis. Malgré cela, l'UE et donc la France ont accepté d'introduire la dérégulation chez nous. **C'est ce choix désastreux, et non pas celui du nucléaire, qui pousse aujourd'hui EDF vers la faillite.** Il est temps d'arrêter cette dérive suicidaire et de changer notre manière de penser. Le choix du nucléaire met ainsi en lumière la cohérence d'ensemble du projet que je propose.

- METTRE FIN À LA SOUS-TRAITANCE EN CASCADE
- ÉTABLIR UNE RÉGULATION PUBLIQUE DES MARCHÉS DE L'ÉNERGIE

Nouveau paradigme

Surtout qu'ailleurs dans le monde, **un nouveau paradigme de croissance de l'économie réelle est en train de naître**. Depuis le sommet des BRICS (Brésil, Russie, Inde, Chine et Afrique du sud) à Fortaleza en 2014, une politique de développement mutuel « gagnant-gagnant » s'annonce dans les pays du Sud. Egypte, Ethiopie, Bolivie, Zambie, Myanmar, Kenya, etc. – partout des partenariats avec les BRICS sur le nucléaire sont à l'ordre du jour. **Au lieu de sombrer avec la City et Wall Street, la France a une carte à jouer en mettant en valeur ses atouts sans complaisance ni soumission.**

Pour un pays comme la Chine, **le nucléaire va de pair avec l'exploration spatiale.** Les Chinois ne cachent pas leur intérêt pour **l'hélium-3 lunaire.** Cet élément absent sur Terre sera peut-être le meilleur combustible pour la fusion. On ne peut donc pas se contenter de considérer le nucléaire tel qu'il est, de le limiter à la production d'électricité – attitude largement partagée en France aussi bien chez les pro- que chez les anti-nucléaires – mais on doit le voir comme une science qui évolue et qui implique de plus en plus la coopération entre les peuples.

Les conséquences des choix du passé

Au siècle dernier, lorsque l'on comprit qu'on pourrait produire de l'énergie en très grande quantité à partir de la fission nucléaire, des **dizaines de procédés furent imaginés** qui impliquaient chacun de longues années d'études et de validation. Il fallait faire un choix. **Pour les armes, les militaires voulaient une filière produisant du plutonium.** On privilégia donc la filière graphite-gaz et ensuite, pour propulser les sous-marins américains, celle des réacteurs à eau bouillante (REB) et celle à eau pressurisée (REP) utilisant comme combustible l'uranium enrichi. Ainsi, alors que d'autres filières ne manquent pas, **c'est cette dernière qui a fini par s'imposer au niveau mondial.**

Cependant, les ressources connues en uranium étant limitées, **le moment arrive** où l'on doit préparer le passage à des réacteurs plus modernes, plus sûrs, plus économes, moins polluants et basés sur **des principes physiques plus performants** (Génération IV).

En attendant, durant cet intervalle, et comme le précise l'Autorité de sûreté nucléaire (ASN), **aucune raison sérieuse n'existe** pour s'opposer à la prolongation de la durée de vie d'une centrale comme Fessenheim, dont le dispositif central a été entièrement mis à niveau et renouvelé.

- ORGANISER LA TRANSITION ÉNERGÉTIQUE VERS DES ÉNERGIES PLUS DENSES
- REFUSER LA FERMETURE PRÉMATURÉE DE FESSENHEIM

Renouvelables

Aujourd'hui, en France, **l'énergie nucléaire produit 16 % de notre énergie totale** et 70 % de notre électricité. L'idée de ramener cette proportion à 50 % – ou pire, de sortir du nucléaire – est un calcul électoraliste qui ne tient aucun compte de la réalité physique de l'économie.

Je préconise, au contraire, un **moratoire sur les subventions aux énergies dites renouvelables pour produire de l'électricité**, car elles nous imposent de faire appel en permanence à des centrales thermiques (charbon, gaz) pour pallier leur intermittence.

Seule la conversion de l'électricité obtenue par des panneaux solaires en énergie mécanique – puis sa reconversion en électricité – serait susceptible de changer partiellement la donne. Je suis favorable à une évaluation aussi rapide que possible de cette possibilité.

Par ailleurs, un moratoire sur ces subventions aiderait à faire face à la dépense du grand carénage prévu pour prolonger la vie des réacteurs actuels. On brandit souvent le coût « faramineux » de 55 milliards d'euros pour cette opération, en oubliant qu'elle concerne tout de même une cinquantaine de réacteurs, ce qui relativise la chose, d'autant plus qu'une partie non négligeable de ce coût vient de nouvelles normes adoptées après Fukushima et dont l'utilité est souvent discutable pour la plupart des réacteurs de notre territoire.

- MORATOIRE SUR LES SUBVENTIONS AUX RENOUVELABLES
- EVALUATION DE LA CONVERSION ÉNERGIE SOLAIRE/MÉCANIQUE/ÉLECTRICITÉ

EPR et Hinkley Point

Le choix du réacteur pressurisé européen EPR (Génération III+) n'est pas celui que j'aurais fait, car il s'agit d'une simple amélioration, non d'un véritable changement. Ce gros réacteur a été décidé pour tirer parti de l'expérience acquise en France et en Allemagne suite à l'exploitation du parc existant. **On a voulu minimiser les dépenses dans une logique de compétitivité et de bénéfice financier à court terme, et on a voulu vendre des gros réacteurs à des pays déjà développés, seuls capables de l'acheter. Il s'agit donc bien d'un choix du passé, conçu dans l'entre-soi des pays riches.**

Cependant, vu les enjeux, nous devons résoudre les problèmes de l'EPR d'Hinkley Point que nous construisons en partenariat avec la Chine : **son échec signifierait une perte de la crédibilité française** et pèserait sur toute coopération future avec la Chine, notamment en Afrique. Il s'agit ici d'une première pour la Chine, nous ne pouvons pas laisser passer l'occasion.

Réalisons donc à Hinkley Point un **EPR-NM (nouveau modèle)**, à l'abri de toute précipitation, la solution d'exporter de l'électricité vers la Grande-Bretagne en attendant sa mise en fonction étant plus sûre et plus rentable que tout nouveau « bricolage ».

Par la suite, il est fort probable qu'un certain nombre d'EPR devront être construits en France pour **assurer la transition** entre les REP actuels en fin de vie et le démarrage de la Génération IV, et par la suite, la mise en fonction commerciale de réacteurs à fusion thermonucléaire contrôlée.

- PRENDRE LE TEMPS NÉCESSAIRE POUR CONCEVOIR ET RÉALISER UN EPR NOUVEAU MODÈLE À HINKLEY POINT
- CONSTRUIRE UN CERTAIN NOMBRE D'EPR EN FRANCE TOUT EN LANÇANT LE DÉVELOPPEMENT ACCÉLÉRÉ DE RÉACTEURS DE GÉNÉRATION IV

Complémentarité

Plusieurs pistes sont explorées actuellement pour la Génération IV. L'un des problèmes à prendre en compte est celui de la disponibilité d'éléments fissiles (pouvant être utilisés pour la réaction de fission). Ces éléments existent en faible quantité dans la nature, mais ils peuvent être produits dans des réacteurs en même temps que l'énergie. C'est ce qu'on fait, par exemple, avec des réacteurs fonctionnant en surgénérateurs.

Le thorium est beaucoup plus répandu que l'uranium et même disponible en France, mais du fait qu'il n'est pas directement fissile, il faudra un certain nombre de réacteurs et quelques années pour le transformer en combustible. **Un parc de centrales nucléaires doit donc être conçu comme un tout cohérent et pas seulement comme une somme de centrales ou de filières individuelles**, car certaines brûleront les déchets des uns et prépareront le combustible pour d'autres, sachant, par ailleurs, qu'elles n'auront pas toutes le même calendrier de mise en fonction. Cette complémentarité peut également être au cœur d'une coopération internationale – ce qu'ont déjà compris les BRICS.

Ces principes étant posés, certaines technologies s'annoncent très prometteuses. Je pense en particulier au réacteur à sels fondus (RSF) au thorium :

▶ il **opère à pression ambiante**, offrant donc une meilleure sécurité que les REP ;

▶ il produit **moins de déchets** que les réacteurs actuels ;

▶ il a une **sécurité passive**. En cas d'élévation de la température, la réaction s'arrête d'elle-même : **la fusion du cœur (accident de Tchernobyl) est impossible** ;

▶ le fait que le combustible soit liquide facilite énormément la maintenance (remplacement du combustible usé).

Un réacteur de ce type – ainsi que son intégration dans le parc nucléaire français – a été conçu par une équipe du CNRS de Grenoble et reconnu par les experts mondiaux de la Génération IV. Je m'engage à faire financer cette recherche, qui n'a jusqu'à présent bénéficié ni des moyens ni de l'attention qu'elle mérite, et à mettre en place l'exploitation de cette filière.

- DÉVELOPPER LES RÉACTEURS PERMETTANT DE BRÛLER LES DÉCHETS ACTUELS
- FINANCER LA FILIÈRE DES RÉACTEURS À SELS FONDUS ASSOCIÉE AU THORIUM

Autres filières

L'Afrique du sud étudie un autre type de réacteur intéressant pour le développement du continent, **le réacteur à haute température (HTR) et à lit de boulets**, auquel la Chine s'intéresse également :

▶ il est modulable en **petites unités**, donc idéal pour un pays émergent ;

▶ le combustible étant conditionné dans des boulets de céramique résistant à ~~une~~ haute température, il dispose d'une **sécurité passive** qui empêche la fusion du cœur ;

▶ ce conditionnement du combustible est aussi un atout pour la gestion des déchets ;

▶ le fluide caloporteur étant un gaz, l'hélium, il fonctionne à des **températures élevées** (et peut donc être utilisé comme producteur de chaleur pour **dessaler l'eau de mer**, par exemple) ;

▶ ce fluide étant un gaz, il n'est pas nécessaire de construire le réacteur près d'un cours d'eau.

La fusion thermonucléaire

Dans l'évolution de la société, la **fusion thermonucléaire** est l'étape qui suit la fission car les processus physiques qu'elle met en œuvre représentent des densités d'énergie bien plus élevées. De ce fait, il faut se féliciter que la France accueille à Cadarache le grand projet international de recherche sur la fusion à confinement magnétique ITER. Les résultats récents obtenus en Chine avec le **projet EAST**, l'allumage d'un premier plasma à Cadarache en France avec le **projet WEST**, ainsi que les résultats obtenus en Allemagne avec le **Stellarator** à Greifswald, indiquent tout l'intérêt de cette filière.

Cependant, il ne faut pas confiner tous nos œufs dans le même panier magnétique : d'autres pistes de recherche doivent être davantage soutenues. Dans le domaine de la fusion à confinement inertiel par laser, le **Laser Mégajoule** sur le site du Barp, surtout utilisé pour le militaire, n'est pas suffisamment disponible pour les chercheurs civils. Il faudra également s'intéresser à d'autres voies plus « exotiques » comme la fusion proton-bore, étudiée dans les laboratoires de l'Ecole polytechnique.

■ INTENSIFIER LA RECHERCHE ET ACCÉLÉRER LES TRAVAUX SUR LA FUSION THERMONUCLÉAIRE

- **DONNER PLUS DE MOYENS À LA RECHERCHE CIVILE DANS LA FUSION PAR CONFINEMENT INERTIEL**

Economie isotopique

Plus fondamentalement que la production d'énergie, **la science du nucléaire ouvre la voie à toutes sortes d'activités nouvelles qui révolutionneront notre société**. Par exemple, la **torche à fusion**, dont les principes sont connus depuis les années 1970, permettra de séparer tous les éléments chimiques d'un corps quelconque, ce qui signifie que tout ce que l'on appelle « déchets » aujourd'hui deviendra une ressource par recyclage.

De ce point de vue, le rôle du laboratoire de recherche souterrain de Meuse/Haute-Marne (LSMHM), projet qui prépare l'enfouissement « définitif » des déchets à Bure, nécessite d'être entièrement repensé.

Car la notion de déchet est subjective. A ce sujet, il faut rappeler que les isotopes qui sont utilisés pour des examens médicaux sont des « déchets » de réacteurs nucléaires expérimentaux. La décision prise par l'Etat français de fermer prématurément le réacteur Osiris du CEA Saclay en décembre 2015, qui assurait 8 % de la production mondiale de technétium (isotope à usage médical), et alors que son successeur, **le réacteur de recherche Jules Horowitz (RJH)** n'est pas encore opérationnel, aura de graves conséquences.

Au-delà du cas particulier de la santé, la transmutation d'un élément en un autre, notamment dans des **réacteurs à neutrons rapides** (RNR, comme Superphénix ou son successeur ASTRID), nous laisse entrevoir le domaine de **l'économie isotopique**. Il s'agit de produire des éléments rares à l'état naturel, chimiquement semblables aux éléments de la table de Mendeleïev, mais aux propriétés physiques différentes. Ceci nous permettra de construire des matériaux nouveaux qui trouveront leur utilité dans toute l'activité humaine, depuis l'industrie lourde jusqu'à la biologie.

- ORGANISER LA RÉDUCTION DES DÉCHETS AVEC DE NOUVELLES TECHNOLOGIES
- ACCÉLÉRER LE DÉMARRAGE DU NOUVEAU RÉACTEUR DE RECHERCHE JULES HOROWITZ (RJH) AFIN DE SÉCURISER LA PRODUCTION D' ISOTOPES MÉDICAUX

Un choix de société

Répétons-le pour finir : l'avenir du nucléaire nous pose directement la question du choix de société que nous voulons. Les antinucléaires se trompent lorsqu'ils prétendent que l'on pourrait subvenir aux besoins de l'humanité en s'en tenant à des « énergies rustiques ».

C'est ce que défendent les partisans d'une politique malthusienne, afin de préserver leurs intérêts incompatibles avec des investissements lourds et de maintenir leur contrôle sur une population dont ils ne peuvent assurer le renouvellement. Surtout, **ils ne voient pas que l'on ne peut arrêter le nucléaire sans arrêter la science et, de fait, menacer les générations futures**. Pour moi, le nucléaire n'est pas un mal nécessaire, mais **un bien indispensable s'il s'inscrit dans une dynamique de progrès scientifique et de formation d'une démocratie citoyenne qui est notre indispensable base sociale.**

Pour une écologie responsable et humaine

> *« Pour la première fois, l'humanité représente une force géologique à grande échelle. L'homme peut et doit rebâtir son milieu de vie par son travail et sa pensée, le transformant de plus en plus par rapport au passé. Des possibilités créatrices s'ouvrent de plus en plus largement devant nou s. (…) La grande forme nouvelle d'énergie biogéochimique que constitue le processus de travail de l'espèce humaine dans la biosphère (…) est dirigée de façon complexe par la pensée humaine – la conscience. Il est remarquable de constater que la croissance des machines – intelligence capitalisée – au cours du temps, au sein de la structure de la société humaine, suit aussi une progression géométrique, tout comme la reproduction de la matière vivante, y compris les êtres humains. »*
>
> Vladimir Vernadski

Aujourd'hui, **l'écologie est devenue un enjeu politique, économique et culturel**. Cependant, le mot recouvre **deux visions diamétralement opposées de l'être humain**.

La première postule qu'il faut sauver la planète en économisant ses ressources, qui seraient nécessairement finies. Au sein de cette conviction, certains exigent une croissance zéro ou une décroissance. D'autres croient possible une « croissance verte », fondée sur des technologies « douces », c'est-à-dire moins denses. Tous cependant, partant de cet axiome que la « capacité de charge » de la

Terre est limitée, aboutissent à promouvoir une baisse de la consommation matérielle dans les pays développés et un contrôle des effets de l'industrie sur la nature dans les pays non développés ou émergents, tel qu'il ne permettrait pas le développement. La conclusion qu'en tirent ceux qui vont jusqu'au bout du raisonnement est qu'il faudra limiter la population humaine sur la planète par tous les moyens. Les promoteurs les plus extrêmes de cette vision, comme l'était le commandant Cousteau, et tous ceux qui les encouragent et les financent, appellent à réduire la population terrestre à moins d'un ou deux milliards d'êtres humains par des « mesures appropriées ». Il s'agit donc d'**une conception malthusienne et anti-populationniste, aboutissant à des conséquences criminelles** si l'on suit jusqu'au bout sa logique.

> *« Aujourd'hui, le mot écologie recouvre deux visions diamétralement opposées de l'être humain. »*

La seconde vision de l'écologie, celle que je défends car elle seule permet de concevoir un avenir pour notre espèce, établit que **les « lois intangibles » ne sont que des contraintes momentanées, qui peuvent être dépassées par des découvertes de principes physiques nouveaux, appliqués sous forme de technologies plus denses** (c'est-à-dire produisant davantage par être humain, par surface donnée et par gramme de matière utilisée) dans un processus de développement harmonieux.

L'homme n'est pas un fléau destructeur de ressources, mais un créateur capable de changer volontairement son environnement pour le rendre plus apte à être peuplé. **Il y a une ressource inépuisable, qui est la capacité créatrice de l'être humain.**

Ainsi, **la question écologique légitime – quel monde allons-nous laisser aux générations futures ? – ne peut être résolue en revenant à des formes d'énergie moins denses, mais en rebâtissant notre milieu de vie par notre pensée et notre travail**. Le progrès technique associé à l'aménagement des milieux a été la signature de l'histoire humaine, et les rejeter revient à rejeter notre part d'humanité, nos propres réalisations. L'histoire de l'humanité a toujours tendu vers davantage d'hommes vivant relativement mieux et plus longtemps. La croissance démographique est toujours allée de pair avec le progrès économique et social, l'amélioration des conditions de vie pour les générations futures.

Sur le temps long, le potentiel de densité démographique relatif s'est toujours accru de plus en plus rapidement : dans la société de chasseurs et de pêcheurs de la préhistoire, il s'élevait au mieux à dix millions d'êtres humains et à une espérance de vie inférieure à vingt ans en moyenne ; dans notre société industrielle avancée, en étendant simplement le bénéfice des techniques actuelles à l'ensemble des habitants de notre planète, ces chiffres pourraient d'ores et déjà dépasser 25 milliards et 100 ans.

> **❝ Je suis pour une écologie humaine dégagée de son entrave malthusienne destructrice. ❞**

Je tiens, pour commencer, à souligner ce point fondamental, **qui me situe dans le droit fil de la pensée du biogéochimiste russe Vladimir Vernadski** car, dans la confusion actuelle, ceux qui aujourd'hui exercent le pouvoir financier dans le monde tentent d'empêcher un débat clair en le réduisant à un affrontement entre « scientistes » à la Claude Allègre, d'ailleurs lui-même criant au danger démographique, et « écologistes verts » pour qui sortir du nucléaire est le premier commandement. J'en tire les conclusions suivantes :

▶ Le pensant est capable d'orienter le vivant en découvrant les lois de son développement et donc en introduisant, à partir de ces découvertes de principes physiques nouveaux, des modes de production plus denses et des produits nouveaux permettant d'en étendre le champ. Ainsi **l'objectif d'une véritable politique écologique, celle d'une écologie humaine dégagée de son entrave malthusienne destructrice, est de promouvoir les conditions de maintenance et de développement des infrastructures – recherche, santé publique, éducation, services publics, grands travaux – nécessaires pour améliorer les conditions de vie pour tous et donc la capacité d'accueil de la biosphère.** Plus encore, les découvertes nouvelles et leurs applications technologiques permettront à l'homme de parvenir à un niveau plus élevé de compréhension des lois de l'univers et de maîtrise de son destin : **la véritable écologie consiste à construire des plateformes de développement culturelles et matérielles capables d'ouvrir les portes de l'avenir ;**

▶ C'est pourquoi je soutiens **le nucléaire comme un moment nécessaire de ce processus humain. Je suis favorable au développement du nucléaire non comme une somme de procédés fixes ou une exception financièrement « rentable » à un moment de l'histoire, mais comme une physique engendrant des modes d'action sur la nature de plus en plus denses,** par unité de surface et par être humain employé. Sans l'apport de l'énergie nucléaire, aucune reprise de l'économie mondiale ne sera possible et le tiers monde sera condamné à la misère. Le recours au four solaire est nécessaire en Afrique sahélienne, pour éviter d'utiliser le bois comme combustible, détruisant ainsi les remparts forestiers à l'avancée du Sahara, mais le solaire et le nucléaire ne peuvent jouer dans la même division. Seul le nucléaire peut permettre à terme d'alimenter les grands projets nécessaires au développement. Il s'agit d'une question de justice économique et sociale qui rejoint – par le haut – le défi écologique ;

▶ La vraie question qui se pose est : quel nucléaire ? Les types de réacteurs à mobiliser aujourd'hui sont ceux de **la quatrième génération, à haute température, refroidissement gazeux et sécurité intrinsèque, et à neutrons rapides**. Ensuite, l'on passera à la fusion,

> *« Je soutiens le nucléaire, mais quel nucléaire ? »*

dans deux générations, puis un jour peut-être à la maîtrise des réactions matière/antimatière. En ouvrant le jeu, et non en mettant tous les œufs dans le même panier de la fusion par confinement magnétique, et en poussant les feux de **la fusion par confinement inertiel (par laser)**. Cela prendra beaucoup de temps. Oui, mais l'horizon est là, et si l'on ne commence pas tôt, on ne va nulle part ;

▶ **Les propositions de sortir du nucléaire ou d'en réduire la part en 10, 20 ou 30 ans sont absurdes. Faudrait-il attendre aussi longtemps si le nucléaire était si dangereux ? Ne serait-ce pas criminel de prendre un tel risque ?** En fait, le vrai défi pour l'avenir est de maintenir la sécurité et le contrôle du nucléaire existant, tout en mettant en place des centrales de conception plus avancée. Si on garde les critères de rentabilité financière actuels, si on ne fait pas progresser les techniques et si on laisse se développer des sous-traitances en cascade à bas prix, on aura, dans ces conditions, de très sérieux ennuis ;

▶ Le problème n'est donc pas le nucléaire, **mais la priorité financière à court terme qui s'infiltre partout et la baisse des compétences faute de formation appropriée.**

Je me battrai contre cette obsession absurde de rentabilité à court terme, qui se paye toujours très cher à long et moyen terme. Les nucléocrates ont le tort de s'adapter à cet environnement et de s'ériger trop souvent en administrateurs, s'identifiant à leur technique à un moment donné et non à la dynamique de développement de la science ;

▶ Dans ce contexte d'une économie en développement au service de l'homme, et non d'une rentabilité financière à court terme destructrice et/ou d'un bond en arrière, il est clair que **l'amélioration écologique du milieu de vie humain est indispensable**. Tout d'abord dans les transports : une politique de transports publics plus ambitieuse, dans les cadres urbain et interurbain, doit être lancée. On ne peut plus tolérer les embouteillages sur les grands axes d'accès

> « *L'amélioration écologique du milieu de vie est indispensable. Tout d'abord dans les transports.* »

et les périphériques de toutes les grandes villes, ainsi que les problèmes de stationnement à l'intérieur. Je défends le retour, avec des moteurs de la génération actuelle, à **l'aérotrain de l'ingénieur Bertin, l'extension du ferroutage pour éviter l'encombrement par les camions** et le financement avec des aides publiques de la **voiture à hydrogène**, dont la production en masse permettra de diminuer fortement la pollution. Je suis aussi partisan, grâce aux transports terrestres à grande vitesse, de type aérotrain et maglev, de réduire au maximum les vols continentaux de moins de 1500 kilomètres. La construction d'un aéroport comme Notre-Dame-des-Landes correspondrait ainsi à une conception dépassée du transport à laquelle je m'oppose ;

▶ Il y a en outre dans notre société une **surconsommation d'objets inutiles**, notamment dans le domaine des produits de beauté, de communication, de ménage ou de tourisme, qui est volontairement entretenue. La publicité, d'une part, vise à entretenir l'être humain dans un état d'attraction pour le physique, le sexe et la violence, et les objets sont fabriqués pour une durée de vie relativement brève, pour qu'il y ait rachat plus ou moins contraint. **Mon projet combat cette forme de société en portant une autre conception de l'homme, celle de son attachement à une amélioration du milieu de vie collectif et des conditions d'existence pour les générations futures** ;

▶ **L'isolation thermique des logements** doit être accélérée car il s'agit d'une importante source d'économies d'énergie pour le chauffage. En même temps, on doit continuer à développer le solaire à usage thermique car il s'inscrit dans une logique de proximité.

> *" Il y a dans notre société une surconsommation d'objets inutiles. "*

Je mène une vie sobre, sans doute bien plus sobre que celle de nombreux écologistes « officiels » qui laissent leurs empreintes dans divers lieux de vacances exotiques. **Je distingue cependant sobriété et austérité** : un certain pétainisme du retour à la terre et aux énergies douces, de type « bourgeois bohème », me paraît l'autre face de la course à la consommation d'illusions et d'images entretenue par l'idéologie dominante du court terme. C'est ici que de grands chantiers, de grands projets et l'impératif extraterrestre d'une exploration spatiale (cf. ma section *« L'espace, impératif économique et culturel »*) seront le levier pour sortir de la fixation sur les objets, du repli sur soi et de la recherche du bonheur dans un pré carré. La consommation se réorientera alors vers des objets utiles, permettant de réduire le travail physique contraint pour passer à un travail impliquant pensée et réflexion : à une sobriété du mode de vie physique correspondra une recherche du plaisir intellectuel. L'éducation mutuelle (cf. ma section *« L'éducation, une nouvelle frontière pour la France »*) sera le support de cette écologie de la découverte.

Ma conviction profonde, celle de mon combat, est donc qu'il faut changer totalement de point de vue : passer d'une écologie malthusienne à une écologie humaine, fondée sur l'idée de responsabilité vis-à-vis de l'homme et de la nature. Une nature violée ou abandonnée se venge toujours sur ceux qui ne vivent pas en accord avec son principe de développement continu en améliorant la biosphère. Je le dis franchement : continuer le pillage financier et/ou adopter un écologisme antihumain conduirait notre société au pire, faute d'un joyeux effort de création de tous.

- TRANSITION RAPIDE VERS LE NUCLÉAIRE DU FUTUR
- RÉOUVERTURE DU DOSSIER DE L'AÉROTRAIN
- ARRÊT DE L'AÉROPORT DE NOTRE-DAME-DES-LANDES
- POURSUITE DE L'ISOLATION DES LOGEMENTS
- LUTTE CONTRE LA SURCONSOMMATION D'OBJETS INUTILES

Un nouveau souffle pour les institutions de la Ve République

Un pouvoir fort est nécessaire car il est la seule arme disponible pour combattre la mondialisation financière et faire valoir le droit au développement.

Ainsi, **la Constitution de la Ve République ne peut et ne doit pas être bouleversée comme le voudraient ceux qui rêvent d'une VIe sans considérer les périls auxquels nous faisons face**.

Les modifications que je propose visent au contraire à la rendre plus efficace et plus juste en introduisant une participation citoyenne qui est aujourd'hui trop absente.

Orientations et mesures phares

1. **Revenir à un septennat présidentiel non renouvelable**, car le président tire sa force de sa durée et de son caractère rencontrant la volonté du peuple ; s'il perd cet assentiment, il doit partir. **La cohabitation n'a pas lieu d'être** ; en créant un pouvoir à deux têtes, elle revient à poursuivre constamment la lutte électorale par d'autres moyens et paralyse l'esprit de décision.

2. Prévoir que le chef de l'Etat prononce un discours sur l'état de la nation devant le Parlement, chaque fois que survient un événement déterminant pour l'existence de notre pays. **Tout engagement de nos forces en dehors**

du territoire national, en particulier, doit être l'occasion d'un vrai débat suivi d'un vote.

3. Le Parlement, de son côté, doit être relevé. C'est l'indispensable contrepartie d'un exécutif fort devenu, lui, accapareur de pouvoirs. Il est nécessaire d'imposer **un mandat parlementaire unique,** avec **interdiction absolue du cumul des mandats et, en principe, avec l'exercice de toute activité professionnelle rémunérée.** En même temps, les ministres ne doivent pas avoir le droit quasi-automatique de redevenir des députés.

4. **En même temps, un véritable statut de l'élu doit lui garantir la reprise de son activité professionnelle (ou une compensation significative si cela s'avère impossible)** à l'issue de son mandat. C'est la seule manière d'ouvrir l'accès au pouvoir à toutes les catégories professionnelles.

5. Chaque député doit disposer de moyens beaucoup plus importants pour exercer sérieusement ses compétences et disposer des capacités techniques pour rédiger des propositions de loi importantes. **En même temps, le nombre de députés doit être réduit à 400,** car la confusion entre les fonctions locales et nationales se trouvera dissipée, chacun disposant ainsi de plus de temps pour exercer sa mission nationale. **Un véritable statut des collaborateurs parlementaires doit par ailleurs être mis en place,** en autorisant les contrôles éventuels de la Cour des comptes et de l'Inspection du travail pour assurer leur protection.

6. Les formations minoritaires, à l'encontre desquelles s'exerce une sorte d'arrogance des plus forts qui verrouille la vie politique, doivent accéder à une représentation au sein de l'Assemblée nationale. **L'élection à la proportionnelle sur une liste nationale doit être ainsi prévue pour une minorité de députés, 25 %, c'est-à-dire 100 sur les 400 élus au scrutin uninominal à deux tours.** Il s'agit de donner

une bouffée d'oxygène à l'Assemblée sans porter atteinte à la possibilité d'y constituer une majorité.

7. Parallèlement et à terme, **une Assemblée de 500 citoyens tirés au sort doit réfléchir, assistée d'experts, au recours aux technologies du futur**, en explorant trois sujets qui seront à l'avenir fondamentaux :

▶ l'appropriation citoyenne de la **révolution numérique et « informationnelle »**, pour accompagner l'élu et au besoin mettre en cause ses écarts ;

▶ l'étude de **modes nouveaux de scrutins pour aboutir à des méthodes reflétant mieux les réalités et les nuances des convictions, comme la notation de zéro à 20 des candidats**, pour ensuite établir la note totale obtenue par chacun d'entre eux, celui ayant obtenu le plus de points étant proclamé gagnant. A l'heure des ordinateurs pour effectuer les calculs, cette approche devient possible et établit mieux une échelle de valeurs ;

▶ la mise en œuvre d'une réelle démocratie participative, en explorant les conditions d'organisation d'un **vrai référendum d'initiative populaire** et non de sa caricature.

8. **Le Sénat doit devenir un vecteur de progrès économique et social sur tout le territoire national.** Renouvelé, il sera pour moitié élu par le collège actuel et pour moitié composé de membres de droit : présidents de régions, maires de grandes villes et communautés de communes, représentants élus de la vie économique et sociale. **Cette nouvelle instance pourra être en même temps un fer de lance économique et social et refondatrice d'un réel aménagement du territoire,** comportant les nécessaires péréquations horizontales répondant à l'impératif de solidarité nationale.

9. **Le Conseil constitutionnel doit être réformé en profondeur**, ses membres ne devant plus être nommés par des politiques, mais sur des listes présentées par le Conseil

supérieur de la magistrature au Parlement, sur lesquelles celui-ci devra choisir neuf noms à la majorité des 3/5ᵉ.

10. **Il faut enrayer la dérive anti-républicaine des sondeurs-commentateurs-manipulateurs,** et confier le contrôle des sondages à un organisme public indépendant, composé de représentants des syndicats, des partis, d'experts et de statisticiens.

11. **Je suis favorable au gel du vote électronique** ou, au minimum, à ce que l'ordinateur garde une trace physique des votes permettant de détecter des fraudes ou des erreurs éventuelles.

On ne peut en aucun cas considérer que ces réformes se fassent en même temps et sans difficultés. Il faut cependant faire vite, car un pays meurt toujours de l'entre-soi de ses élites et de la soumission désabusée de ceux qui n'en font pas partie. **Mon projet vise à réintroduire le peuple sur la scène de la politique à un moment décisif du combat contre les oligarchies.**

Mettre fin au verrouillage de la vie politique

Les textes organisant l'accès à notre vie politique instituent en fait un privilège financier en faveur du cercle de raison des partis installés et de leurs élus. Si l'on écarte les tirades hypocrites, le financement public aboutit à mettre en place **un système censitaire avec prime systématique à l'antériorité. L'injustice officielle vient ainsi s'ajouter aux effets de l'argent noir de la République** (emplois fictifs plus ou moins tolérés, versements en espèces, « bureaux d'études », enveloppes et valises africaines, etc.) **et au détournement de la loi par la création de micropartis satellites**, permettant à des donateurs de financer une même sensibilité politique au-delà des limites légales.

Le principe est qu'**une manne publique de l'ordre de 63 millions d'euros (en 2015) est versée en deux parts distinctes chaque année pendant cinq ans.** La première, d'un peu plus de 28 millions d'euros, est distribuée aux partis ayant dépassé 1 % des voix dans au moins 50 circonscriptions aux élections législatives. La deuxième part, d'environ 34 millions d'euros, est répartie entre toutes les formations politiques ayant des élus à l'Assemblée nationale, en fonction du nombre de parlementaires se revendiquant du parti. Ainsi, cette manne bénéficie pour l'essentiel aux partis en place. **Evidemment, dira-t-on, il est juste que ceux qui ont présenté des candidats « sérieux » et réussi à les faire élire bénéficient de l'aide publique. Le hic est que pour y parvenir, il faut d'abord pouvoir présenter des candidats aux législatives. C'est ici que se dresse le mur de l'argent, à l'ombre duquel ceux qui sont en place se partagent la manne !

En effet, dans notre système, les candidats doivent financer eux-mêmes l'impression de leurs bulletins de vote, de leurs déclarations de candidature et de leurs affiches, ainsi que leur collage. Le remboursement n'est accordé que si l'on obtient 5 % des voix, ce qui est très difficile pour tout parti émergent. En tout état de cause, il faut faire l'avance des fonds. **Si l'on veut présenter 100 candidats en espérant que 50 dépasseront 1 % des voix, le coût du simple matériel électoral étant de 6000 euros environ par candidature, il faudra dépenser 6000 euros multiplié par 100 candidats, soit 600 000 euros !** Un droit d'entrée dont le niveau explique que les sortants ou les candidats sponsorisés par les grands partis, financés par l'argent public (cf. ci-dessus), disposent d'un avantage déterminant. D'autant plus déterminant que les imprimeurs, sachant que ceux-là obtiendront de toute évidence plus de 5 %, n'exigeront pas d'être payés d'avance et le plus souvent, accepteront d'être subrogés pour se faire régler directement par l'Etat !

Mieux encore, la preuve que la loi est faite pour les riches, ou du moins pour les 50 % de Français assujettis à l'impôt sur le revenu, est apportée par la disposition prévoyant que

> « *Dans notre système, les candidats doivent financer eux-mêmes l'impression de leurs bulletins de vote, déclarations de candidature, affiches et leur collage.* »

les dons aux partis politiques (de personne physique uniquement) sont limités à 7500 euros par personne et par an pour l'ensemble des partis, ouvrant droit à une déductibilité du revenu imposable à hauteur de 66 % des sommes versées, dans la limite de 20 % de ce revenu. Ainsi, plus le donateur est riche et plus l'impôt sur le revenu qu'il doit régler étant élevé, plus sa capacité de contribution bénéficiant d'une déduction fiscale est élevée. **Les plus pauvres, c'est-à-dire les 50 % de Français qui ne sont pas assujettis à l'impôt sur le revenu, ne bénéficient, évidemment, d'aucune déduction !** La conclusion est simple : formez des micropartis pour détourner une procédure déjà inique en elle-même, et vous recueillerez les contributions des plus fortunés, en toute légalité et sans compter ces enveloppes que personne ne saurait voir.

Ce système doit donc de toute évidence être modifié dans son intention même, si l'on veut sérieusement songer au renouvellement de notre vie politique.

Je propose les mesures suivantes :

1. **En ce qui concerne les élections législatives, l'Etat devrait imprimer gratuitement un bulletin unique comportant tous les noms des candidats**, l'électeur devant mettre une croix devant celui de son choix, **ainsi qu'une déclaration de candidature limitée à quelques paragraphes et éventuellement des affiches en nombre limité aux emplacements officiels**. L'on entend déjà les cris émus des bien-pensants : ce serait n'importe quoi, n'importe qui pourrait être candidat, cela coûterait trop cher ! Il faut donc de toute évidence une **sélection**. Cependant, il faudrait substituer à l'actuelle, qui se fait par l'argent, une plus juste et plus démocratique, **fondée sur l'aptitude du candidat à réunir des signatures de présentation**, dûment contrôlées, atteignant au moins 0,5 voire 1 % des électeurs inscrits. Innovation extraordinaire ? Non, cela se

fait en Suisse, et partiellement dans de nombreux autres pays, dont l'Allemagne et les Etats-Unis.

- **L'ETAT DOIT PRENDRE EN CHARGE L'IMPRESSION D'UN BULLETIN DE VOTE UNIQUE COMPORTANT TOUS LES NOMS DES CANDIDATS**

2. Pour ce qui est du système de déduction fiscale, il faut d'une part maintenir le système actuel, car le plafond de 7500 € par personne physique, institué par la loi du 11 octobre 2013, est justifié. D'autre part, **pour les 50 % de Français dont les revenus sont trop faibles pour être assujettis à l'impôt, et qui se trouvent donc discriminés, il faudra prévoir un remboursement public de 66 % de leurs dons dans la limite de 20 % de leurs revenus**. Ce qui permettrait de rétablir un équilibre, au moins partiel.

- **POUR LES 50 % DE FRANÇAIS NON IMPOSABLES, UN REMBOURSEMENT PUBLIC DE 66 % DE LEURS DONS DANS LA LIMITE DE 20 % DE LEURS REVENUS**

3. Enfin, **les déclarations de candidature**, avec les bulletins de vote, devraient arriver au domicile des électeurs non pas quelques jours avant la date du scrutin, mais **10 à 15 jours auparavant**, pour que l'information n'arrive pas quand les jeux sont pratiquement déjà faits et que tout électeur dispose d'un délai de réflexion.

4. Il y aurait encore beaucoup à dire, notamment en matière de recettes. Aujourd'hui, lors de l'élection, un candidat peut verser sans limite des fonds relevant de sa fortune personnelle. Encore un cadeau aux plus aisés ! Il faudrait fixer un plafond de 37 500 euros, soit cinq fois le don maximum d'une personne physique à un parti.

5. Quant à **l'élection présidentielle**, instituée au suffrage universel depuis la loi du 6 novembre 1962, **les modifications successives qui lui ont été apportées ont eu pour objectif constant d'en restreindre l'accès**, avec des dispositions assez contournées pour ne pas être compromises par le plus grand nombre d'électeurs.

Je propose de **rétablir une élection réellement juste et ouverte**, ayant pour seul crible les présentations par 500 élus. Ce qui signifie :

▶ réévaluer **l'avance sur dépenses faite aux candidats** actés par le Conseil constitutionnel, à un niveau qui, en pouvoir d'achat, corresponde réellement au million de francs prévu à l'origine. En clair, un million de francs de 1962 n'équivalent pas aujourd'hui à 150 000 euros, mais à **1,4 million d'euros** (un franc de l'année 1962 vaut en pouvoir d'achat 1,46499 euros de 2016). Cette mise à jour est indispensable pour respecter l'état d'esprit du législateur d'origine, tenir compte de l'évolution du coût de la vie et corriger les disparités de fortune entre candidats ;

■ RÉÉVALUER L'AVANCE SUR DÉPENSES FAITE AUX CANDIDATS, DES 150 000 EUROS ACTUELS À 1,4 MILLION

▶ rétablir **le principe de publication des présentations (parrainages) à la fin seulement de la procédure et non au fur et à mesure de leur arrivée au Conseil constitutionnel**, ce qui revient aujourd'hui à une influence indue en cours de procédure ;

▶ rétablir, **au cours des cinq semaines suivant la publication de la liste des candidats par le Conseil constitutionnel** et précédant le jour de l'élection, **le principe d'égalité des temps de parole**, sans tenir compte des réputations établies, des sondages, des moyens dont dispose le candidat pour organiser des réunions ou des suffrages précedemment obtenus par lui-même ou ceux qui le soutiennent. Une élection présidentielle a pour but de définir un cap, non de préserver des acquis ;

▶ permettre que dans une présidentielle, comme dans toute autre élection, outre les recettes provenant de la fortune personnelle du candidat, des prêts des banques et des partis politiques, les prêts de personnes physiques (avec ou sans intérêt) soient autorisés et ouvrent droit à remboursement. L'on ne voit pas pourquoi une présidentielle fermerait les possibilités de participation au lieu de les ouvrir.

■ RÉTABLIR, AU COURS DES CINQ SEMAINES PRÉCÉDANT LE JOUR DE L'ÉLECTION, LE PRINCIPE D'ÉGALITÉ DES TEMPS DE PAROLE

Cependant, la vraie solution serait d'**interdire toute forme de financement, sauf celle effectuée sous forme d'une avance de l'Etat égale pour tout candidat ayant obtenu les 500 signatures d'élus pour une présidentielle, ou les 0,5 % à 1 % de signatures de citoyens requises pour une législative**. La campagne se trouvant désormais officiellement ouverte et le versement effectué trois mois avant l'élection, cela mettrait fin à l'hypocrisie d'une campagne officielle actuellement réduite à deux semaines, alors que dès qu'un candidat se déclare, il doit ouvrir un compte de campagne au plus tard un an avant l'élection. Ce système reviendrait, en fin de comptes, moins cher à l'Etat et préserverait **le principe d'égalité devant les dépenses** et l'accès aux fonctions publiques. Il aurait également pour avantage de diminuer la quantité de papier à imprimer, ce qui limiterait d'autant le recours à l'abattage de nos forêts.

■ INTERDICTION DE TOUTE FORME DE FINANCEMENT, SAUF CELLE QUE L'ETAT AVANCE À CHAQUE CANDIDAT

Dis-moi comment tu finances ta vie politique, et je te dirai dans quel régime tu vis. **Aujourd'hui, c'est un ordre louis-philippard reposant sur un système censitaire de fait.** Rétablir l'équité dans le financement de la vie politique est un impératif pour **redonner un souffle et une ambition républicaine à notre société**.

Redonner à la justice pouvoir et dignité

Les revendications du citoyen sont sa protection et celle de ses proches, le respect des libertés publiques et la juste réparation de tout préjudice.

Au regard de ces exigences légitimes, notre justice est trop chère, trop lente et trop inégalitaire ; elle doit être **démocratisée, accélérée et devenir plus objective.**

Il faut donc réconcilier les Français avec leur justice. Qu'ils croient en elle est une condition nécessaire de notre vie publique.

I. Un réel troisième pouvoir

Je suis d'abord **favorable à ce que la justice puisse devenir un réel troisième pouvoir**, et non demeurer une autorité judiciaire.

Ce pouvoir me paraît devoir être suffisamment assuré par **trois réformes fondamentales et un accroissement de ses moyens dans six domaines,** en évitant dans leur application les bouleversements trop rapides qui ne doivent pas précéder le changement nécessaire des mentalités.

Les trois réformes fondamentales que je mettrai en œuvre seront :

1. Couper réellement les cordons ombilicaux, **en séparant les magistrats en deux corps, correspondant au siège et au parquet.** Le ministère public qui accuse doit être séparé des juges qui rendent la justice. Il faut créer **un Procu-

reur général de la nation, indépendant et inamovible, devant diriger l'action publique suivant des principes politiques généraux** (et sans instructions particulières, écrites ou orales) formulés par le garde des Sceaux. Les juges seraient donc indépendants et les procureurs dépendants, mais à l'égard d'une hiérarchie elle-même indépendante de l'exécutif.

2. **En ce qui concerne le Conseil supérieur de la magistrature (CSM),** les six personnalités qualifiées actuellement nommées par le président de la République, le président de l'Assemblée nationale et le président du Sénat, devront désormais être désignées par l'Assemblée nationale à une majorité de trois cinquièmes des élus. Le CSM nommera le Procureur général de la République et les procureurs pour cinq ans en formation plénière, le président de la République disposant d'un droit de veto.

Je suis convaincu qu'il faut ainsi assurer l'indépendance du pouvoir judiciaire à un moment où le président de la République le présente comme *« une institution de la lâcheté »*, en imposant une réelle séparation des pouvoirs qui évite à la fois le « gouvernement des juges » et leur soumission à l'exécutif.

3. Les juges doivent recevoir, au départ, la même formation que les avocats, et **la formation dispensée à l'Ecole nationale de la magistrature, rebaptisée Ecole de la Justice, devra être remise à plat.** La formation des magistrats doit être repensée pour qu'ils soient plus en phase avec la société. A cet effet, des intervenants extérieurs devront participer davantage à la formation des futurs magistrats, ainsi que des professionnels étrangers.

- SÉPARER EN DEUX CORPS LES MAGISTRATS DU PARQUET ET DU SIÈGE
- NOMMER UN PROCUREUR GÉNÉRAL DE LA NATION, INDÉPENDANT ET INAMOVIBLE

- LES SIX PERSONNALITÉS EXTÉRIEURES DU CSM SERONT DÉSIGNÉES PAR L'ASSEMBLÉE NATIONALE
- LE CSM NOMMERA LE PROCUREUR GÉNÉRAL DE LA RÉPUBLIQUE ET LES PROCUREURS, LE PRÉSIDENT DE LA RÉPUBLIQUE DISPOSANT D'UN DROIT DE VETO

II. Des moyens insuffisants

Notre justice est dotée de moyens largement insuffisants. **Les six domaines dans lesquels les moyens budgétaires doivent être immédiatement accrus sont :**

1. **Le recrutement des juges d'instruction.** Les postes devraient être exclusivement réservés à des magistrats ou des avocats expérimentés, **ayant une pratique de la justice depuis plus de 10 ans.** Les jeunes juges d'instruction devraient d'abord travailler pendant une durée minimale de trois à cinq ans aux côtés de magistrats expérimentés, qui pourraient écarter ceux qui n'ont pas les qualités humaines nécessaires dans un poste si exposé.

Je ne suis pas favorable à une instruction « à l'américaine », qui se ferait à l'audience, car cela supposerait un temps considérable, donc des greffiers et des salles d'audience en nombre suffisant, dont notre justice ne dispose pas. La solution la plus simple et la plus équitable serait donc d'**accroître le nombre de juges d'instruction de sorte que le nombre de dossiers traités par chacun ne dépasse pas une soixantaine.** Ainsi pourra s'exprimer une reconnaissance pour la qualité du travail accompli.

- UN POSTE DE JUGE D'INSTRUCTION RÉSERVÉ À DES MAGISTRATS OU DES AVOCATS AYANT PLUS DE 10 ANS DE PRATIQUE
- ACCROÎTRE LE NOMBRE DE JUGES D'INSTRUCTION : PAS PLUS DE 60 DOSSIERS À TRAITER PAR CHACUN D'EUX

2. **L'aide juridictionnelle.** C'est l'un des plus grands scandales de notre justice, et dont on parle trop peu. Actuellement, cette aide équivaut approximativement au quart des honoraires habituellement payés par un client ordinaire, quelles que soient la durée de la procédure ou la complexité du dossier. **Le montant affecté à cette aide devrait être dans un premier temps doublé, puis rapidement quadruplé**, en renonçant pour toujours à l'idée de la faire financer par une taxe sur le chiffre d'affaires des avocats. D'autant plus que l'extension de la présence des avocats pendant la garde à vue et la création de l'Habeas corpus exigent plus de moyens.

Il faudrait également la rendre plus accessible en relevant le plafond de ressources, notamment en faveur des familles. 50 % des foyers fiscaux, c'est-à-dire tous ceux qui ne paient pas l'impôt sur le revenu, devraient être éligibles à une aide totale.

L'unité de valeur pour les missions des avocats, actuellement de 32 euros, devrait être portée **à 40**. Cela supposerait **une dépense supplémentaire d'au moins 600 millions dans l'immédiat, puis 1,2 milliard d'euros par an en 2022. Ce n'est pas cher payé pour faire respecter un juste accès au droit.** En Grande-Bretagne, où l'aide légale permet de rémunérer aux frais réels les avocats plaidants, la dépense est d'environ 2,5 milliards d'euros par an, soit six fois plus que chez nous. En Allemagne et en Suisse, c'est approximativement le double et le triple.

- DOUBLER, PUIS QUADRUPLER LE MONTANT AFFECTÉ À L'AIDE JURIDICTIONNELLE
- RELEVER LE PLAFOND DE RESSOURCES POUR EN BÉNÉFICIER
- UNE DÉPENSE SUPPLÉMENTAIRE DE 600 MILLIONS DANS L'IMMÉDIAT ET 1,2 MILLIARD EN 2022

3. Réfléchir à **la fusion en un ordre juridictionnel unique,** qui coifferait à la fois le judiciaire, l'administratif

et même le financier pour garantir un peu plus l'indépendance de tous les juges. **Un guichet unique** devra, dans ce nouveau contexte, recevoir tous les actes judiciaires, quelle que soit la juridiction compétente à laquelle l'acte aura été directement adressé par le bureau qui l'aura enregistré.

4. **Simplifier les textes**. Il y en a actuellement beaucoup trop, et trop souvent écrits dans un jargon incompréhensible aux non professionnels. Une partie de la population se trouve marginalisée par un droit devenu trop complexe que d'autres ont les moyens d'exploiter à leur profit. En même temps, **les parlementaires doivent mieux suivre l'exécution des lois**. Car sur 1000 lois votées, plus du tiers restent inappliquées, si l'on effectue un décompte « par mesures » prenant effet. Principalement parce que l'exécutif n'a pas publié les décrets nécessaires à leur entrée en vigueur. Les commissions permanentes du Sénat assurent en principe ce contrôle, sur leur rapport en séance plénière. Un pouvoir systématique de suivi devrait leur être donné pour traquer tous les retards.

5. **La lutte contre la grande délinquance financière et le blanchiment d'argent. Les brigades financières de la police judiciaire**, qui enquêtent sous l'autorité des juges, doivent bénéficier de **crédits plus importants et d'effectifs mieux fournis.**

Il s'agit ici de rompre avec un immobilisme comptable pour mener une véritable guerre.

6. **Les auxiliaires de justice**. Greffiers, assistants, experts, enquêteurs sociaux, interprètes doivent être **mieux rémunérés**. Aujourd'hui, leur nombre est insuffisant et la qualité de leur travail mal appréciée. Le nombre de ceux qui veulent bien travailler pour une justice qui paie mal diminue. Les retards pris dans les procédures constituent un coût social plus élevé que celui qui découlerait d'une rémunération plus juste.

III. Sanctions contre les juges défaillants

La contrepartie d'une justice plus indépendante et devenant un réel pouvoir doit être la possibilité de sanctionner plus sévèrement les magistrats.

1. **Les fautes disciplinaires.** Le Conseil supérieur de la magistrature propose des sanctions pour ce type de faute. Il a condamné une douzaine de magistrats qui ont failli à leur mission ou manqué à leur devoir de probité. Cela va de la réprimande à la révocation en passant par le déplacement d'office ou la rétrogradation.

Avec la composition nouvelle du CSM que je préconise, et la sélection plus ouverte de ses membres, la sévérité des sanctions pourrait être accrue.

Le CSM devrait pouvoir **saisir l'inspection des services judiciaires et sanctionner les magistrats du parquet,** deux prérogatives aujourd'hui réservées au garde des Sceaux.

Il faudrait en outre procéder à **un audit disciplinaire de toutes les juridictions de France**, y compris les tribunaux de commerce et les prud'hommes.

- SÉLECTION PLUS OUVERTE DES MEMBRES DU CSM ET SÉVÉRITÉ ACCRUE
- POSSIBILITÉ POUR LE CSM DE SAISIR L'INSPECTION DES SERVICES JUDICIAIRES ET DE SANCTIONNER LES MAGISTRATS DU PARQUET

2. **La responsabilité personnelle du juge.** La retenir revient à aller au-delà du domaine disciplinaire. Il me paraît souhaitable de le faire, mais avec prudence.

La responsabilité personnelle du magistrat ne devrait être engagée que lorsqu'il y a manquement évident à une obligation de prudence ou de diligence : détention provisoire abusive ou perpétuation d'un contrôle judiciaire devenu notoirement sans objet, ou, à l'inverse, erreur juridique manifeste ayant conduit à la libération d'un dangereux récidiviste.

Dans ce cas, le juge devrait être pénalisé en participant de manière symbolique à l'indemnisation de l'Etat. La « vraie » peine dissuasive ne serait pas le montant de la somme versée, mais le déshonneur de se voir condamné.

■ RETENIR LA RESPONSABILITÉ PERSONNELLE, MAIS AVEC PRUDENCE

IV. Dans la procédure pénale

1. **Suppression du secret de l'instruction.** De fait, celui-ci n'existe pratiquement plus et les juges eux-mêmes s'appuient sur les médias pour poursuivre leur enquête. Il faut donc faire cesser l'hypocrisie et espérer que sous l'oeil du public (avec un débat loyal, dossier sur la table), les juges d'instruction seront davantage inspirés d'instruire à charge et **à décharge**, en respectant la présomption d'innocence même lorsque des préjugés sociaux peuvent biaiser leur jugement.

2. **Garantie de l'accès au dossier** pour toute personne mise en examen et **limitation de la détention provisoire** à six mois en matière correctionnelle et à un an en matière criminelle, sauf pour les cas de terrorisme et trafic de stupéfiants. De plus, **les critères objectifs qui justifient l'emprisonnement** doivent être mieux établis et respectés.

■ SECRET DE L'INSTRUCTION : FAIRE CESSER L'HYPOCRISIE

V. En finir avec le scandale français des prisons

La prison ne doit pas être un lieu de vengeance sociale, **mais un lieu où le détenu, en purgeant sa peine, trouve** l'opportunité de revenir à la société, de s'y réintégrer, d'en devenir un élément positif et surtout, de ne pas tomber dans la récidive.** Une prison plus humaine contribue à la sécurité de tous.

Or aujourd'hui, en France, la prison reste une **usine à récidive**. Les détenus souffrant de troubles mentaux graves (sans parler des névroses ni des simples troubles psychiatriques) représentent 25 % du total, selon les pouvoirs publics. Un suivi psychiatrique est préconisé pour la moitié des entrants et 8 % des patients suivis souffriraient de troubles psychotiques. C'est dire si **la prison est devenue l'annexe des hôpitaux psychiatriques**. Globalement, il y a toujours en France plus de détenus que de places, ce qui aggrave le problème psychiatrique, notamment dans **les maisons d'arrêt où la surpopulation est endémique.**

Il faut donc mettre un terme à cette honte de la République.

1. En aval, il faut **remettre des éducateurs dans la rue.** Avec des locaux pour les jeunes dans les cités, dont ils seraient associés à la gestion, et une véritable politique de logement. **Il faut assurer un maillage des territoires par une collaboration entre tous les acteurs de la vie publique** : éducateurs dont le nombre doit être fortement accru, police de proximité et d'îlotage à rétablir, psychiatres, enseignants connaissant les familles à problèmes. Surtout, l'école ne doit pas être vécue comme un lieu de passage obligatoire sans perspectives, dans une langue perçue comme plus ou moins étrangère, mais comme un accès à l'emploi. Cela pose tout le problème **du lien entre sécurité économique et sociale et sécurité publique**, qui est au coeur de mon projet.

2. **Au sein de la prison, on ne peut continuer comme aujourd'hui.** Je propose de limiter les détentions provisoires, ce qui permettra de résoudre en partie le problème de la surpopulation des maisons d'arrêt. Au 1er juillet 2016, sur 69 375 personnes incarcérées, 20 035 se trouvaient en

détention provisoire, soit environ 30 % du total. Il faut se rapprocher progressivement de la moyenne européenne, qui est de l'ordre de 20 %.

De plus, il faut créer de toute urgence, dans toutes les maisons d'arrêt, **un quartier pour les peines courtes**, avec des mesures de sécurité allégées. Les petits délinquants ne doivent plus être mélangés avec les autres pour qu'on puisse en finir avec l'« école du crime ». Cela doit être accompagné d'un **meilleur suivi du contrôle judiciaire**, qui reste trop souvent aléatoire.

- LIMITER LES DÉTENTIONS PROVISOIRES
- CRÉER DANS TOUTES LES MAISONS D'ARRÊT UN QUARTIER POUR LES PEINES COURTES, AVEC DES MESURES DE SÉCURITÉ ALLÉGÉES

3. Je propose surtout d'**humaniser la prison** :
▶ **il ne faut plus incarcérer les mineurs non récidivistes, les sans-papiers et les grands malades** ;
▶ il faut **vider les prisons de tous ceux qui n'ont rien à y faire**, cas psychiatriques graves et petits délinquants, en favorisant **l'incarcération en milieu ouvert**, grâce au recours plus fréquent à un bracelet électronique de suivi ;
▶ **la promiscuité qui règne encore dans trop d'établissements doit cesser et les conditions sanitaires devenir satisfaisantes**. Des protocoles d'accord doivent être établis entre les divers intervenants pour mettre en place des installations sanitaires (douches, toilettes) qui préservent l'intimité de la personne, faire en sorte que le prix de denrées vendues aux prisonniers en cantine (qui varient d'une prison à l'autre) ne soit pas si élevé et que les repas soient servis à une température normale et non refroidis au cours des trajets. L'accès aux soins médicaux doit être rendu plus aisé ;
▶ **les conditions d'hébergement des gardés à vue et dans les centres de rétention des étrangers sont trop souvent indignes**, y mettre fin est une priorité absolue ;

▶ il est nécessaire d'assurer **une rémunération réelle du travail en prison** et d'établir des **parcours de qualification professionnelle** pour ceux qui en font la demande ;

▶ **des unités de visite familiale doivent de toute urgence** être systématiquement mises en place, particulièrement pour les condamnés à de longues peines. En outre, les prisonniers doivent être **affectés dans le lieu de détention le plus proche possible de leur famille.**

- HUMANISER LA PRISON : NE PLUS INCARCÉRER LES MINEURS NON RÉCIDIVISTES, LES SANS-PAPIERS ET LES GRANDS MALADES.
- RÉMUNÉRER RÉELLEMENT LE TRAVAIL EN PRISON ; ÉTABLIR DES PARCOURS DE QUALIFICATION PROFESSIONNELS

4. Les dispositifs d'accueil et d'orientation à la sortie de prison doivent être améliorés :

▶ d'une part, pour les prisonniers ayant acquis une formation professionnelle en prison, des offres d'emploi doivent être prévues ;

▶ d'autre part, pour ceux ayant une faible qualification, il faut **multiplier le nombre de conseillers d'insertion et de probation**. Leur nombre est notoirement insuffisant pour assurer un réel suivi pour tous, détenus ou en milieu ouvert. Je propose d'en augmenter immédiatement le nombre d'environ 50 % afin d'atteindre le chiffre de 4500 pour 250 000 personnes, en suscitant les candidatures par une meilleure organisation et une valorisation des missions.

Tous doivent **bénéficier d'un accès prioritaire au logement social.**

- AMÉLIORER L'ACCUEIL À LA SORTIE DE PRISON AVEC DES OFFRES D'EMPLOI PRÉVUES, DES CONSEILLERS D'INSERTION ET DE PROBATION EN AUGMENTATION DE 50 % ET UN ACCÈS PRIORITAIRE AU LOGEMENT SOCIAL

5. **Il ne faut plus emprisonner les malades mentaux** et, pour ceux qui sont aujourd'hui incarcérés, les réorienter vers des unités spécialisées :

▶ 26 établissements pénitentiaires sur un total de 188 sont dotés de services médico-psychologiques régionaux (SMPR). Mais les moyens sont disparates et ces SMPR, à l'exception de ceux de Paris et de Marseille, ne fonctionnent avec du personnel médical que jusqu'à 18 heures. Après, ce sont les surveillants qui prennent le relais !

▶ seuls les hôpitaux psychiatriques publics (HP) et autres structures spécialisées, comme les unités pour malades difficiles (UMD), sont habilités à fonctionner sous le régime de la contrainte. Cependant, on se heurte aux réticences des hôpitaux de secteur à accueillir des détenus, soit par peur, soit par manque de moyens, ou les deux à la fois. Ces hôpitaux doivent disposer **d'ailes sécurisées** qui permettront aux détenus d'être traités dans un environnement moins dur et aux personnels d'être protégés. Quant aux UMD, il n'y en a qu'une dizaine en France métropolitaine, pouvant accueillir 620 patients, avec des procédures et des délais d'attente très longs. Dans les conditions actuelles d'aggravation des pathologies (drogue, alcool, stress), il faut créer au moins cinq UMD supplémentaires, pour que toutes puissent assurer leur rôle thérapeutique et si possible de resocialisation.

Les unités hospitalières spécialement aménagées (UHSA) qui, à la différence des UMD, ne travaillent qu'en lien direct avec les établissements pénitentiaires, ont vocation à prendre en charge les personnes incarcérées nécessitant des soins psychiatriques en hospitalisation complète. Il existe actuellement une vingtaine de ces unités pour une capacité totale d'environ 800 places. Il faudrait rapidement atteindre une capacité de 1000 places. Il s'agit d'une question majeure de sécurité publique.

NE PLUS EMPRISONNER DE MALADES MENTAUX
MAIS LES RÉORIENTER VERS DES UNITÉS SPÉCIALISÉES

6. **Peines de substitution et réparation pénale.** Plutôt que la prison actuelle, « usine à récidive » et trop souvent dépotoir de troubles mentaux, des peines de substitution, et en particulier de réparation, doivent être prévues de façon bien plus systématique. Les résultats sont là : 80 % des primo-délinquants reçus par le service de réparation de l'Association départementale pour la sauvegarde de l'enfance et de l'adolescence (Adsea) se font définitivement oublier des services de police ou de justice et comprennent qu'il y a un intérêt personnel à participer au grand jeu de la vie collective.

Une mesure de réparation pénale, qu'elle dure un jour ou six mois, coûte environ huit cents euros, moins que les mille euros auxquels revient une seule journée en centre fermé. C'est la combinaison de la prévention, d'une organisation de la réparation pour les premières peines et de la rénovation de l'enfermement pour les seuls cas les plus lourds qui est gagnante.

Il faut donc promouvoir la réparation pénale auprès des magistrats, qui y ont trop peu souvent recours, et organiser un encadrement de qualité pour l'exécution, notamment pour les mineurs. Cet effort est pour moi une grande priorité.

Enfin, de manière générale, **les peines doivent être appliquées,** alors qu'aujourd'hui un grand nombre ne le sont pas, notamment en matière de justice pour mineurs et dans les tribunaux correctionnels. L'effet en est désastreux et fait perdre à la justice une partie de sa crédibilité, notamment aux yeux des primo-délinquants. **Mieux vaut une peine apparemment plus légère, mais rapidement décidée et appliquée, qu'une peine apparemment plus lourde, mais décidée plusieurs mois ou même années après le** délit, et dont on se préoccupe insuffisamment de l'application.

- PRIVILÉGIER DES PEINES DE SUBSTITUTION, ET EN PARTICULIER DE RÉPARATION
- LES PEINES DOIVENT ÊTRE APPLIQUÉES ALORS QU'AUJOURD'HUI UN GRAND NOMBRE NE LE SONT PAS, CE QUI FAIT PERDRE À LA JUSTICE UNE PARTIE DE SA CRÉDIBILITÉ

VI. Changer d'état d'esprit

Le véritable **renouveau judiciaire** que je défends exige **avant tout un changement d'état d'esprit.**

Pour l'ensemble des Français, la soif du châtiment et la victimologie ne doivent plus désorienter leur désir de vraie justice.

Partant d'un état d'esprit nouveau, autant chez les justiciables que chez les magistrats, l'engagement pris devrait être de **remettre l'humain au centre de la justice.** A cet effet, des **états généraux de la justice** doivent être engagés dans tout le pays. Les gens seront invités à débattre devant les tribunaux et les barreaux, comme au XIXe siècle pour la rédaction du code d'instruction criminelle et du code civil, mais avec les moyens que procure internet au XXIe siècle. On ne peut en appeler simplement à la **responsabilité** d'un gouvernement, mais à celle **d'une société entière.**

- ORGANISER DANS TOUT LE PAYS DES ÉTATS GÉNÉRAUX DE LA JUSTICE POUR ABOUTIR À UNE VRAIE RÉFORME
- DONNER À LA JUSTICE LES MOYENS NÉCESSAIRES À L'EXERCICE DE SON POUVOIR

La réforme, la vraie, pourra ensuite, enrichie par ces débats, être réalisée au Parlement, dans un climat apaisé et avec des citoyens en principe informés, alors qu'aujourd'hui, le fonctionnement du système judiciaire est tout à fait opaque pour la majorité des Françaises et des Français.

A cette justice-là, il faudra donner les moyens nécessaires à l'exercice de son pouvoir enfin établi. La France est classée 39e sur 45 pays en nombre de fonctionnaires alloués à la justice par 100 000 habitants, derrière l'Arménie et la Géorgie… Il faut mettre fin à la misère honteuse des tribunaux qui désorganise leur activité, et faire de la prison un lieu de vie contrôlé mais digne.

Cela coûtera cher. Je propose un milliard de plus tout de suite, outre l'accroissement de l'aide juridictionnelle. Une bonne justice, suscitant un esprit de coopération citoyen et rétablissant la confiance dans nos institutions, le vaut bien. A nous de la créer ! Le temps, là aussi, nous est compté.

Pour une laïcité solidaire

Au moment où la laïcité se trouve instrumentalisée par les uns, pour servir cyniquement le rejet de l'immigration et du dialogue des civilisations et des cultures, et étouffée par les autres dans un communautarisme sectaire, je me battrai pour le sens dont ce mot est porteur dans notre histoire.

I. Le fondement

L'accueil de l'autre et la définition avec lui d'un vouloir vivre en commun est au fondement de toute société humaine. *« Reçois tout homme avec un beau visage »*, nous dit le Traité Avoth (Pères). C'est en partant de ce bon pied que Jaurès voyait en la laïcité, qui postule au départ une raison humaine commune, *« la fin des réprouvés »*. Assurant *« la liberté de conscience »* et garantissant le *« libre exercice des cultes »* sans en reconnaître, salarier ni subventionner aucun, notre loi du 9 septembre 1905 crée un espace public équitable, offert à chaque croyance ou conviction respectueuse des principes de notre Constitution.

> **Laïcité : la fin des réprouvés.**
> Jean Jaurès

C'est dans cet espace que doit se dérouler un dialogue permanent en vue d'éviter la guerre de tous contre tous, chacun participant à l'élaboration concrète de grands projets d'intérêt mutuel valables pour tous, croyants ou pas. La laïcité est ainsi le livre sur lequel s'écrit le récit de la patrie. Cependant ce récit n'est pas une histoire qui exclut.

Charles de Gaulle écrivait justement que « *le patriotisme, c'est aimer son pays. Le nationalisme, c'est détester celui des autres* ». J'adhère pleinement à cette vision, suivant laquelle la France est nécessaire au monde et manque lorsqu'elle faillit, mais que pour apporter au monde, elle doit elle-même se nourrir d'influences extérieures. Il y a donc bien **une laïcité intérieure, entre Français et plus généralement résidents en France, et une laïcité extérieure, incarnant le pacte vingt fois séculaire que la France a passé avec la liberté, l'égalité et la fraternité du monde**.

II. La pratique de la solidarité, part commune

Concrètement, la laïcité a besoin d'un socle. C'est la nécessité de toujours refonder l'engagement social et politique à partir d'un noyau solide commun aux grandes religions monothéistes et aux principaux courants spirituels et humanistes. Il ne s'agit pas d'additionner des dogmes mais, dans une constante dynamique d'interpellations mutuelles, de bâtir des repères d'un vouloir vivre en commun dans une société qui en manque. L'Etat ne doit pas, bien entendu, avoir la prétention de diriger ou orienter ce mouvement. Cependant, son devoir est de ne pas l'empêcher d'être et de lui offrir les lieux et les moyens par lesquels il puisse s'exprimer et s'étendre.

Il est pour moi nécessaire que prenant ainsi au sérieux la parole vivante de leurs diverses croyances, un nombre croissant d'êtres humains se découvrent mutuellement dans un espace public, s'indignent de l'injustice dans laquelle nous vivons et, à partir de divers cheminements, exigent un ordre plus conforme à la justice. Et qu'ils le défendent sans compromissions, y compris face, s'il le faut, à leurs propres coreligionnaires. **Celui qui croyait au ciel et celui qui n'y**

croyait pas combattant côte à côte pour la dignité et la justice de tous, c'est cela pour moi l'esprit de la laïcité.

La laïcité est aussi dans cette démarche un combat contre l'irrationnel mais sans rejeter toute transcendance et esprit religieux, pourvu que foi et raison ne soient pas opposées.

Contre le libéralisme sauvage, elle est **le lieu où doit pouvoir se manifester la complémentarité d'une science et d'une spiritualité rétablies dans leur essence originelle**. La science est la capacité dont dispose l'homme de découvrir, de comprendre et d'appliquer les principes physiques universels nécessaires à sa survie et celle son espèce. Il doit abandonner toute vanité personnelle et toute fausse certitude pour pouvoir aller là où personne n'a su aller avant lui, et rendre sa découverte compréhensible à ses semblables.

Pour entreprendre ce « voyage », la méthode inductive-déductive n'est d'aucune utilité. La découverte scientifique doit prendre en compte un univers en mutation. C'est ici que la science doit se nourrir aux sources d'une spiritualité authentique. En effet, la découverte du chercheur ne peut être fondée sur telle ou telle chose particulière, mais elle doit concevoir cette propriété comme une manifestation de l'univers tout entier agissant au moment historique où il l'observe. **Cet accueil de l'univers est l'autre face de l'accueil d'autrui, et constitue ce qui est fondateur de l'espace public**.

III. Plus petit dénominateur commun et plus grand commun multiple

Contrairement aux approches communautaristes ou séparatistes, la loi de 1905 définit le plus petit dénominateur commun pour chercher à vivre ensemble, manger ensemble, étudier ensemble, nager ensemble, sans que pour autant une norme s'impose uniformément à tous. **Le défi est de faire de l'unité avec de la diversité, dans une exigence commune de justice et de respect, mais sans uniformité stérile. Le plus petit dénominateur se trouvera ainsi porté par le plus grand commun multiple.** Il n'y a pas d'autre issue.

L'idée de laïcité n'appartient pas aux partis politiques, mais aux représentants du peuple, à l'Assemblée nationale ou au Sénat, là où tous les Français sont représentés. Enfin, il appartient aux Eglises et aux grands courants humanistes de solliciter les réflexions et les avis de nos compatriotes. Il y a entre eux un souffle d'apaisement que l'on trouve beaucoup moins chez les politiques. La Conférence des cultes de France a d'ailleurs dit naguère haut et fort : *« Nous militons ensemble pour une laïcité de bonne intelligence »*

> *Que le facteur religieux soit un élément de paix et de progrès et non de division.*

et *« les améliorations du cadre juridique et réglementaire »* doivent plutôt *« s'inscrire dans la durée »*, de sorte que *« le facteur religieux soit un élément de paix et de progrès et non de division »*.

Je serais tenté pour finir de citer le Traité Sanhédrin de Tossefta : *« Le juste des Nations vaut le juste d'Israël. »* Et je conseillerais à tous ceux qui parlent de cette question de la laïcité de lire d'abord Jaurès : *« Tout individu humain a droit à l'entière croissance. Il a donc le droit d'exiger de l'humanité tout ce qui peut fonder son essor. Il a le droit de travailler, de produire, de créer, sans qu'aucune catégorie d'homme soumette son travail à une usure ou à un joug. »* La laïcité est ainsi l'espace où se joue *« la fin des reprouvés »*. Je conseillerai encore de procéder à ce que mes amis musulmans appellent une *« djihad al nafs »* (guerre intérieure purificatrice) ou à ce que mes amis chrétiens appellent un *« examen de conscience »*. Cela est bien entendu incompatible avec tout esprit de djihad ou de retrait sur soi et exige écoute, dialogue et respect mutuel, se traduisant par le service du bien commun.

Elevant ainsi le débat, les questions sur les jours de dispense scolaire ou d'alimentation trouveront une solution dictée dans la sagesse et le respect de nos lois. Sur le terrain, les choses se passent d'ailleurs bien mieux lorsque des provocations extérieures ou des fatwas de diverse nature ne viennent pas bloquer les consciences et stériliser le débat. Et la manière dont on montrera notre « beau visage », avec ou sans foulard, avec ou sans kippa, mais sans burqa, pourra redevenir naturelle. Bien plus encore, il apparaîtra qu'une laïcité juste est l'ennemie de tout esprit d'oligarchie car elle libère les capacités créatrices et la compassion des êtres humains dans l'espace public.

Immigration et paix
par le développement mutuel

« *Reçois tout homme avec un beau visage.* »

Traité Avoth

(Pères)

L'immigration est devenue un sujet essentiel en vue de l'élection présidentielle. Il se réduit malheureusement à un débat sur qui est de trop et où. Ce débat me fait honte.

En se situant dans un monde de combats d'intérêts, les partis se rendent complices de ceux qui, à l'étage au dessus, divisent pour régner. Français ne se sentant plus « chez eux », beurs, feujs et blacks désignés et se désignant par leur apparence et non comme êtres humains, retraités livrés à l'insécurité et chibanis à une solitude misérable, roms errants et sans papiers, voilà ce qui fait le quotidien de notre pays, dans un monde en contraction éclatant en communautés de frustration et de désespoir.

Je me bats au contraire contre cette contraction, pour changer l'environnement et rétablir le principe républicain d'intégration, rendu possible par une économie en développement réel. Dans une France sans angélisme hypocrite ni malthusianisme criminel, mais participant à un monde qui crée les emplois de l'avenir. Car c'est lorsque la situation de l'emploi, les salaires et les conditions de travail ne s'améliorent pas et qu'une partie des travailleurs français est condamnée à une situation d'« assignation à résidence sans emploi » que le problème de l'immigration se pose et que le communautarisme s'étend.

Dans la logique de mon projet, nous devons être capables à la fois d'assurer le développement des pays d'où nous viennent ces immigrés et de les intégrer le mieux possible chez nous, par le développement mutuel et le travail. **Accueil et co-développement devront ainsi définir, comme un tout cohérent, la mission universelle de la France.** La vérité est que **la nécessaire régulation de l'immigration ne peut être réellement mise en place que de deux façons : en assurant le développement des pays du Sud, pour y créer des emplois qualifiés, hors de la tutelle de la City, de Wall Street, du Fonds monétaire international et du consensus de Washington, et en créant avec chacun de ces pays de vraies formules de co-développement et de partenariat pour la formation et l'intégration économique et sociale.**

La solution est de considérer les êtres humains comme des êtres humains, et non des « variables d'ajustement » ou des kleenex à jeter après usage.

■ ACCUEIL ET CO-DÉVELOPPEMENT DEVRONT DÉFINIR LA MISSION UNIVERSELLE DE LA FRANCE

I. Développer l'Afrique

Résoudre le « problème de l'immigration », c'est donc traiter d'abord celui de l'émigration. Cela implique de jeter la Françafrique à la rivière, avec ses mallettes, ses valises, ses cassettes et ses licornes, et de **fournir aux pays africains les moyens de leur indépendance et de leur développement réel. De manière à ce que le capital humain puisse y rester,** d'une part en y promouvant l'équipement social et culturel, d'autre part en organisant dans chaque pays et à une échelle panafricaine un vecteur scientifique tractant leur économie vers le futur. C'est notre intérêt bien compris et le leur. **C'était le rêve d'un Cheikh Anta Diop et d'un Thomas Sankara,** il est temps de le réaliser.

Pour cela, il faut d'abord **sortir du système d'ajustements structurels** du FMI qui détruit la santé, l'éducation et les infrastructures, de l'Organisation mondiale du commerce (OMC) et des accords de partenariat avec l'Union européenne qui, **dans leur logique actuelle de démantèlement tarifaire, portent un coup fatal au développement des pays africain**s.

Ensuite, **lancer de grands projets infrastructurels à une échelle panafricaine.** La revivification du lac Tchad, afin de créer un poumon de développement au cœur du continent, est une nécessité absolue, de même que la construction du canal de Jonglei au Soudan, la plantation d'une ceinture verte transversale dans le centre de l'Afrique et la remise en eau douce des chotts algériens et tunisiens. En même temps, il faut construire des chemins de fer et des transports à grande vitesse, intérieur-intérieur et côte-côte. Il s'agit de **sortir du modèle quasi unique intérieur-côte, organisé pour le pillage des matières premières**. L'on pourra ainsi réunifier les marchés entre régions intérieures, en mettant l'accent sur la consommation locale de cultures vivrières.

Pour ces grands projets, des financements à long terme et à faible taux d'intérêt seront nécessaires, l'idée étant que le développement engendré par les projets permette de rembourser les crédits, à l'image des « paiements différés » de ce que fut le Plan Marshall en Europe. Aujourd'hui, l'occasion nous est offerte de **coopérer avec les banques de développement des BRICS, et en particulier avec la Chine.** Il est temps de se mettre à cette coopération pour le développement, en conjuguant nos moyens et non en se livrant à une compétition pour le pillage des matières premières. Ce sera difficile, mais il n'y a pas d'autre choix.

Cela suppose un changement de perspective absolu dans nos objectifs.

▶ Nous devons coopérer avec la Chine pour de grands projets d'infrastructure à une échelle panafricaine et au Moyen-Orient, dans un nouvel ordre gagnant-gagnant ;

▶ Dépassant les impératifs du maintien de l'ordre, comme au Mali, **les armées africaines, avec l'aide de nos soldats et de nos ingénieurs civils et militaires, devront être mobilisées pour construire des voies ferrées, des routes, des ponts et des ports.** C'est ainsi qu'elles trouveront une autre vocation que celles d'armées de répression ou de maintien d'un ordre injuste ;

▶ Nous devons, en coopération **avec l'Inde et le Brésil,** qui en ont acquis l'expérience, aider les pays africains à **développer des médicaments génériques bon marché**. Nous devons surtout rétablir l'esprit pastorien de veille médicale et sanitaire. L'épidémie d'Ebola a montré ce qu'il en coûte de ne pas le faire ;

▶ **Un commerce équitable** doit être mis en place, se substituant à un libéralisme financier et un libre-échange destructeurs ;

▶ Dans le cadre de projets locaux et régionaux, compléments indispensables à de grands projets, **le micro-crédit** devra être organisé par les Etats en faveur des plus défavorisés pour court-circuiter les usuriers. L'idée est de mettre au travail le plus vite possible le plus grand nombre possible, en organisant progressivement les passerelles vers les emplois qualifiés de l'avenir, au fur et à mesure de l'avancement des grands projets ;

▶ **La dette illégitime** des pays étranglés par la politique internationale de ces cinquante dernières années, relayée par des gouvernements corrompus, **doit être annulée** en faveur de leurs peuples. Il s'agit de mettre fin aux menées des fonds vautours et, en général, aux politiques de pillage, qui ne favorisent que des minorités oligarchiques, chez eux comme chez nous ;

▶ **Mettre fin à la curatelle financière du franc CFA.** Comme le soulignait en 1979 l'économiste camerounais Joseph Tchundjiang Pouemi : *« La France est (…) le seul pays au monde à avoir réussi l'extraordinaire exploit de faire circuler sa monnaie, et rien que sa monnaie, dans des pays politiquement libres. »* L'oligarchie européenne, à travers l'euro, contrôle de fait les politiques monétaires africaines. C'est pourquoi nous proposons de sortir de l'euro en France et de contribuer à moyen terme à **mettre en place des monnaies nationales associées à des banques de crédit public productif, dans les pays de la zone CFA**, en suivant l'exemple de ce qu'avait fait Modibo Keïta au Mali en juin 1962.

Ainsi seront créées les conditions pour que la vie et la dignité des jeunes Africains soient enfin respectées. Sans qu'ils soient contraints de partir, sans risque de mourir par noyade ou sur les barbelés de Ceuta ou de Melilla, sans aboutir dans des camps de regroupement ou de travail européens ou dans des logements misérables où leurs enfants risquent d'être contaminés par le saturnisme ou tentés par les réseaux du trafic de drogue.

Ce développement de l'Afrique ne peut servir d'excuse pour refouler l'immigration hors de France, comme le fait le Front national. Prétendre réduire en cinq ans l'immigration légale de 200 000 à 10 000 entrées par an est ou bien une escroquerie irréalisable, ou bien suppose un ordre policier répressif dont personne ne peut vouloir. **Mon projet n'est pas un projet de repli, mais un ordre de rupture avec la mondialisation financière, sans effets de manche démagogiques.**

- PROMOUVOIR L'ÉQUIPEMENT SOCIAL ET CULTUREL DANS CHAQUE PAYS ET À L'ÉCHELLE PANAFRICAINE, UN VECTEUR SCIENTIFIQUE TRACTANT LEUR ÉCONOMIE VERS LE FUTUR
- SORTIR DU FMI, DE L'ORGANISATION MONDIALE DU COMMERCE (OMC) ET DES ACCORDS DE PARTENARIAT ACTUELS AVEC L'UNION EUROPÉENNE
- LANCER DE GRANDS PROJETS INFRASTRUCTURELS À L'ÉCHELLE PANAFRICAINE
- POUR CES GRANDS PROJETS, FAIRE APPEL AUX BANQUES DE DÉVELOPPEMENT DES BRICS ET AUX FONDS DE LA NOUVELLE ROUTE DE LA SOIE DE LA CHINE
- MOBILISER LES ARMÉES AFRICAINES, AVEC L'AIDE DE NOS SOLDATS ET DE NOS INGÉNIEURS CIVILS ET MILITAIRES, POUR CONSTRUIRE DES VOIES FERRÉES, DES ROUTES, DES PONTS ET DES PORTS
- AVEC L'INDE ET LE BRÉSIL, AIDER LES PAYS AFRICAINS À DÉVELOPPER DES MÉDICAMENTS GÉNÉRIQUES BON MARCHÉ

II. Paix et développement au Moyen-Orient

Les émigrés politiques fuyant la guerre et le chaos du Moyen-Orient sont la part de la misère du monde auquel il est de notre devoir de faire face. D'abord parce que nous avons été un élément dans les guerres de l'OTAN au Moyen-Orient qui ont créé la situation actuelle, ensuite parce que nous avons eu avec ces pays, notamment le Liban et la Syrie, une longue histoire commune.

Les initiatives suivantes doivent être prises par notre politique étrangère et notre politique nationale :

▶ **parvenir à une paix négociée** avec tous les participants à la guerre, sans exclusive ni tabou, en portant conjointement **avec la Russie et les Etats-Unis une politique d'éradication du terrorisme djihadiste** ;

▶ **créer ainsi les conditions pour le retour** dans leurs foyers des victimes de la guerre ;

▶ en attendant, **créer dans les camps transitoires où ils résident les meilleures conditions de vie possibles.** Ce qui signifie coopérer avec les organisations humanitaires pour assurer aux résidents un logement provisoire décent, une nourriture saine pour les familles, des soins médicaux et de bonnes conditions d'éducation pour leurs enfants ;

▶ **entreprendre avec les pays disposés à le faire, notamment la Chine, l'Inde et tout autre participant, la reconstruction de la Syrie et de l'Irak** ;

▶ **accueillir chez nous les réfugiés politiques au maximum de nos capacités d'accueil**, car c'est à la fois leur droit et notre devoir.

III. Une politique républicaine de l'immigration

1. Principes

Répétons-le, l'immigration ne peut être traitée comme une simple question relevant de « flux migratoires » ou de sécurité, mais comme un choix de stratégie. Il s'agit de savoir ce que nous voulons faire de notre société « avec eux », avec cet ensemble hétérogène et disparate de « prochains » qui ne peut être défini positivement que par rapport à notre avenir et au sien.

Trois vérités sont bonnes à dire :

▶ **la France,** bien qu'ayant la démographie relativement la plus dynamique de tous les grands pays européens, **ne pourra pas se passer de l'immigration au cours de ce XXIe siècle,** sauf à se mettre en quarantaine. Nous sommes aujourd'hui l'un des pays de l'OCDE qui accueille le moins de migrants par rapport à sa population totale ;

▶ **l'immigration,** à condition d'être régulée et orientée par un effort d'intégration, **a toujours été un facteur de dynamisme social** ;

▶ notre politique d'immigration doit bien entendu dépendre de la capacité d'accueil et d'intégration de la France, non pas par rapport à la situation d'austérité et de dépression économique qui sévit actuellement en Europe, mais en fonction de la place que nous voulons qu'elle prenne dans le monde et compte tenu de notre engagement pour y parvenir. Répétons-le, **le défi de l'immigration sera relevé quand nous créerons des emplois dignes pour les Français et les immigrés.**

2. Rassembler les moyens

Par rapport à ce triple constat, nos moyens sont aujourd'hui dérisoires, dispersés et en diminution constante. Il faut donc les rassembler, les accroître et créer une structure unique qui les anime.

▶ L'Etat doit donner un signe fort en créant **un grand ministère de la Coopération, du Co-développement et de l'Intégration**, pour réunir et intégrer les deux aspects d'une même politique : l'impératif de développement des pays d'émigration et celui d'une gestion juste et prospective de l'immigration. Cette administration ne devra pas être pléthorique mais inspiratrice et instigatrice, en intégrant dans ses réflexions et ses actions des représentants des diverses diasporas. Auprès d'elle, une **Agence de l'intégration** sera chargée de l'accueil et de l'intégration des arrivants ;

▶ Cette agence devra être un guichet unique faisant du « cousu main » dans le respect de la dignité de chacun. Elle devra partir au cas par cas d'un bilan réel des compétences et des carences, en fonction des disponibilités de l'emploi en France, secteur par secteur.

■ CRÉER UN GRAND MINISTÈRE DE LA COOPÉRATION, DU CO-DÉVELOPPEMENT ET DE L'INTÉGRATION

3. Applications en fonction des objectifs

▶ **L'immigration doit être progressivement organisée par métiers, dans le cadre d'un dialogue entre pays européens et pays méditerranéens et africains.** Des objectifs indicatifs seront fixés lors d'un débat au Parlement ;

▶ Nous devons pouvoir **offrir aux primo-arrivants 600 heures d'apprentissage de la langue, comme en Allemagne, et une série de cours d'orientation et d'instruction civiques dignes de ce nom**. Le suivi devra être assuré par le développement systématique d'« écoles de parents » ;

▶ Concrètement, **le droit aux prestations familiales et au revenu de solidarité active (RSA) doit continuer,** dans les conditions actuelles, à être ouvert aux ressortissants étrangers en séjour régulier sur le territoire français, sous conditions de ressources. **Il en est de même pour les prestations dites non contributives,** celles pour lesquelles les bénéficiaires ne versent aucune contribution. Il s'agit essentiellement de l'allocation aux adultes handicapés (AAH), de l'allocation spécifique d'invalidité (ASI) et de l'allocation de solidarité aux personnes âgées (ASPA), les étrangers étant soumis à des conditions de séjour ;

▶ **C'est l'aide médicale d'Etat (AME),** taillée sur mesure pour les étrangers en situation irrégulière, **qui fait débat**. Les principaux candidats de la droite entendent la supprimer ou la réduire, en invoquant son coût. **Il faut au contraire la maintenir. Pour une raison humanitaire d'abord.** Il y a bien aujourd'hui des abus et des fraudes, mais le problème n'est pas l'aide, mais le fait que le nombre d'étrangers en situation irrégulière croisse d'année en année. Rétablir une situation économique dans leur pays d'origine est la solution à la source pour qu'ils ne viennent pas chez nous par désespoir. Pour limiter le nombre de demandeurs de l'AME, **il serait plus efficace de contrôler l'immigration irré-**

gulière en imposant un code-barres pour les entrées et sorties des bénéficiaires de visas touristiques. En ce qui concerne les soins, il est de l'intérêt général de les fournir à toute personne présente sur le territoire national, car **faute de ces soins et d'un suivi, des réservoirs d'épidémie pourraient se créer au sein des exclus.** Rappelons que notre Constitution, qui reprend le préambule de celle de 1946, ouvre à tout individu, en particulier aux enfants, aux femmes et aux personnes âgées, le droit aux soins, à la formation, à la culture et à la protection sociale ;

▶ En raison de notre politique de rayonnement intellectuel et de développement mutuel, **nous devons augmenter le nombre de visas pour études ou formations. La possibilité d'allers-retours doit être offerte** : les étudiants, tout comme les migrants de travail, ne doivent pas craindre de perdre à tout moment le droit de revenir en France s'ils retournent provisoirement chez eux. **Le co-développement signifie d'abord de pouvoir circuler dans les deux sens ;**

▶ **La condition des étrangers en situation irrégulière doit être humanisée.** La rétention doit être la plus courte possible et les enfants, et donc les familles avec enfants, doivent en être exclus. **Réduire la durée maximale de détention à 20 jours (et non pas 45)** est possible, c'est le séjour effectif là où la procédure est correctement gérée ;

▶ **Droit d'asile. Les abus devenus trop nombreux doivent être sanctionnés. La durée de l'instruction des dossiers doit être accélérée et limitée à six mois.** Les demandeurs déboutés ne doivent pas rester sur le territoire national et ne disposer que d'au maximum deux mois pour le quitter. Leur hébergement ne doit plus se faire dans des hôtels pour un coût exorbitant, comme l'ont souligné divers rapports, mais dans des centres dignement aménagés avec scolarisation des enfants, dans l'attente d'une intégration ou d'une reconduite à la frontière en cas de rejet de leur dossier ;

▶ **Roms**. Ils vivent dans des conditions indignes et leur présence excède, irrite ou attriste ceux qui côtoient leur misère. **Il faut tout d'abord assurer que l'aide européenne aux familles vivant en Roumanie et en Bulgarie parvienne bien à ceux qui devraient en** être les bénéficiaires. Cette aide doit être contrôlée et administrée en commun avec ces pays. Il y aura alors moins de déplacements vers le reste de l'Europe. Chez nous, ensuite**, toute expulsion d'un terrain occupé doit correspondre au placement dans un lieu de vie digne** et non dans des hôtels ou de nouveaux « campements » ;

▶ **Dans le contexte de cette politique d'ensemble, l'espace Schengen doit pouvoir continuer**. Quitte à renforcer les possibilités de reprise des souverainetés nationales sur les frontières en cas de crise avérée, une situation que la logique de mon projet de développement mutuel a pour objet de rendre exceptionnelle.

Il ne faut plus laisser faire les déclinistes et les pessimistes, car la France a une mission universelle dans un monde en mutation, une mission universelle au-dedans comme au dehors d'elle-même.

- L'IMMIGRATION DOIT ÊTRE PROGRESSIVEMENT ORGANISÉE PAR MÉTIERS
- OFFRIR AUX PRIMO-ARRIVANTS 600 HEURES D'APPRENTISSAGE DE LA LANGUE
- MAINTIEN DU DROIT AUX PRESTATIONS FAMILIALES ET AU REVENU DE SOLIDARITÉ ACTIVE
- AUGMENTER LE NOMBRE DE VISAS POUR ÉTUDES OU FORMATIONS
- POUR LES DEMANDEURS D'ASILE, LA DURÉE D'INSTRUCTION DES DOSSIERS DOIT ÊTRE ACCÉLÉRÉE ET LIMITÉE À SIX MOIS
- POUR LES ROMS, S'ASSURER QUE L'AIDE EUROPÉENNE AUX FAMILLES VIVANT EN ROUMANIE ET EN BULGARIE LEUR PARVIENNE

4. Le suivi positif : un environnement redonnant sens à l'immigration

▶ **Coopération renforcée avec les pays soumis au premier flux de migrants : Italie, Espagne, Grèce et Malte.** Il s'agit de mutualiser les responsabilités pour mettre en place des politiques de co-développement ;

▶ **Emploi** : seule une politique combinant formation et accompagnement dans l'emploi, mobilisant l'ensemble de l'administration, syndicats et entreprises, sous l'aiguillon de l'Etat, permettra de combattre le sur-chômage des immigrés tout comme celui des jeunes Français. Le grand service public de l'emploi que je préconise prendra l'initiative et orientera si possible les travailleurs vers les secteurs disponibles, qui seront à la fois dans notre intérêt et dans celui de leur pays d'origine ;

▶ **Logement** : il faut non seulement un véritable engagement des politiques publiques permettant de l'assurer, directement ou indirectement, à tous les Français comme à tous les immigrés résidents réguliers, mais aussi faire en sorte que les « quartiers d'immigration » deviennent progressivement « comme les autres ». Sans que l'adresse n'entraîne comme aujourd'hui une exclusion sociale et professionnelle pour celui qui l'habite ;

▶ **Présence systématique et coordonnée du service public : des maisons du citoyen, équivalant, dans les banlieues, aux maisons des services publics en milieu rural, devront progressivement rassembler dans un même lieu les principaux services.** Administrations, Pôle emploi, médecine et inspection du travail, santé, allocations familiales, aide juridique offriront un service global, avec un soutien à l'enseignement du français pour les familles et des services d'interprétariat dans la phase de transition. **Les immigrés seront associés à la gestion de ces maisons,** à travers des conseils de quartier élus par tous les résidents en situation régulière. **Le droit de vote des étrangers aux élections locales** (en situation régulière et après cinq ans de résidence) doit être le complément logique et justifié de cette politique ;

▶ **Désenclavement des quartiers** : par des moyens de transport facilitant la circulation vers la ville et de banlieue à banlieue ;

▶ **Formation et scolarité des jeunes : avec un effort conjoint allant de la création accélérée de places en crèches à un accès plus ouvert à l'enseignement supérieur, en passant par un effort de tutorat et de suivi dans le primaire, une réelle mise en place de l'apprentissage aujourd'hui délaissé et l'aide à la multiplication des écoles de la deuxième chance.** Aujourd'hui, dans certains quartiers, les enseignants font l'objet d'un rejet par les enseignés, autant et parfois davantage que celui subi par la police. Il faut recréer la chaîne du respect, qui est la condition d'une mixité d'origine géographique et sociale réussie ;

▶ **Justice en faveur des vieux immigrés** : leur traitement a été et demeure trop souvent inacceptable et même indécent, ce qui suscite le ressentiment de leurs enfants et petits-enfants, tout particulièrement les fils et petits-fils de harkis. **Il faut donner à ces chibanis l'accès à une santé de proximité**, en ouvrant des dispensaires au plus près de leur logement, dans des locaux accessibles et à des horaires adaptés, et assurer dans de bonnes conditions la liquidation de leur retraite, car souvent ils ne savent pas faire valoir leurs droits ;

▶ **Justice en faveur de ceux qui se sont battus ou engagés pour la France** : l'injustice faite aux tirailleurs n'a été que tardivement et partiellement rectifiée. Il faut y ajouter les engagés non combattants, avec bénéfice étendu aux veuves et ayants droit. Un effort particulier doit être fait en faveur des harkis et de leurs enfants. La troisième génération ne doit pas continuer à subir les injustices faites à leurs pères et grands-pères ;

▶ **Sécurité** : les préoccupations ou le rejet de nos concitoyens, en particulier nos anciens, vis-à-vis de l'immigration reposent sur une insécurité ressentie et subie. Il ne s'agit pas d'un fantasme mais d'une réalité. Cependant, elle n'est pas due aux immigrés en tant que tels mais à la croissance généralisée du chômage et de la misère, qui pousse à la délinquance. La délinquance ne se manifeste pas selon le passeport ou la couleur de peau. **C'est cette délinquance, minoritaire mais de plus en plus violente, qu'il faut prévenir par la politique d'ensemble pour laquelle je me bats et sanctionner par une police de proximité efficace.** Les services de police devront non seulement être proches et intégrés, mais ouverts jour et nuit, y compris les weekends. Ils doivent être présents et fonctionner dans des conditions dignes qui les rendent respectables. Ces services, avec l'aide des surveillants des écoles et des éducateurs qui connaissent bien le milieu où ils opéreront, pourront isoler les cas posant problème et qui « empoisonnent le milieu ». Dans ce contexte, il pourra être mis un terme aux incessants contrôles d'identité actuels.

Ne pas parler de cet environnement et surtout ne pas faire de propositions pour l'améliorer, comme le font les politiciens qui traitent de l'immigration comme s'il s'agissait d'une chose en soi, revient à tricher avec la réalité.

- COOPÉRATION RENFORCÉE AVEC LES PAYS SOUMIS AU PREMIER FLUX DE MIGRANTS
- PRÉSENCE SYSTÉMATIQUE ET COORDONNÉE DU SERVICE PUBLIC DANS DES MAISONS DU CITOYEN
- FORMATION ET SCOLARITÉ DES JEUNES
- JUSTICE EN FAVEUR DES VIEUX IMMIGRÉS ET DE CEUX QUI SE SONT BATTUS OU ENGAGÉS POUR LA FRANCE

IV. Pour un dialogue culturel et religieux

La question de la culture et de la religion doit être posée.

Il s'agit simplement d'organiser un échange entre ce que la tradition de l'immigration porte de meilleur, y compris dans les domaines littéraires et culinaires, et notre culture républicaine. La laïcité, si l'on considère comme Jaurès qu'elle doit être « la fin des réprouvés », ne sera pas un obstacle au dialogue mais son principe actif.

Cela exclut les intégrismes, à l'égard desquels il ne faut faire preuve d'aucune faiblesse, avec les moyens dont on dispose déjà (cf. ma section *« Combattre le terrorisme à sa racine »*).

Nos cultures doivent partager ce qu'elles portent de plus beau et de plus universel, renouant avec l'esprit de l'entente de Charlemagne avec Haroun el Rachid et de Rachi de Troyes avec Nicolas de Lyre. Tout effort de dialogue entre juifs, musulmans, chrétiens et non croyants doit être non seulement encouragé mais publiquement soutenu, car l'accord de dissonances est le fondement de la République.

> **❝ L'islam en France doit être traité comme les autres cultes, ni plus ni moins. ❞**

L'islam en France doit être traité comme les autres cultes, ni plus ni moins.

**La politique d'intégration, qui est à l'intérieur de notre pays une recherche de l'unité dans la diversité, a pour équivalent, dans l'ordre international, notre participation à un Nouveau Bretton Woods, à la Ceinture économique d'une Nouvelle Route de la soie et à un Pont terrestre mondial – une unité dans la diversité à

l'échelle de nouveaux objectifs communs de l'humanité. La diaspora africaine en France doit avoir sa part dans cette mobilisation de toutes nos énergies vers le futur. Car la France n'a jamais été un équilibre mais une certaine idée, une idée toujours portée par une dynamique qui constamment la dépasse et l'élève.

Sécurité publique, sécurité sociale, sécurité nationale
Combattre le terrorisme à sa source

La lutte contre le terrorisme, dont nous parlent la majorité et son opposition officielle, se réduit à une succession de réactions vis-à-vis d'une opinion que la dérive des médias et des réseaux sociaux plonge dans le désarroi. **L'accumulation de mesures de surveillance et de répression, découlant des prolongations successives de l'état d'urgence, est non seulement globalement inefficace**, malgré l'extraordinaire dévouement de policiers et de gendarmes soumis à des cadences infernales, **mais elle entretient un climat d'affrontement qui risque de devenir de plus en plus dangereux** et de favoriser ce que cherchent à provoquer les assassins manipulés par Daech et ses parrains du Golfe. En mythifiant négativement des tueurs qui défient notre appareil d'Etat, on les conforte dans leur fantasme de toute puissance.

Ce qu'il faut pour faire face, **c'est un projet d'ensemble unissant sécurité publique, sécurité sociale et sécurité nationale.**

On doit faire preuve de sang-froid et de détermination. La République doit se fonder sur ce sang-froid là, car l'Europe s'est hélas transformée en une réunion de copropriétaires rapaces. Je suis prêt à porter le projet d'ensemble que ce sang-froid doit dicter, en espérant inspirer ceux qui en restent à l'illusion répressive comme à une chose en soi.

I. Sécurité publique

La loi du 21 juillet 2016 fournit un arsenal suffisant de mesures. Il reste à se donner les moyens de les appliquer. Je propose :

▶ **Au sommet, mettre en place un réel centre de lutte anti-terroriste, adossé non seulement au ministère de l'Intérieur mais aussi à la Présidence de la République.** C'est à ce niveau que l'Etat pourra susciter le retour d'expérience qui permettra de déceler lucidement ce qui n'a pas marché. Un vrai outil d'analyse de l'information est nécessaire, sur le modèle du renseignement criminel opérationnel conçu par Jean-François Gayraud et François Farcy ;

▶ **Coordonner renseignement intérieur et extérieur, d'abord au niveau français, entre services (police nationale, gendarmerie et préfecture de police de Paris), puis au niveau européen.** Les gendarmes, qui assurent le maillage actif du territoire hors des agglomérations, doivent être intégrés dans le premier cercle de la communication du renseignement. Il faut procéder sans crainte de vexer les susceptibilités quand l'intérêt national est en jeu, tout en préservant un compartimentage pour ne pas tout sacrifier quand on perd un espace d'action. Au niveau européen, il faut créer un système d'échange d'informations et de profils. Il faut **renforcer l'Europol**, qui réunit aujourd'hui seulement 912 fonctionnaires et 185 « officiers de liaison » nationaux pour 500 millions d'Européens. Si, **avec le système d'information Schengen II**, les polices européennes, les gardes-frontières et les juges ont accès à une base de données alimentée par leurs homologues de l'espace Schengen, ce système n'est cependant pas interconnecté à celui d'Europol. Ici une décision s'impose, par dessus les susceptibilités historiques et quel que soit le futur de l'Union européenne.

- INTÉGRER LES GENDARMES AU PREMIER CERCLE DE LA COMMUNICATION DU RENSEIGNEMENT
- RENFORCER L'EUROPOL ET LE CONNECTER AVEC LE SYSTÈME D'INFORMATION SCHENGEN II

▶ **Rétablir le renseignement de proximité et créer une vraie direction générale du renseignement territorial,** en y intégrant une partie des effectifs de la direction du renseignement de la Préfecture de police de Paris. Il s'agit à la fois de **multiplier les opérations d'infiltration sur le terrain** et de fournir les moyens d'analyse centralisée des moyens collectés, sans se trouver noyés dans le « big data » mais en fournissant les logiciels de détection des visages des suspects sur les films fournis par les caméras. **Une information sur le terrain « à la française » ne peut en aucun cas être remplacée par la méthode américaine fondée sur un « bouclier » de données technologiques.** Contrairement à ce que croit Nicolas Sarkozy, plus de technologie ne permet pas d'entretenir moins d'hommes ;

- CRÉER UNE VRAIE DIRECTION GÉNÉRALE DU RENSEIGNEMENT TERRITORIAL
- FAVORISER UNE INFORMATION SUR LE TERRAIN « À LA FRANÇAISE »

▶ **Sécuriser systématiquement les espaces publics** en y combinant des obstacles fixes efficaces et la présence de physionomistes et de comportementalistes. Il s'agit de toujours prévoir le coup d'après sans jamais tomber dans les habitudes d'avant ;

▶ **Renforcer le renseignement en prison,** qui est un centre de radicalisation. Certes, un amendement à la loi de juillet permet d'intégrer le bureau de renseignement pénitentiaire au sein du second cercle de la communauté du renseignement. Il faut aller plus loin et renforcer le renseignement en prison en assurant qu'il remonte sans se dissoudre dans une bureaucratie impuissante. **Un policier de la Direction générale du renseignement intérieur (DGRI) devrait être affecté dans chaque établissement pénitentiaire** pour assurer une coopération à la base ;

- AFFECTER UN POLICIER DE LA DGRI DANS CHAQUE ÉTABLISSEMENT PÉNITENTIAIRE

▶ Le lien entre petite criminalité et terrorisme étant souligné par tous les experts, il est nécessaire de réduire rapidement l'écart entre la politique pénale et les infractions constatées. Ce qui suppose **la construction de 10 000 places de prison supplémentaires,** afin que les conditions de détention ne soient plus une circonstance aggravante pour la condition morale des détenus non encore jugés. Arrêter d'entasser les individus dans les maisons d'arrêt est l'une des meilleures garanties contre la contamination. **L'efficacité de la prison passera par un traitement humain des détenus** ;

- CONSTRUIRE 10 000 PLACES DE PRISON SUPPLÉMENTAIRES

▶ Le lien entre passage à l'acte terroriste et pratique de jeux vidéo violents d'abord, puis consultation d'images criminelles sur les sites djihadistes, étant lui aussi établi, il faut à la fois prévoir **l'interdiction des jeux vidéo violents lorsqu'ils mettent en scène des actes de torture ou de crime et la pratique de tirs instinctifs, et pénaliser plus lourdement la consultation répétitive de sites djihadistes** comme c'est le cas pour les sites pédophiles. En même temps, une coopération internationale doit être entreprise pour arrêter les sites serveurs à la source ;

- INTERDIRE LES JEUX VIDÉO VIOLENTS (ACTES DE TORTURE, DE CRIME ET TIRS INSTINCTIFS) ET PÉNALISER PLUS LOURDEMENT LA CONSULTATION RÉPÉTITIVE DE SITES DJIHADISTES

▶ **Renforcer considérablement le nombre de conseillers d'insertion et de probation,** en leur assurant une formation pour mieux prévenir la récidive et favoriser la réinsertion humaine des personnes condamnées. Il a été prévu un plan de 1000 recrutements étalé sur 4 ans, tout à fait insuffisant alors que 3200 conseillers et 500 cadres du corps de direction des services d'insertion et de probation sont censés suivre 250 000 personnes ! Il faut **créer au moins 2000 nouveaux postes dans ce secteur fondamental** pour réintégrer les condamnés dans notre société en prévenant les récidives. Bien entendu, un élément de leur formation doit porter de manière plus approfondie sur les conditions de la radicalisation djihadiste ;

- CRÉER AU MOINS 2000 NOUVEAUX POSTES DE CONSEILLERS D'INSERTION ET DE PROBATION

▶ Se donner les moyens de **renforcer la réserve opérationnelle de l'armée. L'objectif de départ de 100 000 réservistes (moitié défense, moitié gendarmerie) est très difficile à atteindre**. Or ces personnels, composés pour moitié d'anciens militaires d'active et pour l'autre de volontaires, effectuent à peine plus de 25 jours de mission par an. Ce qui ne permet d'aligner sur le terrain qu'à peine plus d'un millier d'hommes et de femmes. Il faut donc aller plus loin, et l'on parle de 100 000 volontaires capables de renforcer nos unités professionnelles, actuellement épuisées par leur mobilisation dans des opérations intérieures et extérieures. Ce ne serait possible qu'**en faisant de cette garde nationale l'aboutissement d'un service civique, militaire ou civil,** dont la durée ne devrait pas être inférieure à six mois. Ainsi se constituerait une véritable défense opérationnelle du territoire, qui aurait pour avantage de sortir de leur univers des jeunes des cités. Pour chacun, **l'accès à un permis de conduire doit être assuré gratuitement au cours de ce service.** Le coût élevé qu'il implique serait largement compensé par l'intégration sociale qu'il permettrait d'assurer. L'objectif ne doit pas être de former une armée pour combattre le djihadisme (ce qui relève de professionnels), mais de créer un moment de rencontre entre la nation et sa jeunesse. Bien évidemment, pour former une garde nationale digne de ce nom, **les réservistes devraient avoir droit à 30 jours par an d'absence de leur travail** (contre cinq aujourd'hui dans le secteur privé). En échange de quoi les employeurs facilitant les engagements devraient recevoir un label et bénéficier d'avantages dans tous les contrats intéressant l'équipement militaire et celui de la garde nationale ;

■ 100 000 RÉSERVISTES EN RÉSERVE OPÉRATIONNELLE, ABOUTISSEMENT D'UN SERVICE CIVIQUE, MILITAIRE OU CIVIL DE 6 MOIS

▶ **Régler le million d'heures supplémentaires dues aux policiers et aux militaires,** ce qui engendre une animosité dans l'exercice de leur fonction, renforcée par l'absence d'instructions claires d'action dans la répression des casseurs. En ce qui concerne les manifestations elles-mêmes, une communication systématique avec les manifestants non violents et les services d'ordre des syndicats doit permettre d'isoler les casseurs et de ne pas leur laisser l'initiative, ce qui rendra moins pénible le travail des forces de l'ordre et réduira les occasions d'éventuels dérapages de leur part ;

▶ **Libérer la police judiciaire de la paperasse administrative** : alors que l'achat d'une balise pour surveiller un véhicule suspect demande le respect de délais découlant des règles qui encadrent les marchés publics, des systèmes d'urgence doivent être prévus. Le but est de redonner les moyens de faire aux enquêteurs, alors qu'aujourd'hui on trouve des postes vacants dans ce domaine, y compris dans la sous-direction antiterroriste ;

▶ **Arrêter la paupérisation de la justice en lui redonnant à elle aussi les moyens d'enquêter et de rendre ses jugements plus vite** et avec un délai d'application sans une attente qui la discrédite. C'est ici un point de grande urgence, qui exige une intervention immédiate. Augmenter en même temps les budgets de la police et de la justice est un impératif catégorique, de même qu'organiser une coopération entre l'Etat, l'Université et la Recherche, pour mieux établir l'enchaînement diagnostic, pronostic, thérapeutique.

> ❝ *Il est juste de parler de sécurité. A condition que ce mot soit compris dans toutes ses dimensions.* ❞

Nous avons déjà dans notre Constitution et notre Code pénal les instruments nécessaires pour punir sans complaisance les assassins djihadistes. Il manque une cohérence d'ensemble, en application des moyens que je viens d'énoncer et pour lesquels je me battrai. **Proposer le placement en centre fermé de tout national ayant des « connexions directes ou indirectes » avec un groupe terroriste, supprimer le droit du sol, rétablir un régime de double peine absolue, interdire de culte les salafistes sans preuve d'activités punissables en droit ou encore imaginer la déportation des suspects « fichés S » dans nos territoires antarctiques, ne ferait au mieux que déplacer le problème, au pire bafouer l'Etat de droit** et entretenir ou même étendre le sentiment d'exclusion qui est le terreau pour lever des armées de paumés et de voyous suicidaires.

Il ne faut en aucun cas que l'urgence nous fasse abandonner le principe de séparation des pouvoirs, fondement de l'ordre républicain, ce qui signifie non pas une résignation impuissante mais une police et une justice avançant dans le respect mutuel et sans concessions pour les criminels.

La détention administrative doit devenir la norme, mais être décidée par le seul juge d'instruction en fonction des contraintes de l'enquête. Rappelons que Marine Le Pen (qui depuis s'est partiellement rétractée) avait affirmé le 10 décembre 2014 sur *RMC* que « *oui, oui, cela [la torture] a été utilisé dans l'histoire. Je crois que les gens qui s'occupent de terroristes et accessoirement de leur tirer des informations qui permettent de sauver des vies humaines sont des gens qui sont responsables.* » Ce n'est en aucun cas ma conception de la responsabilité de l'être humain.

Il est juste de parler de sécurité. A condition que ce mot soit compris dans toutes ses dimensions. Car la sécurité ne sera vraiment assurée que le jour où les ressentiments et les frustrations n'auront plus de quoi s'alimenter, en France et dans le monde. C'est le fondement social de notre République.

II. Sécurité sociale

C'est un projet de société porteur de sécurité sociale qui, par sa nature même, est l'antidote du terrorisme. C'est pourquoi je considère la sécurité sociale, la sécurité qu'offre le droit à un logement, à une nourriture saine, à un emploi et à la santé publique, comme une priorité absolue. Car il s'agit bien d'une guerre, celle qu'on doit mener contre les structures inégalitaires qui rendent la vie invivable et pour la protection contre toutes les formes de précarité. Ainsi le terrorisme pose bien la question déterminante de ce qu'est et doit être notre identité (cf. la section « *Le travail et la protection sociale sont un droit* »).

Pensons-y un instant : la quasi totalité des assassins djihadistes ont passé des centaines et des centaines d'heures sur les bancs de nos écoles. Il y a donc bien un respect, un enthousiasme et une espérance à rétablir, qui constituent en fait la meilleure des protections possibles contre les dérives. Pas la seule, bien entendu, mais la principale.

Reste le monde. Prétendre aujourd'hui faire une politique intérieure sans dimension mondiale est impossible. On ne peut bâtir un modèle en vase clos, mais on doit donner l'exemple, pour créer les conditions dans lesquelles les moyens et les principes puissent s'inscrire dans la réalité.

III. Sécurité nationale

Commençons ici par ce qui blesse : **ce sont les guerres menées, comme nous l'avons fait, sans le moindre discernement dans des régions du monde où rien ne nous imposait d'intervenir, qui ont exacerbé les rancœurs, l'émigration et le terrorisme. A la suite de la puissance américaine, nous sommes intervenus en Afghanistan, en Irak, en Libye et en Syrie en déstabilisant des régimes qui étaient, certes, des dictatures, mais pour livrer ces pays à des guerres ethniques, intertribales et religieuses qui y ont répandu la destruction.**

Nous avons, avec les autres gouvernements occidentaux, pratiqué une politique d'intervention, en fomentant les dissensions et même en laissant l'Arabie saoudite et le Qatar, par l'entremise de leurs services et organismes de « bienfaisance », alimenter le djihadisme. Il est clair, dans le cas de la Syrie, pour n'en mentionner qu'un, que c'est l'opposition de son gouvernement à la construction d'un pipeline amenant le pétrole du Moyen-Orient en Europe en contournant la Russie, qui a poussé les puissances financières dominantes à tenter d'éliminer Bachar el-Assad, et non le prétendu souci moral d'y imposer une démocratie illusoire.

Nous devons donc **changer de politique en revenant aux principes du gaullisme reposant sur le droit des peuples à disposer d'eux-mêmes,** en reconnaissant l'existence des Etats et non en cherchant, pour des raisons intéressées, à fomenter des changements de régime.

Le document du Club des vingt sur les 7 impasses de la diplomatie française conclut justement :

« Le temps est révolu où la France pouvait se dire 'à l'avant-garde du monde'. Mais à une époque où le monde est toujours plus indéterminé, elle doit, par une intelligence des situations, éclairer la route commune. Dans un monde pluriel et divisé, elle peut, de surcroît, constituer un trait d'union, c'est-à-dire faire œuvre de médiateur. Parler avec tous et penser par elle-même. »

Concrètement, cela signifie **ne plus faire d'un homme comme le prince Bandar notre interlocuteur en Arabie saoudite et ne plus se flatter de vouloir établir un « partenariat de référence »** avec ce pays dont les 28 pages tirées du rapport du Congrès américain sur le 11 septembre, qui ont finalement été publiées, et des milliers de documents par ailleurs disponibles, montrent bien l'implication, directe ou indirecte, dans les attentats terroristes. Nous devons donc revenir à la politique gaulliste si nous voulons échapper à un embrassement mortel avec ceux qui ont créé le terrorisme et alimenté sa montée en puissance.

Plus fondamentalement encore, nous devons **abandonner toute compromission avec le système financier et monétaire de la City de Londres et de Wall Street,** qui constitue aujourd'hui **un système criminogène s'étant compromis avec le trafic de drogue, le crime organisé et le terrorisme,** comme l'ont bien montré hier le comportement de la BCCI et aujourd'hui celui de HSBC. En voulant plaire aux marchés financiers, l'Etat a fait de leurs priorités les siennes. En leur livrant le produit de son endettement, il s'est abandonné à eux pieds et poings liés. Sous l'œil de leurs sentinelles qui surveillent nos politiques publiques, les agences de notation. La bataille contre le terrorisme doit se mener sur le terrain financier et monétaire.

C'est de ce système qu'il faut sortir, en s'appuyant sur la démarche de la Chine, qui trace les pistes d'un nouveau paradigme, « gagnant-gagnant » car il repose sur le financement de grands projets d'intérêt mutuel. **Non pour s'y soumettre,** comme nous le faisons actuellement vis-à-vis de la dictature financière anglo-américaine, **mais pour occuper une place dans le poste de pilotage. La France doit à nouveau servir la cause de l'humanité et celle de la solidarité entre Français, par le progrès économique et social permettant d'***« élever à la dignité d'homme tous les individus de l'espèce humaine »*.

Commençons donc par **organiser à Paris un sommet avec les pays concernés, du Maghreb, du Golfe, d'Afrique et du monde entier,** pour en finir avec ce combat géopolitique destructeur qui prend en otage les Français musulmans et chacun d'entre nous, pour en finir avec la menace en la combattant ensemble et en définissant l'ordre de développement mutuel qui en balayera les conditions d'existence. Il faut mettre en place **un Plan Marshall pour le sud de la Méditerranée. Tant que la Syrie, la Libye et les pays de cette zone ne seront pas stabilisés et reconstruits, on ne pourra pas éradiquer le djihadisme terroriste.**

- ORGANISER À PARIS UN SOMMET AVEC LES PAYS DU MAGHREB, DU GOLFE, D'AFRIQUE ET DU MONDE ENTIER, POUR EN FINIR AVEC CE COMBAT GÉOPOLITIQUE DESTRUCTEUR
- ERADIQUER LE DJIHADISME TERRORISTE EN RECONSTRUISANT LA SYRIE, LA LIBYE ET LES AUTRES PAYS DE CETTE RÉGION

IV. Mettre fin à l'abandon

Une part croissante de nos concitoyens ont le sentiment d'être abandonnés par l'Etat et livrés à l'insécurité publique, sociale et nationale. Une part croissante des pays du monde ont également le sentiment que les Etats-Unis et les pays européens les ont abandonnés ou outragés. Le moment est venu de mettre fin à cet abandon et de retrouver notre raison d'être. **Notre pays a un rôle fondamental à jouer, dans le monde et vis-à-vis de lui-même, si nos politiciens abandonnent, eux, leurs querelles vulgaires et subalternes.**

La sécurité ne sera vraiment assurée que le jour où les ressentiments et les frustrations n'auront plus de quoi s'alimenter, et où l'on sera convaincu que le futur sera meilleur que le passé et le présent.

Pour une armée républicaine et modernisée, colonne vertébrale de la Nation

Le prochain président de la République sera confronté à des défis majeurs pour assurer la défense de notre pays. D'abord, jouer le rôle de médiateur de paix entre un bloc atlantique en déclin, mais prêt à provoquer une nouvelle guerre mondiale pour assurer sa primauté, et un groupe de pays émergents qui, au nom du progrès, aspirent à participer à la conduite des affaires du monde. **Assurer ensuite à nos forces armées, aujourd'hui au bord de l'épuisement, des équipements nouveaux et en quantité suffisante, ainsi que la modernisation de notre force de dissuasion**, sans laquelle notre pays ne pourrait conserver son siège au sein du Conseil de sécurité de l'ONU et agir en faveur de la paix.

Faire face à ces défis implique, comme je le dis dès le début de mon projet présidentiel, d'assainir les banques de toutes leurs créances douteuses, héritées de la crise de 2007-2008. Puis de réorienter l'argent, grâce au crédit productif public, vers la triade productive : découverte scientifique, applications industrielles et équipement de l'homme et de la nature. Faute d'adopter ces politiques, il sera impossible de générer les surplus nécessaires au développement d'une défense moderne et puissante.

De l'avis général des experts, **l'armée française est l'une des plus performantes,** compte tenu de sa taille moyenne et de son budget moyen. Mais bien que complète – capable d'intervenir dans tous les milieux (terre, mer, air, cyber et espace) et d'assurer ses missions depuis le territoire national jusqu'aux théâtres extérieurs – elle est un modèle réduit, au point d'avoir gagné le surnom d'*« armée bonsaï »*.

Aujourd'hui **déployée aux quatre coins du monde,** sur le front de la lutte contre le terrorisme en Afrique et au Moyen-Orient ou sur d'autres fronts, **elle est arrivée au bout de ses possibilités.**

Par voie de presse, **l'état-major a fait connaître cet état d'épuisement.** Des tenues de combat aux hélicoptères, il manquerait dix-sept milliards d'euros pour soutenir nos trente mille soldats engagés, depuis l'outre-mer jusqu'en Syrie. En missiles conventionnels, le stock pourrait passer en dessous des trois cents missiles de la force de dissuasion, et dans la marine, 40 % des navires ont plus de trente ans. Selon la Cour des comptes, pour frapper au rythme demandé par les opérations militaires au Moyen-Orient, nos six Mirages 2000 déployés en Jordanie ont dû consumer le potentiel de vingt-neuf avions d'entraînement. La disette est telle que sans les soixante-cinq millions d'euros d'aide logistique américaine, Barkhane, l'opération phare de l'armée française au Sahel, serait paralysée.

I. Recentrer l'armée sur la dissuasion nationale

Bien que la modernisation continue de nos armées fasse partie de mes priorités, **mes positions en matière d'« opérations extérieures » (opex) permettront à notre pays de réduire les dépenses sur ces volets.**

En effet, ennemi résolu de toutes les formes d'empire et de colonialisme, **je me suis opposé dès le début à la transformation de notre armée en une force militaire**

de projection dans le monde, orientée contre tous ceux qui ne font pas partie du Club atlantique et qui pourraient être soupçonnés de devenir « nos » ennemis.

C'est la raison pour laquelle je suis pour la sortie de l'OTAN, qui a toujours été le bras armé de l'oligarchie financière incarnée par la City de Londres et Wall Street. Je veux, au contraire, **recentrer tous nos efforts sur la défense du territoire national, de ses dépendances au niveau international et des pays avec qui nous aurons signé des accords de coopération et de sécurité**. Je n'exclus pas, évidemment, telle ou telle action réellement humanitaire, dûment approuvée par le Conseil de sécurité de l'ONU et par notre parlement.

- QUITTER L'OTAN
- RECENTRER TOUS NOS EFFORTS SUR LA DÉFENSE DU TERRITOIRE NATIONAL, DE SES DÉPENDANCES AU NIVEAU INTERNATIONAL ET DES PAYS AVEC QUI NOUS AURONS SIGNÉ DES ACCORDS DE COOPÉRATION ET DE SÉCURITÉ

II. Mettre à jour nos équipements conventionnels

Il n'en reste pas moins qu'en raison des multiples défis auxquels nous sommes confrontés, nos armées conventionnelles devront avoir les meilleurs équipements. La restriction de nos engagements au strict essentiel devrait nous permettre d'avoir les équipements nécessaires pour réaliser nos objectifs. **Parmi les urgences citées par l'état-major** : des patrouilleurs pour surveiller les côtes, des avions ravitailleurs et de transport permettant d'agir dans la profondeur et des véhicules blindés pour remplacer les actuels, dont le vieillissement est accéléré par nos opérations extérieures.

Au cours de nos interventions en Afghanistan et au Mali, l'équipement de nos soldats s'est avéré trop souvent insuffisant. Une évaluation des conditions d'intervention dans un territoire déterminé doit être systématiquement entreprise pour prévoir de doter les effectifs engagés des moyens nécessaires.

- PARMI LES URGENCES : DES PATROUILLEURS POUR SURVEILLER LES CÔTES, DES AVIONS RAVITAILLEURS ET DE TRANSPORT PERMETTANT D'AGIR DANS LA PROFONDEUR ET DES VÉHICULES BLINDÉS

III. Moderniser notre force de dissuasion

Cependant, **le plus gros défi pour notre prochain président sera de moderniser notre force de dissuasion nucléaire**, qui, au-delà de rendre notre pays inattaquable, lui confère, en raison de ses effets dissuasifs, mais aussi des capacités scientifiques, techniques et industrielles qui y sont associées, **le statut de grande puissance**.

Notons que **depuis la fin de la Guerre froide, notre pays a déjà réduit sa force de dissuasion de quatre composantes à deux**. A partir de 1997, ont été démantelés les missiles nucléaires à courte portée, Hadès, ainsi que les missiles nucléaires intercontinentaux basés sur le plateau d'Albion. Nous avons aussi abandonné nos essais nucléaires. **Il ne nous reste aujourd'hui que la composante aérienne et sous-marine.**

Le climat de défiance international conduit à une nouvelle course aux armements. Une oligarchie financière incapable d'assurer la production des ressources nécessaires à l'avenir de l'humanité, envisage le recours à la guerre pour conserver son pouvoir. Le développement par les Américains de systèmes de défense anti-missiles (THAAD) et de systèmes d'armes conventionnelles ultra-précis et rapides (PGM), visant à détruire la capacité de riposte des grandes puissances à une première frappe nucléaire, a conduit depuis à l'élaboration de contre-mesures. Entre autres, l'hyper-vélocité permettant aux missiles balistiques d'échapper aux boucliers anti-missiles, des drones dotés de lasers capables de faire face à l'hyper-vélocité des missiles, la mobilité de lanceurs de missiles intercontinentaux basés à terre, et surtout, la cyber-guerre, devenue l'arme des David des temps modernes contre les Goliath.

Ne pas moderniser conduirait à détruire cet outil d'une très grande cohérence et d'un très haut niveau scientifique et technologique. Le danger est d'autant plus grand que c'est autour de notre force de dissuasion et de ses nombreuses retombées dans l'économie civile qu'on retrouve nos meilleurs cerveaux, ingénieurs et techniciens.

A l'horizon de 2020-2030, deux composantes doivent donc être modernisées :

1. La composante aérienne.

La Force aérienne stratégique est constituée de deux escadrons équipés de 54 missiles ASMPA (air-sol moyenne portée améliorée) portant des têtes nucléaires (300 kt, portée 500 km, vitesse estimée Mach 3).

2. La composante sous-marine.

La Force océanique stratégique est constituée de quatre sous-marins nucléaires lanceurs d'engins (SNLE), dont un en permanence en mer, porteurs de missiles M51 (100 kt, portée 9000 km, vitesse Mach 15), sur lesquels repose notre capacité de livrer une deuxième frappe à un attaquant éventuel.

La période d'élaboration des SNLE de troisième génération et du missile M51.3 qui les équipera va de

2014 à 2019. Ils permettront d'améliorer la portée et une meilleure pénétration des défenses anti-missiles.

Quant au missile ASMPA, une rénovation à mi-vie a commencé dès 2014 pour aboutir vers 2022. **Simultanément ont été engagées les premières réflexions sur son successeur à l'horizon 2035, l'ASN4G à tête thermonucléaire, avec des progrès très importants en matière d'hyper-vélocité et de furtivité**. Deux projets de type statoréacteurs sont aujourd'hui étudiés par MBDA et l'ONERA : Camosis (qui doublerait la vitesse) et Prométhée (qui pourrait la tripler, voire la quadrupler). Fin 2014, un rapport d'information de l'Assemblée nationale faisait état, outre la furtivité, de possibles vitesses hypersoniques de l'ordre de Mach 7 ou 8 (soit entre 8600 et 9800 km/h), qui rendraient l'ASN4G quasiment impossible à intercepter. A titre de comparaison, les Russes et les Chinois testent déjà leurs propres missiles hypersoniques, qui pourraient atteindre 12 000 km/h pour certains.

Or, actuellement, environ trois milliards d'euros sont affectés à la force de frappe, soit près de 10 % des 31,4 milliards d'euros du budget militaire annuel. Citant des sources de la Direction générale de l'armement, lors d'un colloque de la FRS en juin 2015, le sénateur Jacques Gautier déclarait que **l'effort devra être porté, pour la seule force de dissuasion, à six milliards par an. Ce chiffre est désormais officiel**. Il a été confirmé lors de la dernière Université d'été de la Défense, le 6 septembre, par le délégué général pour l'armement, Laurent Collet-Billon. Pour le général Henri Bentégeat (ancien chef d'état-major), qui en parlait lors d'un colloque de l'association Démocraties, si l'on n'augmente pas le budget global, *« une grande partie des forces conventionnelles ne pourra être renouvelée, ce qui veut dire renoncer à un certain nombre d'ambitions en tant que membre du Conseil de sécurité des Nations unies »*. Tout se tient, en effet.

- D'ICI 2035, DOTER NOS FORCES AÉRIENNES STRATÉGIQUES DU NOUVEAU MISSILE ASN4G (FURTIVITÉ ET VITESSE HYPERSONIQUE)
- DÉVELOPPEMENT DU SNLE DE TROISIÈME GÉNÉRATION DOTÉ D'UN NOUVEAU MISSILE M51.3

IV. Ne pas faire d'économies sacrifiant l'accès aux technologies du futur

Face à cette montée des coûts, certains proposent d'éliminer la composante aérienne, le principe de la permanence en mer, ou encore le programme de simulations du Laser Mégajoule (LMJ).

Ces approches sont cependant de nature à démanteler la cohérence de notre outil de dissuasion.

1. Se priver de la composante aéroportée **de la force de dissuasion reviendrait à éliminer la possibilité d'« ultime avertissement ».** A partir de 1998, face à la prolifération des armes nucléaires parmi certaines puissances régionales, la France a remplacé le concept de dissuasion nucléaire « anti-cités » par la doctrine du « fort au faible » ou du « fort au fou » vis-à-vis de ces puissances « secondaires », tout en conservant la doctrine du « faible au fort » vis-à-vis des « grands » du nucléaire. Un « ultime avertissement » serait ainsi donné à une puissance régionale portant atteinte à nos intérêts vitaux. Si elle persistait, les missiles de croisière supersoniques de la force de dissuasion aéroportée pourraient alors viser tous ses centres de pouvoir, économiques, politiques et militaires.

2. Selon les experts, **il n'y aurait pas beaucoup d'économies à faire à court terme dans l'abandon de la « permanence à la mer ».**

3. Seul un ralentissement du programme de simulation de tirs nucléaires (six cent cinquante millions d'euros en 2012) mené par la Direction des applications militaires du Commissariat à l'énergie atomique (CEA/DAM) grâce au supercal-

culateur Tera 100, au Laser Mégajoule (LMJ) et à la radiographie Airix (Epure), permettrait d'importantes économies.

Outre que c'est la seule façon d'être sûrs du fonctionnement de nos armes nucléaires depuis qu'on a abandonné les essais, c'est un poste qui pourrait être source de richesse pour l'économie civile. Le président de la région Aquitaine, où se trouve cet équipement, prévoit que le LMJ sera ouvert à la communauté scientifique dans un premier temps, puis, peut-être, aux industriels, dans le cadre du passage de la fission à la fusion.

Rappelons qu'en tant qu'EPIC (Etablissement public à caractère industriel et commercial), le CEA/DAM développe des technologies, avant de confier la production à un industriel. Il représente 4700 emplois directs au sein de ses cinq centres et génère, par le biais de contrats à l'industrie et aux entreprises, près de 10 000 emplois indirects ! C'est donc notre participation à l'emploi des technologies du futur qui se trouve en jeu.

V. Le militaire doit représenter 2,5 à 3 % de notre PIB

Ces sommes peuvent paraître énormes. C'est ne pas tenir compte, comme le souligne le général de Villiers *(Les Echos, 21/12/2016)*, qu'« *un euro investi dans la défense représente deux euros de retombées pour l'économie nationale, avec des effets de leviers extrêmement puissants en matière de recherche et de développement, d'aménagement du territoire, d'emploi, d'exportations et, enfin, de compétitivité* ». Et de rappeler également que « *la recherche technologique duale profite directement au secteur industriel français, dans son ensemble* ». D'autres sources militaires estiment que les effets des retombées « mécaniques » sont encore plus importants et que lorsque les choix technologiques sont faits en fonction de leurs possibles retombées, les effets de levier ont été, historiquement, spectaculaires.

Moderniser notre force de dissuasion, sans que ce soit au détriment du niveau de vie de nos soldats ou des forces conventionnelles, n'est possible qu'**en arrêtant la baisse historique de nos dépenses militaires (en diminution de 20 % depuis 25 ans) et en portant leur part dans notre produit intérieur brut (PIB) de 1,8 % actuellement à 2,5 % voire 3 %** (chiffre encore inférieur à ceux des Etats-Unis ou de la Russie).

En outre, la mise sur pied d'une cyber-armée (3200 personnes) doit se poursuivre, sous le commandement du Cybercom, en intégrant ses trois missions : renseignement, protection des réseaux et lutte informatique offensive. Je mettrai un accent particulier sur cette initiative, en dépassant si nécessaire le milliard d'investissement prévu entre 2014 et 2019.

Nous devons aussi mettre à l'étude la possibilité d'un deuxième porte-avions et d'un cinquième SNLE.

Notre effort global, qui, de source militaire compétente, serait de 25 à 30 milliards sur cinq à six ans, doit se faire par une augmentation continue, afin de profiter au fur et à mesure de ses effets de retombées.

■ OUTRE LA MODERNISATION DE NOTRE FORCE DE DISSUASION, METTRE UN ACCENT PARTICULIER SUR LE DÉVELOPPEMENT DE NOTRE CYBER-ARMÉE, EN DÉPASSANT SI NÉCESSAIRE LE MILLIARD D'INVESTISSEMENT PRÉVU ENTRE 2014 ET 2019

VI. Rétablir le lien Armée-Nation : instruction sur la défense nationale et défense opérationnelle du territoire

Notre objectif est d'éviter, dans le contexte général défini ci-dessus, la « ghettoïsation » d'une collectivité militaire repliée sur ses professionnels. Pour être la colonne vertébrale de la nation, l'armée doit impliquer les citoyens.

Je propose deux initiatives :

▶ pendant les cours d'histoire et d'instruction civique organisés à l'école, dispenser **une instruction spécifique relative au rôle que joue la défense dans notre pays** ;

▶ rétablir une conscription adaptée au défi de l'avenir. L'objectif est d'offrir à nos jeunes (filles et garçons) une période de pleine mixité sociale et d'encadrement pluridisciplinaire, cohérent, intelligent et souple, à un moment de leur vie où l'intégration sociale dans un projet est nécessaire pour former la nation.

Sur une durée de six mois, les jeunes conscrits devraient recevoir une formation militaire élémentaire d'un mois. Ils seraient ensuite affectés, selon leur choix, soit à un service civique (hôpitaux, aide au tiers-monde, participation aux grands chantiers, etc.), qui ne doit en aucun cas être un substitut à l'emploi des jeunes, soit à un **service dans les régiments de défense opérationnelle du territoire** (DOT) avec, dans les deux cas, deux ou trois périodes de rappel pendant la vie, suivant le modèle suisse.

Le militaire doit être totalement réinséré dans le civil et la société civile animer et respecter son fil de l'épée militaire.

- DISPENSER UNE INSTRUCTION SPÉCIFIQUE RELATIVE AU RÔLE QUE JOUE LA DÉFENSE DANS NOTRE PAYS
- RÉTABLIR UNE CONSCRIPTION D'UNE DURÉE DE SIX MOIS, AVEC UNE FORMATION MILITAIRE ÉLÉMENTAIRE D'UN MOIS, ET LE RESTE, AU CHOIX, DANS UN SERVICE CIVIQUE OU DANS LES RÉGIMENTS DE DÉFENSE OPÉRATIONNELLE DU TERRITOIRE (DOT)

VII. La France à l'avant-garde du désarmement nucléaire

Rappelons que, comme l'a voulu le général de Gaulle, notre force de « frappe » doit rester au niveau de la *« stricte suffisance »*. Pas question pour la France de tenter de faire de la surenchère. Non seulement notre économie ne le permettrait pas, mais il n'est pas dans ma philosophie de maintenir cette épée de Damoclès sur la tête de mes concitoyens et de la population mondiale.

L'atome devait être, pour ses découvreurs, l'énergie abondante permettant de mettre fin à la pauvreté et non une menace sans fin. Certains pouvoirs l'ont confisqué pour obliger la planète à se soumettre à leur Empire ; pour d'autres, comme c'est mon cas, il s'agit du moyen d'assurer notre défense contre la volonté de puissance de ces intérêts impériaux.

Ainsi, tout en relançant la modernisation de notre force de dissuasion, je m'engage à poursuivre les efforts auprès de toutes les puissances nucléaires pour amorcer un désarmement généralisé.

- MAINTENIR UNE FORCE DE « FRAPPE » AU NIVEAU DE LA « *STRICTE SUFFISANCE* »
- POURSUIVRE LES EFFORTS AUPRÈS DE TOUTES LES PUISSANCES NUCLÉAIRES POUR AMORCER UN DÉSARMEMENT GÉNÉRALISÉ

Table des matières

7 **AVANT-PROPOS**

**LIBÉRONS-NOUS
DE L'OCCUPATION CULTURELLE**
9 Pour une culture de la vie et de la découverte
27 Jeunesse, un nouveau printemps émancipateur pour la France
37 L'éducation, une nouvelle frontière pour la France
71 Enseignement et formation professionnels, le droit au futur pour notre pays

URGENCE EMPLOI
77 Pistes pour créer cinq millions d'emplois en cinq ans
87 Une audace patriotique contre la mondialisation financière
91 PME ET TPE - Faire battre le cœur de notre territoire économique
103 Refaire de l'agriculture un grand métier d'avenir
109 Fiscalité : une révolution pour la démondialisation financière, la libération de l'économie productive et la justice sociale

GARANTIR LES DROITS INALIÉNABLES
121 Droit au travail et à la protection sociale
137 Le droit aux soins pour tous est un principe garanti par notre Constitution. Arrêtons la privatisation de la santé publique
161 Logement : une mobilisation totale
167 Retraites : justice face aux vrais sujets

AMENAGER LE TERRITOIRE
175 Arrêter le démantèlement de la démocratie participative, revitaliser nos territoires
Annexe : Faire de l'accès au numérique un service public

189 Outremer. Une France archipel, l'inédit créole : arrêter partout la pwofitasyon comprador
203 Un nouveau *Plan Freycinet* pour les transports

GRANDS PROJETS D'AVENIR
207 L'économie bleue : aménager l'océan
211 L'espace, impératif économique et culturel
223 Le nucléaire que je défends
233 Pour une écologie responsable et humaine

REFONDER NOTRE VIE POLITIQUE
241 Institutions
245 Mettre fin au verrouillage de la vie politique
253 Redonner à la justice pouvoir et dignité
267 Pour une laïcité solidaire

LA SÉCURITÉ POUR TOUS
273 Immigration et paix par le développement mutuel
289 Sécurité publique, sécurité sociale, sécurité nationale
301 Pour une armée républicaine et modernisée, colonne vertébrale de la nation

315 **INDEX**

INDEX

Afrique 7, 23, 227, 274
Agriculture 85, 103
Armée **301-311**
Art 11, 13, 32, 49
Audiovisuel 20
Banque de France 88
Banque publique d'investissements 88, 92, 186
BRICS 8, 189, 210, 224, 225, 275
Budget 10, 12
Chant choral 32, 53
Co-développement 274, 280, 282
Collectivités territoriales 22, 67, 81, 85, 116, 134, 175, 184, 186, 206
Coopération 24, 211, 215, 217, 220, 227, 228, 275, 276, 280, 284, 292
Crédit public 88, 123, 277
Culture 7, 8, **9-25**, 32, 41, 45, 46, 48, 58, 64, 72, 77
Défense nationale 309
Démocratie participative 175, 243
Développement mutuel 8, 54, 178, 181, 211, 224, **273-288**
Dette publique 27
Dictature financière 7, 103, 140, 173, 299
DOM-TOM **189-202**
Droit au futur 56, 60, **71-76**, 92
Droit au travail **121-136**
Droit aux soins 117, 282, **137-160**
Ecole 18, 29, 30, 32, 35, **37-70**, 142, 191, 260, 285, 297, 310
Ecologie 18, 84, 201, **233-240**
Economie 61, 74, 81, **87-90**, 142, 162, 167, 168, 173, 190, 192, 224, 273
Economie bleue **207-210**
Education 17, 20, 35, **37-70**, 76, 123, 142, 197, 221
Emploi 7, **77-86**, 87, 89, 91, 114, 118, **121-136**, 219, 273, 284, 308, 310
Enseignement 13, 15, 28, 30, **33-76**, 85, 89, 92, 198, 284
Erasmus+ 36
Espace 18, 23, **211-221**
Euro 221, 277
Europe 18, 36, 87, 89, 93, 98, 107, 168, 176, 183, 197, 213, 217, 220, 289
Fiscalité **98-101**, **109-119**
Formation professionnelle **71-76**, 198
Fusion thermonucléaire 84, 85, 89, 215, 218, 237, 308
Futur (droit au) 71
Glass Steagall Act 123
Grands projets 84, 87, 89, 92, 237, 239, 267, 275, 276, 299
Hôpital **137-160**
Infrastructures 79, 84, 123, 195, 196, 200, 201, 203, 236, 275
Immigration 267, **273-288**
Institutions **47-48**, 190, **241-244**, 266
Jeunesse 13, **27-36**, 74, 294

Justice 7, **253-266**, 269, 270, 295, 296
Laïcité **267-271**, 287,
Logement 78, 83, 84, 116, 123, 149, 152, **161-165**, 178, 196, 239, 279, 296
Loi NOTRe 81, 179,
Médiathèques 21,
Mer (politique de la) 7, 23, 192, **207-210**
Mondialisation financière 109, 119, 178, 181, 241
Monnaie 87, 88, 277
Moyen-Orient 276, 278, 302
Musées 16, 17, 33, 61, 198
Musique 13, 15, 32, 43, 51, 53, 58
Nouveau Bretton Woods 123, 287
Nouvel ordre économique mondial 105
Nucléaire 74, 84, 85, 89, 194, 200, **223-232**, **236-237**
Numérique 89, 94, 95, 106, 111, **183-187**, 243
Océan (aménager l') **207-210**
OTAN 278, 303
Outre-mer **189-202**
Paix 23, 136, 189, 207, 211, **273-288**, 301
Paradis fiscaux 91, 98, 111, 112
Patriotisme économique 87, 88
Planification indicative 162
PME-TPE 73, 88, **91-101**, 109, **111-114**, 118, 183, 185, 194
Politique étrangère 278
Privatisation (de la santé) **137-160**
Projets (grands) 84, 87, 89, 92, 237, 239, 267, 275, 276, 299
Protection sociale **121-136**, 155, 282
Recherche 57, 66, 86, 89, 92, 114, 193, 208, 211, 216, 221, 229, 231, 236, 308
Résistance 179, 182
Retraites 77, 81, 126, 139, 146, 154, 155, 156, 158, **167-173**, 195, 220
Santé publique 7, 117, 123, 133, 296 **137-160**
Science 11, 16, 20, 65, 82, 232, 238, 269
Sécurité 77, 303, 129, 136, 279
Sécurité sociale 81, 113, **289-300**
Sécurité nationale 289
Sécurité publique 260, 263, **289-300**
Séparation bancaire 88, 94
Service public 20, 106, 179, 181, 183, **185-186**
Soins 29, 77, 79, 83, **137-160**, 196, 261, 263
Souveraineté 87, 176, 283
Territoires 87, 88, 91, 104, 114, 118, **175-187**, 243, 303, 308, 309, 310
Terrorisme 259, 278, **289-300**, 302
Transports 84, 179, **203-206**, 217, 238, 285
Travail 97, 113, 116, **121-136**, 159, 223, 273, 27,
Ubérisation 122
Union européenne (UE) 89, 105, 107, 224
Université 38, 39, 46, **64-66**, 153, 221
Ve République 241

Politique

aux éditions L'Harmattan

Dernières parutions

RÉFORMER L'ADMINISTRATION ET RÉFORMER L'ÉTAT
Jalons historiques et juridiques
Sous la direction de Sébastien Evrard
Le thème de la réforme est un élément permanent du discours politique et un enjeu essentiel du débat démocratique : ceux qui n'ont pas le pouvoir en font un objectif de leur programme qui justifie leur combat ; ceux qui détiennent l'autorité prônent la réforme et le changement pour justifier leur maintien au pouvoir. Ces contributions traitent des réformes dans le temps et l'espace, réformes rêvées, réformes tentées, inachevées ou réussies de la République romaine aux Révolutions arabes d'aujourd'hui.
(Coll. Questions contemporaines, 26.00 euros, 252 p.)
ISBN : 978-2-343-05789-7, ISBN EBOOK : 978-2-336-37445-1

LE TOURNANT ENVIRONNEMENTAL DE LA POLITIQUE AGRICOLE COMMUNE
Débats et coalitions en France, en Hongrie et au Royaume-Uni
Ansaloni Matthieu
Après avoir retracé, à l'échelle européenne, la définition des mesures agroenvironnementales, l'auteur compare les politiques agroenvironnementales menées dans différents pays d'Europe. L'analyse suggérée repose sur une vaste enquête empirique, conjuguant les méthodes sociologiques et ethnographiques. Cet ouvrage propose une lecture originale d'une politique européenne : il considère ses changements aux échelles européenne, nationale et régionale et les analyse à travers l'examen des débats publics qui les ont générés.
(Coll. Logiques politiques, 37.50 euros, 372 p.)
ISBN : 978-2-343-05906-8, ISBN EBOOK : 978-2-336-37403-1

RENAÎTRE, OU DISPARAÎTRE
Borel Félicien
L'auteur approfondit ici quelques idées sur des sujets majeurs. La nature qui nous entoure est notre seul habitat. Il est important de réfléchir sur les périls qui la menacent. Les responsables qui conduisent leur pays arrivent à des carrefours où il faut choisir les bonnes voies. Il convient aussi de préparer l'avenir par une éducation appropriée et de nous préoccuper de notre langue. Notre civilisation se trouve aujourd'hui face à un avenir incertain : elle peut renaître ou risquera de disparaître.
(Coll. Questions contemporaines, 30.00 euros, 300 p.)
ISBN : 978-2-343-04388-3, ISBN EBOOK : 978-2-336-36094-2

NATION (LA) OU LE CHAOS
Manifeste pour le renouveau
Myard Jacques

Notre pays est-il condamné à voir croître jour après jour le nombre de chômeurs et de ceux qui partent tenter ailleurs leur chance ? Jusqu'à quand acceptera-t-il de laisser à Bruxelles et à l'Amérique le soin de décider à sa place ? Faut-il jeter la Nation aux orties ? L'auteur démasque derrière les maux de la France les renoncements, les pièges et les chimères, qui, de l'euro à la repentance, lacèrent notre pacte social. Il appelle à un renouveau qui partira d'une nation fière et confiante en ses atouts.

(16.50 euros, 160 p.)
ISBN : 978-2-343-04846-8, ISBN EBOOK : 978-2-336-36251-9

DE LA COLÈRE EN L'OCCIDENT FANTÔME
Essai
Teixeira Vincent

L'Occident n'a cessé de bruire de colères, masquant sa volonté de puissance sous la bannière de «la civilisation». Mais son devenir récent inquiète, tant la domination techno-industrielle, l'hyperconsommation, la religion du progrès s'avèrent aussi aventureuses qu'empoisonnées. Aux mutilations de la planète s'ajoutent la domestication des esprits. La colère ne devrait-elle pas renouer avec les pouvoirs de la parole, comme contre-poison et refus de consommer le monde ?

(12.00 euros, 106 p.)
ISBN : 978-2-343-04859-8, ISBN EBOOK : 978-2-336-36192-5

CONTRAT (LE) CITOYEN
Essai sur la réduction des inégalités politiques et socio-économiques pour un monde meilleur
Diouf Lamine Diack

L'auteur préconise la mise en œuvre à l'échelle planétaire d'une politique de concertation et de collaboration entre les peuples pour mettre en place des solutions justes et durables. Seuls les citoyens peuvent ressusciter le droit, la vertu et la solidarité. Ce livre, en plus de rafraîchir la mémoire en revisitant l'histoire de la République de l'Antiquité à nos jours ainsi que les textes des grands penseurs, est fondateur du XXIe siècle et utile pour un futur meilleur.

(24.00 euros, 240 p.)
ISBN : 978-2-296-99887-2, ISBN EBOOK : 978-2-336-36026-3

MISÈRE DE LA DÉMOCRATIE
Pour une réingénierie de la politique
Cognard Alain

Après un siècle de guerres planétaires, un siècle de pillage et d'escroquerie prend racine. Comment les peuples pourront-ils reprendre la main et retrouver un intérêt commun dans la poursuite d'une aventure humaine devenue si fragile ? La réponse tient dans le développement spectaculaire des compétences des individus et des groupes qui peuvent aujourd'hui commencer une réingénierie de la politique et évincer ceux qui profitent du système au lieu de le réformer.

(Coll. Questions contemporaines, 24.00 euros, 230 p.)
ISBN : 978-2-343-04171-1, ISBN EBOOK : 978-2-336-36126-0

L'Harmattan Italia
Via Degli Artisti 15; 10124 Torino
harmattan.italia@gmail.com

L'Harmattan Hongrie
Könyvesbolt ; Kossuth L. u. 14-16
1053 Budapest

L'Harmattan Kinshasa
185, avenue Nyangwe
Commune de Lingwala
Kinshasa, R.D. Congo
(00243) 998697603 ou (00243) 999229662

L'Harmattan Congo
67, av. E. P. Lumumba
Bât. – Congo Pharmacie (Bib. Nat.)
BP2874 Brazzaville
harmattan.congo@yahoo.fr

L'Harmattan Guinée
Almamya Rue KA 028, en face
du restaurant Le Cèdre
OKB agency BP 3470 Conakry
(00224) 657 20 85 08 / 664 28 91 96
harmattanguinee@yahoo.fr

L'Harmattan Mali
Rue 73, Porte 536, Niamakoro,
Cité Unicef, Bamako
Tél. 00 (223) 20205724 / +(223) 76378082
poudiougopaul@yahoo.fr
pp.harmattan@gmail.com

L'Harmattan Cameroun
TSINGA/FECAFOOT
BP 11486 Yaoundé
699198028/675441949
harmattancam@yahoo.com

L'Harmattan Côte d'Ivoire
Résidence Karl / cité des arts
Abidjan-Cocody 03 BP 1588 Abidjan 03
(00225) 05 77 87 31
etien_nda@yahoo.fr

L'Harmattan Burkina
Penou Achille Some
Ouagadougou
(+226) 70 26 88 27

L'Harmattan Sénégal
10 VDN en face Mermoz, après le pont de Fann
BP 45034 Dakar Fann
33 825 98 58 / 33 860 9858
senharmattan@gmail.com / senlibraire@gmail.com
www.harmattansenegal.com

Achevé d'imprimer par Corlet Numérique - 14110 Condé-sur-Noireau
N° d'Imprimeur : 138025 - Dépôt légal : avril 2017 - *Imprimé en France*